PERSPECTIVES OF MAINLAND CHINA

第6版

中國大陸研究

主 編 張五岳　執行編輯 吳建忠

編著者 張五岳・吳建忠・曲兆祥・彭思舟・謝銘元
張仕賢・林威志・桂宏誠・曹義修・張玉漢
田昭容・李景華・孫佳玲

6th Edition

本書邁入第六版，在台灣「中國大陸研究」的重要性是不言而喻的，回顧「中國大陸研究」作為一門獨立的學科則是十分特殊和曲折的過程。從資料條件來看，學科研究不可能不依賴大量的資料，特別在以往沒有網際網路的時代，資料的多寡、品質和開放性決定了研究的品質。隨著網際網路的發達，在資源的全面性與完整度、研究成果的整體水平、分析與批判方面的領先性、學術社群與網絡的國際擴散、研究議題的主導性，認識「中國大陸」，台灣應有優勢地位。

本書內容包括中國共產黨發展史、意識形態、政治、經濟、教育、社會、外交等各領域的發展情形，以概述的方式及較為宏觀的角度探討中國的各項情形。中國綜合國力日漸提升後，其國際影響力逐漸擴大，甚至足以影響國際秩序。其國內發展與國際影響力之不斷提升，使其無論在政策實務或學術理論上，均為台灣應予更加深入瞭解研究的重要對象。特別是對與中國大陸比鄰而居的台灣而言，在面對全球化的潮流下，更應積極研討如何因應中國大陸的發展，以厚實的發展經驗和不斷增長的學術成果，為國際社會提供中國大陸走向與趨勢的完整與深入剖析。

中國大陸正在邁向快速的變遷成長中，其在全球的政治經濟影響力日益增強，更牽動台灣的發展，所以有必要加強對中國大陸的認知水平。基於上述理由，所以我們必須要瞭解中國大陸。本書即在於提供我們一個瞭解中國大陸的管道，讓讀者能夠以最簡捷的方式，在最短的時間內，對它有一個宏觀性及概括性的瞭解，並可在腦中形成一幅有關中國大陸的大圖像。

張五岳、吳建忠 謹識

編者簡介
AUTHORS

主編暨編著者 ▶

張五岳

學歷	政治大學東亞所博士
經歷	行政院陸委會諮詢委員
	海基會顧問
	教育部兩岸小組委員
	全國工業總會大陸事務委員會副召集人
	兩岸共同市場基金會諮詢委員
	台北、桃園、台南、高雄兩岸小組委員
	亞太和平研究基金會董事
	淡江大學中國大陸研究所所長
	國家政策研究中心大陸組召集人
	經濟建設委員會諮詢委員
	經濟部顧問
現職	淡江大學兩岸關係研究中心主任

執行編輯暨編著者 ▶

吳建忠

學歷	台灣師範大學政治學博士
經歷	台北海洋科技大學人事室主任
	台北海洋技術學院通識教育中心主任
	台灣師範大學僑教學院助理教授
現職	台北海洋科技大學通識教育中心助理教授
	社團法人超創觀點研究學會理事

編著者 ▶

曲兆祥

學歷	政治大學中山人文社會科學研究所法學博士
經歷	台灣師範大學政治學研究所所長
	台北市研考會主委
	文化大學行政管理系系主任
	文化大學政治系、所副教授
現職	台灣師範大學政治學研究所專任教授

彭思舟

學歷	文化大學中山所法學博士
經歷	台北海洋技術學院教務長兼人事室主任
現職	魯豆集團台灣地區負責人

謝銘元

學歷	台灣大學國家發展研究所博士候選人
經歷	中華民國全國商業總會產業發展處專員
	中研院政治所籌備處研究助理
	中衛發展中心規劃師
	中華民國全國商業總會產業發展處專員
現職	台灣保樂力加公司經理

張仕賢

學歷	台灣師範大學法學博士
經歷	台北海洋科技大學時尚造型系助理教授
	台北海洋科技大學主任秘書
現職	中華領袖菁英交流協會會長
	中華港澳之友協會秘書長

林威志

學歷 ｜ 台灣師範大學政治學博士
經歷 ｜ 台北海洋技術學院通識中心講師
現職 ｜ 台北海洋科技大學通識中心助理教授

桂宏誠

學歷 ｜ 中國文化大學中山學術研究所法學博士
　　　 北京大學政府管理學院法學博士
　　　 東海大學政治學研究所政治學碩士
經歷 ｜ 立法院國會助理
　　　 國家政策研究基金會高級助理研究員
　　　 銓敘部及考試院科員、專員、薦任秘書、專門委員、
　　　 簡任秘書兼機要室主任
　　　 德霖技術學院人事室主任
　　　 中國國民黨大陸事務部主任
　　　 公務人員保障暨培訓委員會專任委員
現職 ｜ 財團法人民主文教基會執行長
　　　 宏國德霖科技大學董事暨兼任副教授
　　　 世新大學兼任副教授
　　　 國家文官學院講座

曹義修

學歷 ｜ 中國文化大學中山學術研究所博士
經歷 ｜ 台北海洋科技大學兼任助理教授
　　　 國防大學管理學院兼任助理教授
　　　 陸軍學術雙月刊編審委員
現職 ｜ 社團法人超創觀點研究學會副理事長

張玉漢

學歷	臺灣藝術大學藝術管理與文化政策研究所博士候選人
經歷	國會助理
	台北市文化基金會經理
現職	台北當代藝術館副館長、副總監

田昭容

學歷	北京大學政府管理學院管理學博士
	中國文化大學中山暨大陸學術研究所博士候選人
經歷	第三屆國大代表
	中國文化大學公共關係室主任兼新聞發言人
	華僑大學教授
現職	玄奘大學兼任講師

李景華

學歷	北京大學政府管理學院法學博士
	國立政治大學政治學系博士班肄業
	國立政治大學東亞研究所碩士
	國立政治大學中國文學系學士
經歷	台灣師範大學、國立政治大學商學院行政助理
	國立金門大學兼任講師
	福建三明學院經濟與管理學院講師
現職	閩南師範大學法學與公共管理學院助理教授

孫佳玲

學歷	銘傳大學社會科學院國家發展與兩岸關係碩士
現職	漢聲電台兩岸新聞節目製作、主持人
經歷	光華電台兩岸新聞節目製作、主持人

目錄
CONTENTS

CH **1**

編著者　張五岳、謝銘元

中國大陸國情探析

▶ 認識中國大陸最新的黨政軍系統

▶ 認識中國大陸經濟發展概況

▶ 認識中國大陸現行教育體制概況

▶ 認識中國大陸社會結構概況

▶ 認識中國大陸軍事武裝力量概況

前言 FORWORD

兩岸自從 1949 年國共內戰分裂後，即分屬於兩個不同政府治理管轄。目前轄有台澎金馬諸島、實行民主共和政體者為「中華民國」；而控有中國大陸、實行社會主義之人民民主專政政體者則為「中華人民共和國」。兩岸雖系出同源，並且有著相同的血緣、文化及語言；但歷經半個世紀的分治，使得雙方發展迥異，自 1978 年大陸實行「改革開放」，暨 1987 年我國政府開放探親以來，雙方在經濟、社會、文化、教育等各層面都有著廣泛且深入的交流；然而北京政府卻始終不肯放棄對我用武之敵意，迄今仍然不肯正視中華民國客觀存在。對此，從「知己知彼」的角度來看，瞭解與認識中國大陸，便顯得格外重要且具意義。本章擬就中國大陸的基本國情與現況沿革，為讀者作一簡單的探析與介紹；並且也為後續章節的研讀，奠定一「先備知識」基礎。

◎ 第一節　中共國情

一、國號

「中華人民共和國」（People's Republic of China，簡稱 P.R.C.）是位於亞洲東部、太平洋西岸的一個社會主義國家，建國於 1949 年 10 月 1 日，首都為北京。其陸地疆域與周邊 14 個國家接壤，陸地與湖泊總面積約 960 萬平方公里，是全世界陸地面積第二大的國家。其中人口超過 13 億，約占全球人口的五分之一，是世界上人口最多的國家。

二、國旗

中華人民共和國國旗左上角鑲有一大四小的五顆黃色五角星，以及鮮明的紅色旗幟。五星中之大星，代表中國共產黨，其餘四顆小星分別代表工、農、城市小資產、民族資產等四階級，相繫的五角星象徵著，中國共產黨領導下中國人民的團結，紅色的旗面則象徵革命，該旗常被稱為「五星紅旗」，設計者是

曾聯松，一名來自浙江里安的普通公民。中國共產黨在 1949 年 7 月新政治協商會議籌備會發出了徵集國旗圖案的通告，曾聯松提交了他的國旗樣稿。在 2,992 幅（或者一說為 3,012 幅）圖案中，曾聯松的設計被選為了新政權的國旗。1949 年 9 月 27 日，經「中國人民政治協商會議第一屆全體會議」一致通過，中國大陸國旗「五星旗」公布。

曾聯松提交國旗圖案的初稿

中華人民共和國國旗的黃河早期設計，當時是毛澤東最初的選擇

最終定案的五星紅旗

三、國歌

　　中華人民共和國國歌為《義勇軍進行曲》，1935 年由田漢作詞，聶耳作曲，原先是電影《風雲兒女》的主題歌。這首歌在抗日戰爭時期已經相當流行。中華人民共和國成立後，中國人民政治協商會議通過《義勇軍進行曲》為代國歌，1982 年 12 月全國人民代表大會將其正式定為國歌，並於 2004 年寫入憲法。

中華人民共和國國歌歌詞

起來！

不願做奴隸的人們！

把我們的血肉，築成我們新的長城！

中華民族到了最危險的時候，每個人被迫著發出最後的吼聲。

起來！起來！起來！

我們萬眾一心，冒著敵人的炮火前進！

冒著敵人的炮火前進！

前進！前進！進！

四、國徽

　　中華人民共和國國徽由清華大學建築系教授林徽音與李宗津、莫宗江、朱倡中等人集體創作。根據《中華人民共和國憲法》第一百三十七條規定「中華人民共和國國徽，中間是五星照耀下的天安門，周圍是穀穗和齒輪。」根據《中華人民共和國國徽圖案說明》規定「國徽的內容為國旗、天安門、穀穗和齒輪，齒輪中心並交結著紅綬；象徵中國人民自『五四』運動以來的新民主主義革命鬥爭和工人階級領導的以工農聯盟為基礎的人民民主專政的新中國的誕生」。

中華人民共和國國徽

五、國土疆域

1. 中國大陸領土北起漠河以北的黑龍江江心（北緯 53°30'），南到南沙群島南端的曾母暗沙（北緯 4°），跨緯度 49 度多；東起黑龍江與烏蘇里江匯合處（東經 135°05'），西到帕米爾高原（東經 73°40'），跨經度 60 多度。由南到北，從東到西，距離均超過 5,000 公里以上。

2. 中國大陸國土總面積約 9,626,753 平方公里（不含香港及澳門二特別行政區），約占世界陸地總面積的 1/15，略相當於除前蘇聯之外的歐洲各國的總面積，僅次於俄羅斯和加拿大，居世界第三位。

3. 香港特別行政區面積為 1,095 平方公里；澳門特別行政區面積為 23.5 平方公里。

中國地圖。取自 http://www.nationsonline.org/oneworld/china_administrative_map2.htm

六、海洋疆域

中國大陸海域面積約為 4,730,000 平方公里，在周邊海域部分，「渤海」為其內海，「黃海」、「東海」與「南海」則是緊臨太平洋的邊緣海。

七、陸地國界

中國與 14 個國家接壤，陸地邊界總長達 22,800 萬公里，是世界上陸地邊界線最長和鄰國最多的國家，也是邊界情況最複雜的國家之一。東鄰朝鮮半島，北鄰蒙古，東北鄰俄羅斯，西北鄰哈薩克、吉爾吉斯、塔吉克，西和西南與阿富汗、巴基斯坦、印度、尼泊爾、不丹等國家接壤，南與緬甸、寮國、越南相連。東部和東南部同韓國、日本、菲律賓、汶萊、馬來西亞、印尼隔海相望。

八、大陸海岸線

中國大陸海岸線全長約 18,000 多公里，北起遼寧鴨綠江口，南至廣西的北崙河口。

九、環境資源

根據 2019 年 2 月 28 日公布的中華人民共和國 2018 年國民經濟和社會發展統計公報，相關數據均有變化。

2018 年全國國有建設用地供應總量 64.3 萬公頃，比 2017 年增長 6.6%。其中，工礦倉儲用地 13.2 萬公頃，增長 7.2%；房地產用地 14.4 萬公頃，增長 24.6%；基礎設施等用地 36.8 萬公頃，增長 0.7%。

2018 年水資源總量 27,960 億立方米。2018 年總用水量 6,110 億立方米，比上年增長 1.1%。其中，生活用水增長 1.4%，工業用水增長 0.6%，農業用水增長 1.1%，生態補水增長 3.8%。國內生產總值用水量 73 立方米，比上年下降 5.1%。工業增加值用水量 45 立方米，下降 5.2%。人均用水量 439 立方米，比上年增長 0.6%。

2018 年完成造林面積 707 萬公頃，其中人工造林面積 360 萬公頃，占全部造林面積的 50.9%。森林撫育面積 852 萬公頃。截至 2018 年底，國家級自然保護區 474 個，新增水土流失治理面積 5.4 萬平方公里。

初步核算，2018 年能源消費總量 46.4 億噸標準煤，比上年增長 3.3%。煤炭消費量增長 1.0%，原油消費量增長 6.5%，天然氣消費量增長 17.7%，電力消費量增長 8.5%。煤炭消費量占能源消費總量的 59.0%，比上年下降 1.4 個百分點；天然氣、水電、核電、風電等清潔能源消費量占能源消費總量的 22.1%，上升 1.3 個百分點。重點耗能工業企業單位燒鹼綜合能耗下降 0.5%，單位合成氨綜合能耗下降 0.7%，噸鋼綜合能耗下降 3.3%，單位銅冶煉綜合能耗下降 4.7%，每千瓦時火力發電標準煤耗下降 0.7%。全國國內生產總值二氧化碳排放下降 4.0%。

近岸海域 417 個海水水質監測點中，達到國家一、二類海水水質標準的監測點占 74.6%，三類海水占 6.7%，四類、劣四類海水占 18.7%。

在監測的 338 個地級及以上城市中，城市空氣品質達標的城市占 35.8%，未達標的城市占 64.2%。細顆粒物（PM2.5）未達標城市（基於 2015 年 PM2.5 年平均濃度未達標的 262 個城市）年平均濃度 43 微克／立方米，比上年下降 10.4%。

在開展城市區域聲環境監測的 323 個城市中，聲環境品質好的城市占 4.0%，較好的占 63.5%，一般的占 30.7%，較差的占 1.2%，差的占 0.6%。

2018 年平均氣溫為 10.09℃，比上年下降 0.30℃。共有 10 個颱風登陸。

2018 年農作物受災面積 2,081 萬公頃，其中絕收 259 萬公頃。2018 年因洪澇和地質災害造成直接經濟損失 1,061 億元，因旱災造成直接經濟損失 255 億元，因低溫冷凍和雪災造成直接經濟損失 434 億元，因海洋災害造成直接經濟損失 48 億元。2018 年大陸地區共發生 5.0 級以上地震 16 次，成災 11 次，造成直接經濟損失約 30 億元。2018 年共發生森林火災 2,478 起，受害森林面積 1.6 萬公頃。

2018 年各類生產安全事故共死亡 34,046 人。工礦商貿企業就業人員 10 萬人生產安全事故死亡人數 1.547 人，比上年下降 5.6%；煤礦百萬噸死亡人數 0.093 人，下降 12.3%。道路交通事故萬車死亡人數 1.93 人，下降 6.3%。

十、人口、人民生活和社會保障

2018 年末全國大陸總人口 139,538 萬人，比上年末增加 530 萬人，其中城鎮常住人口 83,137 萬人，占總人口比重（常住人口城鎮化率）為 59.58%，比上年末提高 1.06 個百分點。戶籍人口城鎮化率為 43.37%，比上年末提高 1.02 個百分點。全年出生人口 1,523 萬人，出生率為 10.94‰；死亡人口 993 萬人，死亡率為 7.13‰；自然增長率為 3.81‰。全國人戶分離的人口 2.86 億人，其中流動人口 2.41 億人。

▶ 表 1-1　2018 年年末人口數及其構成

指標	年末數（萬人）	比重（%）
全國總人口	139,538	100.0
其中：城鎮	83,137	59.58
鄉村	56,401	40.42
其中：男性	71,351	51.1
女性	68,187	48.9
其中：0～15 歲（含不滿 16 周歲）	24,860	17.8
16～59 歲（含不滿 60 周歲）	89,729	64.3
60 周歲及以上	24,949	17.9
其中：65 周歲及以上	16,658	11.9

　　按照每人每年 2,300 元（2010 年不變價）的農村貧困標準計算，年末農村貧困人口 1,660 萬人，比上年末減少 1,386 萬人；貧困發生率 1.7%，比上年下降 1.4 個百分點。全年貧困地區農村居民人均可支配收入 10,371 元，比上年增長 10.6%，扣除價格因素，實際增長 8.3%，脫貧政策仍有觀察空間。

　　2018 年末全國參加城鎮職工基本養老保險人數 41,848 萬人，比上年末增加 1,555 萬人。參加城鄉居民基本養老保險人數 52,392 萬人，增加 1,137 萬人。參加基本醫療保險人數 134,452 萬人，增加 16,771 萬人。其中，參加職工基本醫療保險人數 31,673 萬人，增加 1,351 萬人；參加城鄉居民基本醫療保險人數 89,741 萬人，增加 2,382 萬人。參加失業保險人數 19,643 萬人，增加 859 萬人。年末全國領取失業保險金人數 223 萬人。參加工傷保險人數 23,868 萬人，增加 1,145 萬人，其中參加工傷保險的農民工 8,085 萬人，增加 278 萬人。參加生育保險人數 20,435 萬人，增加 1,135 萬人。年末全國共有 1,008 萬人享受城市居民最低生活保障，3,520 萬人享受農村居民最低生活保障，455 萬人享受農村特困人員救助供養，全年臨時救助 1,075 萬人次。全年資助 4,972 萬人參加基本醫療保險，醫療救助 3,825 萬人次。國家撫恤、補助退役軍人和其他優撫對象 861 萬人。

十一、語言文字

　　根據《中華人民共和國國家通用語言文字法》的規定－「本法所稱的國家通用語言文字是普通話和規範漢字。」以及《中華人民共和國行政訴訟法》的規定－「在少數民族聚居或者多民族共同居住的地區，人民法院應當用當地民族通用的語言、文字進行審理和發布法律文書。」顯示目前中國大陸的官方語言文字包括普通話、規範漢字和少數民族語言文字。

　　由於受到漢語的影響，中國少數民族現在大都能用漢語溝通。不過絕大多數民族都有自己的語言，各民族語言從語言系屬分類上來看，可以分為屬於漢藏語系、印歐語系、阿爾泰語系、南亞語系、南島語系以及朝鮮語的歸屬（仍存在爭議），據統計尚有十個民族沒有自己的文字。

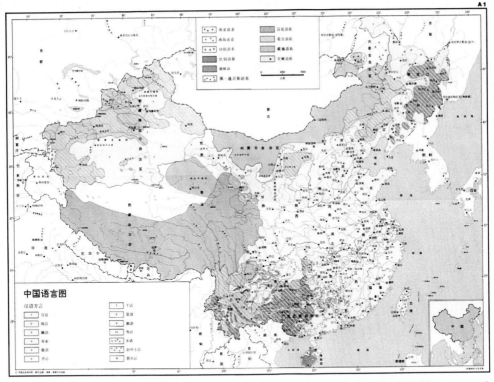

中國語言分布圖。取自 http://www.360doc.cn/imagelist.aspx?versionid=15644975&pagenum=1

十二、宗教

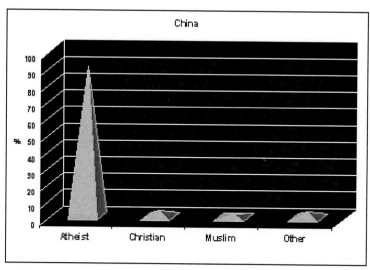

中國宗教的分布比率。取自 http://www.cyborlink.com/besite/china.htm

　　中國官方實行無神論宣傳教育，但憲法亦規定中華人民共和國公民有宗教信仰自由，所有宗教團體都必須納入共產黨的管理下。中國是世界上宗教發展蓬勃的國家之一，以佛教、基督教、伊斯蘭教、道教的信徒數量最為龐大。獲得官方承認的宗教，除佛教、道教外，還有基督教、天主教和伊斯蘭教。

　　文革前，中共中央為切斷外國與中國信仰團體的聯繫，成立了三自愛國運動委員會，以「確保」基督教組織在自我管理、運作經費和傳福音方面都有自治權，即「自治」、「自養」、「自傳」。於《三自革新運動宣言》中更表明教會主要的任務是「愛國」，總方針是「反對帝國主義」。當時只有委員會主辦的禮拜才獲准公開舉行，官方教會到文革時期才遭取締。自中華人民共和國成立後，中共在切斷外國權威與中國信仰團體的聯繫後，成立了三自愛國運動委員會，以「確保」基督教組織在自我管理、運作經費和傳福音方面有自治權（即「自治」、「自養」、「自傳」）。同時，《三自革新運動宣言》的發表指出了教會主要的任務是「愛國」，總方針是「反對帝國主義」。當時只有由三自愛國運動委員會主辦的禮拜活動才獲准公開舉行，但在文革時期的「破迷信」方針下，官方教會便遭取締。

在文革後，鄧小平上台發表中共中史 19 號文件，否定取締及消滅一切宗教的「極左」思想，認為信仰在根本上雖是不正確的，但亦可在某程度上服務於社會建設。儘管他致力把國家政策由強力壓制轉成吸納及控制政策，但當時很多信徒都不在指定場所（官方教會／三自教會）進行禮拜，導致家庭教會的出現。習近平的宗教政策從胡溫時代的「謹慎管理、鼓勵貢獻、探討登記」的執政心態，變為「高度關注、提防獨大、借法設防」，以強調對宗教的規管，以保政權及社會穩定。

（一）愛國教會與家庭教會

中國國務院新聞辦公室 2018 年 4 月時發布「中國保障宗教信仰自由的政策和實踐」，其中表述，基督教徒有 3800 多萬人，天主教徒 600 多萬人。不過，民間統計數字遠遠高過於此，學者吳建忠認為兩者合計在 7000 萬到 8000 萬人之間，逼近中共黨員人數。

2014 年以溫州為主的浙江省歷經官方強拆教會十字架後，中國境內各省市也發生查抄、拆十字架、取締以及打傷人等強制事件，當局亦以教堂為非法禁止信徒聚會。2018 年 2 月 1 日生效的新《宗教事務條例》授予基層官員更多權限，可以隨時阻撓或取締家庭教會。堅持無神論的中國共產黨，除了扶持對台統戰的特定宮廟外，對當局不允許的宗教活動，打壓向來不手軟。2019 年遭殃的是不被官方承認的知名基督新教教會「守望教會」，這是繼北京錫安教會之後，又一個大型教會被取締，目前北京具規模家庭教會已全被取締。

（二）新疆「再教育營」問題嚴重

國際關切新疆「再教育營」人權，中共發布「新疆白皮書」，稱依法嚴打暴恐，2019 年 7 月中國國務院更發表《新疆的若干歷史問題》白皮書。聯合國消除種族歧視委員會(U.N.CERD)2018 年 8 月 10 日公布對中國人權觀察報告，稱中共以打擊宗教極端主義與維持社會穩定為藉口，將逾百萬新疆維吾爾族長期拘禁或將之關押在「再教育營」施以不人道對待。國際社會持續關切中共新疆「再教育營」，土耳其外交部發言人阿克索伊(Hami Aksoy)2019 年 2 月 9 日發表聲明，批評中共對維吾爾突厥人有系統的同化政策是人道上重大恥辱，有超過

百萬維族人被任意逮捕，遭酷刑和政治洗腦。國際人權組織 2019 年 2 月 4 日發表聯合聲明，呼籲聯合國人權理事會通過決議，成立國際實際情況調查團，調查新疆逾百萬維吾爾族人被拘押問題。

美國務院 2019 年 3 月 13 日公布 2018 年度人權報告批中共違反人權，並點名中共在人權侵犯上「無人能比」，關押超過百萬維吾爾族。美國務卿蓬佩奧 (Mike Pompeo)2019 年 3 月 27 日在 Twitter 表示中國大陸必須釋放所有遭任意拘留的人，並指中國大陸在新疆再教育營對穆斯林的所為是可恥、偽善的。中共為平息國際上負面輿論，扭轉對「再教育營」的印象，密集組織國際赴疆參訪團、舉辦簡報會。2019 年 2 月 16 至 19 日邀請俄羅斯、白俄羅斯、委內瑞拉、古巴、巴基斯坦、埃及、柬埔寨和塞內加爾等國常駐聯合國日內瓦辦事處的代表和外交官到新疆參訪。2019 年 2 月 22 日舉行簡報會向 80 名多國外交官介紹新疆反恐工作，指教育營有助反恐。

另新疆維吾爾自治區黨委副書記雪克來提·紮克爾 2019 年 3 月 12 日在「兩會」記者會表示，新疆只有為反恐而建立「職業技能培訓中心」，或稱「寄宿學校」（提供免費食宿，讓學員學習語言、法律和不同技能；學員的個人自由獲得保障。該中心嚴禁人格汙衊或虐待，確保人身自由，學員可定期回家，保障使用自己語言文字的權利，中心亦有宗教組織），國際稱有集中營或再教育營，全是捏造的謊言。指如果社會不需要培訓中心，可以逐步減少。中共國務院 2019 年 3 月 18 日發表「新疆的反恐、去極端化鬥爭與人權保障」白皮書，反對一切形式的恐怖主義、極端主義，對任何宣揚恐怖主義、極端主義，組織策劃實施恐怖活動，侵犯公民人權的行為，依法嚴厲打擊；並強調「職業技能教育培訓中心」進行幫扶教育等多種方式，最大限度保障公民的基本人權免遭恐怖主義和極端主義侵害。

（三）全面高壓治藏

除了新疆問題外，中共發布「西藏民主改革 60 年」白皮書，藉此彰顯治藏成效，引發海外藏人與媒體批評。表面看，西藏問題是一個歷史問題，是 1959 年流亡印度的達賴喇嘛與他的 10 餘萬追隨者的問題。但是實際上，真正的西藏問題不在西藏境外，而是在西藏境內。從鄧小平時代開始，北京治藏的思路重

點一直是發展經濟。鄧小平提出衡量西藏工作好壞的標準是，關鍵是看怎樣對西藏人民有利，怎樣才能使西藏很快發展起來，在中國四個現代化建設中走進前列。然而經濟發展和生活改善並沒有如北京期望的那樣獲得西藏人心，反而藏人越來越向沒有給過他們一分錢的達賴喇嘛靠近。

為什麼北京為西藏大筆地花錢，卻得不到藏人的心？一個根本上的原因，就是北京與達賴喇嘛的敵對。達賴喇嘛並不是一個單純的個人，他代表的是維繫西藏五百多年的達賴世系和達賴體制。在藏人的轉世觀念中，與一世達賴為敵，就等於與全部達賴世系為敵，也就成了與整個西藏宗教和西藏民族為敵。如此，再給錢又能有什麼效果？

中共國務院發表的「西藏民主改革 60 年」白皮書（以下簡稱白皮書），主要內容包括十個部分，涵蓋歷史、社會、政治、宗教和生態等主題。中共官媒宣稱，白皮書透過數據和事實，系統闡述民主改革 60 年來，西藏發展之成就，並強調中國大陸政府徹底廢除封建農奴制、推動各項事業發展，保障宗教信仰自由等治藏成效，中共官方選擇性的突出西藏近 60 年社經等物質領域之進步，營造依法治藏、富民興藏等官方圖像，卻刻意漠視對當地少數民族宗教文化與人權問題之限制與剝奪。

事實上，中共對藏人之統治方式，長期採取類似新疆之高壓統治與極端限制手段，如強拆最大藏族佛學院五明佛學院，將大批尼姑理平頭，換上軍裝，唱著藏族曲調改編、共產黨重新填詞的洗腦歌曲，進行所謂的「愛國教育」，以及要求西藏自治區寺廟的達賴喇嘛肖像全部銷毀，取而代之的是掛上中國大陸領導人毛澤東和習近平的照片。印度媒體「The Print」更揭露衛星圖片顯示西藏地區目前至少有三座如同新疆之「再教育營」正在興建，顯示西藏當地少數民族之民主人權狀況嚴重倒退，與白皮書大力吹捧之「民主改革」等情形大相逕庭。

十三、政黨

中國大陸目前除了一黨專政的執政黨「中國共產黨」外，另有八大主要民主黨派。不同於民主國家的政黨政治，此八大民主黨派不以執政為成立目的，主要功能乃是扮演中國共產黨領導下的多黨合作制的多黨角色。中國共產黨目

前黨員人數 7,000 多萬人，而八大民主黨派共計不過 50 餘萬人，茲就各民主黨派條列簡述如下：

（一）中國國民黨革命委員會（民革）

★　主席：萬鄂湘

　　中國國民黨革命委員會（簡稱民革）於 1948 年 1 月正式成立。民革以同原中國國民黨有關係的人士、同民革有歷史聯系和社會聯繫的人士、同台灣各界有聯繫的人士以及其他人士為對象，著重吸收其中有代表性的中上層人士和中高級知識分子，目前有黨員 8.2 萬多人。創始人為宋慶齡、何香凝、李濟深。

（二）中國民主同盟（民盟）

★　主席：丁仲禮

　　中國民主同盟（簡稱民盟）1941 年 3 月在重慶秘密成立，當時名稱是中國民主政團同盟。11 月 16 日，張瀾在重慶公開宣布中國民主政團同盟成立。1944 年 9 月，中國民主政團同盟在重慶召開全國代表會議，決定將中國民主政團同盟改為中國民主同盟。民盟主要由從事文化教育以及科學技術工作的高中級知識分子組成，目前有盟員 18.44 萬多人。主要創始人為張瀾、沈鈞儒、黃炎培、章伯鈞等。

（三）中國民主建國會（民建）

★　主席：郝明金

　　中國民主建國會（簡稱民建）於 1945 年 12 月由愛國的民族工商業者和有聯繫的知識分子發起，在重慶成立。民建主要由經濟界人士組成，目前有成員 10.9 萬人。創始人為黃炎培、胡厥文、章乃器、施復亮、孫起孟等。

（四）中國民主促進會（民進）

★ 主席：蔡達峰

中國民主促進會（簡稱民進）於 1945 年 12 月在上海正式成立。民進主要由從事教育文化出版工作的高中級知識分子組成。目前民進有會員 10 萬多人。主要創始人為馬敘倫、王紹鏊、周建人、許廣平等。

（五）中國農工民主黨（農工黨）

★ 主席：陳竺

1930 年 8 月，國民黨左派領導人鄧演達在上海主持召開第一次全國幹部會議，成立中國國民黨臨時行動委員會，1935 年 11 月改名為中華民族解放行動委員會，1947 年 2 月改名為中國農工民主黨（簡稱農工黨）。農工黨主要由醫藥衛生界高中級知識分子組成，目前有成員 10.2 萬多人。主要創始人有鄧演達、黃琪翔、章伯鈞等。

（六）中國致公黨（致公黨）

★ 主席：萬鋼

中國致公黨（簡稱致公黨）是由華僑社團發起，於 1925 年 10 月在美國舊金山成立。1947 年 5 月，致公黨在香港舉行第三次代表大會，進行改組，成為一個新民主主義的政黨。致公黨主要由歸國僑眷中的中上層人士組成，目前有黨員 3 萬多人。主要創始人為司徒美堂、陳其尤。

（七）九三學社

★ 主席：武維華

1944 年底，一批進步學者為爭取抗戰勝利和政治民主，繼承和發揚五四運動的反帝愛國與民主科學精神，在重慶組織民主科學座談會。為紀念 1945 年 9 月 3 日抗日戰爭和世界反法西斯戰爭的偉大勝利，改建為九三學社。1946 年 5 月，在重慶正式召開九三學社成立大會。九三學社主要由科學技術界高中級知識分子組成，目前有成員 10 萬多人。創始人有許德珩、潘菽、塗長望等。

（八）台灣民主自治同盟（台盟）

★　主席：蘇輝

　　在台灣發生二二八起義以後，由一部分從事愛國主義運動的台灣人士於 1947 年 11 月在香港成立台灣民主自治同盟（簡稱台盟）。台盟由台灣人士組成，目前有成員 2,100 多人。主要創始人為謝雪紅、楊克煌。

十四、大陸主要的群眾團體

　　中國大陸的群眾團體，長久以來一直都為中共「統一戰線」組織的一環，除用以對內進行控制管理，對外則同時兼負統戰工作。以下所列八個群眾團體，均為中共向來所倚重的統戰組織，除「中華全國台灣同胞聯誼會」外，其餘均在文化大革命前成立。

1. 中華全國總工會
2. 中華全國青年聯合會
3. 中華全國婦女聯合會
4. 中華全國工商業聯合會
5. 中華全國歸國華僑聯合會
6. 中華全國臺灣同胞聯誼會
7. 中國科學技術學會
8. 中國文學藝術界聯合會

十五、法律制度

　　中華人民共和國的法律體系屬大陸法系，官方稱為「馬克思主義法學理論為指導，中國特色社會主義法律體系」。1954 年 9 月 20 日，第一屆全國人民代表大會第一次會議通過並頒布第一部憲法，到 2011 年 3 月 10 日，全國人大常委會委員長吳邦國宣布，中國特色社會主義法律體系已經形成，現行已制定有效法律共 239 件、行政法規 690 多件、地方性法規 8,600 多件。

十六、行政區域劃分

　　中國行政區劃分為省、自治區、直轄市和特別行政區四類一級行政區，自 1999 年澳門主權移交以後共有 34 個省級行政區即 23 個省（其中也將台灣列入）、4 直轄市、5 自治區和 2 特別行政區。以省、地區、縣和鄉四級架構為主。

中國行政區劃圖。取自 http://203.198.171.19/teaching/gs.htm

中華人民共和國行政區劃	
直轄市	北京市（京）、上海市（滬）、天津市（津）、重慶市（渝）
省	河北省（冀）、山西省（晉）、遼寧省（遼）、吉林省（吉）、黑龍江省（黑）、江蘇省（蘇）、浙江省（浙）、安徽省（皖）、福建省（閩）、江西省（贛）、山東省（魯）、河南省（豫）、湖北省（鄂）、湖南省（湘）、廣東省（粵）、海南省（瓊）四川省（川、蜀）、貴州省（黔、貴）、雲南省（滇、雲）、陝西省（陝、秦）、甘肅省（甘、隴）、青海省（青）、台灣（台）（<u>未實際控制台灣全部及福建省之金門、馬祖列島</u>）
自治區	內蒙古自治區（蒙）、廣西壯族自治區（桂）、西藏自治區（藏）、寧夏回族自治區（寧）、新疆維吾爾自治區（新）
特別行政區	香港特別行政區（港）、澳門特別行政區（澳）

　　中華人民共和國有 5 座國家中心城市以及數座區域中心城市，根據《全國城鎮體系規劃綱要（2005-2020 年）》，五個全球職能城市為：北京、天津、上海、廣州和香港，它們在發展外向型經濟及推動國際文化交流方面具有重要責任。

　　區域中心城市有：重慶、瀋陽、大連、長春、哈爾濱、南京、杭州、寧波、廈門、濟南、青島、武漢、深圳、成都、西安、石家莊、太原、呼和浩特、合肥、福州、南昌、鄭州、長沙、南寧、海口、貴陽、昆明、蘭州、西寧、銀川和烏魯木齊，這些城市主要責任為促進區域經濟社會的發展，縮小地區間發展水準的差距。

◎ 第二節　中共政治體系

　　中國共產黨是中華人民共和國唯一執政黨，並寫入憲法各版本。其政黨制度為中國共產黨領導的多黨合作和政治協商制度，雖然憲法的正文並未出現過中國共產黨，但是在序言則通常會寫入中國共產黨及其指導思想，如 2018 年版有「中國各族人民將繼續在中國共產黨領導下，在馬克思列寧主義、毛澤東思想、鄧小平理論、『三個代表』重要思想、科學發展觀、習近平新時代中國特色社會主義思想指引下」。

　　根據中華人民共和國憲法，民主集中制是中華人民共和國的組織原則。其國家元首是中華人民共和國主席，由全國人民代表大會選舉產生，任期為五年並且連任不得超過兩屆；最高國家權力機構為全國人大；最高國家行政機關為中華人民共和國國務院，實行總理負責制。

　　中華人民共和國憲法規定，「全國人民代表大會和地方各級人民代表大會都由民主選舉產生，對人民負責，受人民監督」。直接選舉產生的人大代表有鄉鎮、縣一級和不設區的市；其他人大代表由下級人大選舉產生；此外，各級人民政府、人民法院、人民檢察院則由同級人民代表大會選舉產生。

一、中華人民共和國政府重要機關

　　依照《中華人民共和國憲法》規定：「中華人民共和國是工人階級領導的、以工農聯盟為基礎的人民民主專政的社會主義國家」。中國共產黨是 1949 年建國以來唯一合法執政黨，具有憲法序言的指導地位；全國人民代表大會為最高國家權力機關，行使立法權，並選舉產生國家元首及國家的行政機關、軍事機關、司法機關、檢察機關；全國人大常委會作為全國人民代表大會常設立法機關，負責憲法解釋與合憲性審查；中華人民共和國的武裝力量包括人民解放軍、武裝員警和民兵預備役，由中華人民共和國中央軍事委員會領導。然而以上機關最終的指導機關依舊是中國共產黨，多數時候均由黨發號施令，政府機關進而執行。

最高國家權力機關	全國人民代表大會
最高國家權力機關的常設機關	全國人民代表大會常務委員會
國家元首機關	中華人民共和國主席（國家主席）
最高行政機關	國務院（中央人民政府）
最高軍事機關	中央軍事委員會
最高審判機關	最高人民法院
最高檢察機關	最高人民檢察院

二、全國人民代表大會

　　中華人民共和國全國人民代表大會，簡稱全國人大，是中華人民共和國名義上的最高國家權力機關，但根據中國的國情須接受中國共產黨的領導。全國人民代表大會的組成係由省、自治區、直轄市、特別行政區和軍隊選出的代表共同構成，各少數民族也有一定名額的代表。

中華人民共和國第十一屆全國人民代表大會第五次會議。取自 http://big5.xinhuanet.com/gate/big5/news.xinhuanet.com/politics/2012lh/2012-03/05/c_111604423.htm

　　其成員產生根據中國《選舉法》規定，省、自治區和直轄市的全國人大代表由省級人大代表間接選舉產生，非常委的代表均為兼職，無一定工資。全國人大會議每年舉行一次，由全國人大常委會召集，而在全國人大常委會認為必要下，或者藉由五分之一以上的全國人大代表提議，亦可以臨時召集全國人大會議，不過截止現今尚沒有召集過臨時全國人大會議。

（一）全國人民代表大會的職權

　　根據 2004 年修正的《中華人民共和國憲法》第六十二條規定，全國人民代表大會行使下列職權：

1. 修改憲法。

2. 監督憲法的實施。

3. 制定和修改刑事、民事、國家機構的和其他的基本法律。

4. 選舉中華人民共和國主席、副主席。

5. 根據中華人民共和國主席的提名，決定國務院總理的人選；根據國務院總理的提名，決定國務院副總理、國務委員、各部部長、各委員會主任、審計長、秘書長的人選。

6. 選舉中央軍事委員會主席；根據中央軍事委員會主席的提名，決定中央軍事委員會其他組成人員的人選。

7. 選舉國家監察委員會主任。

8. 選舉最高人民法院院長。

9. 選舉最高人民檢察院檢察長。

10. 審查和批准國民經濟和社會發展計畫和計畫執行情況的報告。

11. 審查和批准國家的預算和預算執行情況的報告。

12. 改變或者撤銷全國人民代表大會常務委員會不適當的決定。

13. 批准省、自治區和直轄市的建置。

14. 決定特別行政區的設立及其制度。

15. 決定戰爭和和平的問題。

16. 應當由最高國家權力機關行使的其他職權。

（二）全國人民代表大會的罷免權

第六十三條規定，全國人民代表大會有權罷免下列人員：

1. 中華人民共和國主席、副主席。

2. 國務院總理、副總理、國務委員、各部部長、各委員會主任、審計長、秘書長。

3. 中央軍事委員會主席和中央軍事委員會其他組成人員。

4. 國家監察委員會主任。

5. 最高人民法院院長。

6. 最高人民檢察院檢察長。

全國人大代表一直以來給人橡皮圖章的印象，有人戲稱為「四手代表」，即「走訪選民握握手、聽聽報告拍拍手、選舉表決舉舉手、大會閉幕揮揮手」。不過這種印象近年已漸漸出現改變，雖然全國人大還沒有出現過否決國務院各部門工作報告的情況，但是在省級以下的人大代表發生過否決政府部門工作報告等情況。近幾次全國人大會議對於最高人民檢察院和最高人民法院報告的投票贊成率也只有 75%上下，2012 年全國人大對《關於 2011 年中央和地方預算執行情況與 2012 年中央和地方預算的決議（草案）》的表決也出現了 438 票反對票，創歷年新高。

三、中華人民共和國全國人民代表大會常務委員會

全國人民代表大會常務委員會是全國人民代表大會的常設機構，簡稱全國人大常委會。全國人大常委會的組成人員有委員長，副委員長若干人；秘書長，委員若干人。根據《中華人民共和國全國人民代表大會組織法》的規定，由全國代表大會代表中產生全國人大常委會的組成人員，每屆任期為五年與全國人大相同，並管理全國人民代表大會各個專業委員會。此外，全國人大常委會的組成人員不得兼職，亦即不能擔任國家行政機關、監察機關、審判機關和檢察機關的職務。

全國人大委員長栗戰書。取自
http://www.npc.gov.cn/npc/fwyzhd/node_34195.htm

（一）全國人大常委會的職權

根據《中華人民共和國憲法》的規定，全國人大常委會的職權為：

1. 解釋《憲法》，監督《憲法》的實施。

2. 制定和修改除應當由全國人民代表大會制定的法律以外的其他法律。

3. 在全國人民代表大會閉會期間，對全國人民代表大會制定的法律進行部分補充和修改，但是不得同該法律的基本原則相抵觸。

4. 解釋法律。

5. 在全國人民代表大會閉會期間，審查和批准國民經濟和社會發展計畫、國家預算在執行過程中所必須作的部分調整方案。

6. 監督國務院、中央軍事委員會、國家監察委員會、最高人民法院和最高人民檢察院的工作。

7. 撤銷國務院制定的同憲法、法律相抵觸的行政法規、決定和命令。

8. 撤銷省、自治區、直轄市國家權力機關制定的同憲法、法律和行政法規相抵觸的地方性法規和決議。

9. 在全國人民代表大會閉會期間，根據國務院總理的提名，決定部長、委員會主任、審計長、秘書長的人選。

10. 在全國人民代表大會閉會期間，根據中央軍事委員會主席的提名，決定中央軍事委員會其他組成人員的人選。

11. 根據國家監察委員會主任的提請，任免國家監察委員會副主任、委員。

12. 根據最高人民法院院長的提請，任免最高人民法院副院長、審判員、審判委員會委員和軍事法院院長。

13. 根據最高人民檢察院檢察長的提請，任免最高人民檢察院副檢察長、檢察員、檢察委員會委員和軍事檢察院檢察長，並且批準省、自治區、直轄市的人民檢察院檢察長的任免。

14. 決定駐外全權代表的任免。

15. 決定同外國締結的條約和重要協定的批準和廢除。

16. 規定軍人和外交人員的銜級制度和其他專門銜級制度。

17. 規定和決定授予國家的勛章和榮譽稱號。

18. 決定特赦。

19. 在全國人民代表大會閉會期間，如果遇到國家遭受武裝侵犯或者必須履行國際間共同防止侵略的條約的情況，決定戰爭狀態的宣布。

20. 決定全國總動員或者局部動員。

21. 決定全國或者個別省、自治區、直轄市進入緊急狀態。

22. 全國人民代表大會授予的其他職權。

（二）主要領導人

　　中國第十三屆全國人大一次會議第三次全體會議，表決憲法修正案草案，結果贊成 2,958 票、反對 2 票、棄權 3 票，憲法修正案以高達 99.8%的贊成率通

過。其中最受矚目的條款，就是取消憲法對國家主席只能連任一次（兩屆 10 年）的限制。

　　中國全國人大在完成修憲，廢除國家主席任期限制之後，最受矚目的一項議程，就是選舉新任中國國家主席與中央軍委主席等政府領導職務。而理所當然，習近平是唯一候選人。習近平獲得全國人代會全票贊成，連任國家主席和國家軍委主席，維持「黨政軍」三位一體，正式邁入第二任期；排序第三的中央政治局常委栗戰書，當選全國人大委員長；中紀委前書記王岐山，在卸下中央政治局常委後上演「王者歸來」，當選國家副主席，在大陸修憲通過取消正副主席任期限制後，「習王體制」儼然成形。

　　值得注意的是，第十三屆全國人大一次會議舉行選舉，習近平以 2,970 票贊成、0 票反對、0 票棄權，連任國家主席和國家軍委主席；中央政治局常委栗戰書同樣獲得 2,970 票贊成，當選全國人大委員長。對比五年前，習近平以 2,952 票贊成、1 票反對、3 票棄權、7 張發出但未投票，首度當選大陸國家主席，這次的票數，更顯得意義深遠。

　　栗戰書當選人大委員長後，大會也選出人大常委會副委員長及祕書長，副委員長排名依序為王晨、曹建明、張春賢、沈躍躍、吉炳軒、艾力更・依明巴海、萬鄂湘、陳竺、王東明、白瑪赤林、丁仲禮、郝明金、蔡達峰、武維華等十四人；祕書長則由楊振武擔任。

四、中華人民共和國主席

　　中華人民共和國主席，簡稱為國家主席，為中華人民共和國之國家元首，由全國人民代表大會選出，大部分為一個候選人。憲法第七十九條第三款「中華人民共和國主席、副主席每屆任期同全國人民代表大會每屆任期相同，連續任職不得超過兩屆。」修改為：「中華人民共和國主席、副主席每屆任期同全國人民代表大會每屆任期相同。」（刪除憲法原文「連續任職不得超過兩屆」）主要工作為根據全國人大及其常委會決議公布法律、任免國務院總理同國務院人員、特赦、宣布緊急狀態、動員、授國家勳章，代表中國進行國際外交國事等。

歷任中國大陸國家主席

1. 毛澤東（1954～1959 年）。

2. 劉少奇（1959～1967 年）。

3. 李先念（1982～1988 年）。

4. 楊尚昆（1988～1993 年）。

5. 江澤民（1993～2003 年）。

6. 胡錦濤（2003～2012 年）。

7. 習近平（2012 年起）。

圖說：現任中國大陸國家主席習近平。取自 http://news. hexun.com.tw/2013-03-15 /152113505.html

五、中華人民共和國國務院

　　中華人民共和國國務院簡稱國務院，是全國人民代表大會的執行機關，也是中華人民共和國中央人民政府、最高國家行政機關。依據中國憲法規定，國務院的組成人員為總理、副總理、國務委員、各部部長、各委員會主任、審計署審計長和國務院秘書長。

（一）任免程序

　　國務院總理由中華人民共和國主席（國家主席）提名，交由全國人民代表大會表決，再由國

圖說：現任國務院總理為李克強。取自 http://www.cnr.cn/gundong/ 201303/t20130315_512154764.shtml

家主席根據全國人大的決定進行任免。其餘成員，包括國務院副總理、國務委員、各部部長、各委員會主任、中國人民銀行行長、審計長、秘書長均由國務院總理提名，同樣由全國人大決定、國家主席任免。每屆國務院任期與全國人大相同，均為 5 年，總理、副總理、國務委員連任不得超過兩屆。

（二）國務院的職權

　　國務院的職權由《中華人民共和國憲法》第八十九條規定，主要包括：

1. 根據憲法和法律，規定行政措施，制定行政法規，發布決定和命令。

2. 向全國人民代表大會或者全國人民代表大會常務委員會提出議案。

3. 規定各部和各委員會的任務和職責，統一領導各部和各委員會的工作，並且領導不屬於各部和各委員會的全國性的行政工作。

4. 統一領導全國地方各級國家行政機關的工作，規定中央和省、自治區、直轄市的國家行政機關的職權的具體劃分。

5. 編制和執行國民經濟和社會發展計畫和國家預算。

6. 領導和管理經濟工作和城鄉建設、生態文明建設。

7. 領導和管理教育、科學、文化、衛生、體育和計畫生育工作。

8. 領導和管理民政、公安、司法行政等工作。

9. 管理對外事務，同外國締結條約和協定。

10. 領導和管理國防建設事業。

11. 領導和管理民族事務，保障少數民族的平等權利和民族自治地方的自治權利。

12. 保護華僑的正當的權利和利益，保護歸僑和僑眷的合法的權利和利益。

13. 改變或者撤銷各部、各委員會發布的不適當的命令、指示和規章。

14. 改變或者撤銷地方各級國家行政機關的不適當的決定和命令。

15. 批准省、自治區、直轄市的區域劃分，批准自治州、縣、自治縣、市的建置和區域劃分。

16. 依照法律規定決定省、自治區、直轄市的範圍內部分地區進入緊急狀態。

17. 審定行政機構的編制，依照法律規定任免、培訓、考核和獎懲行政人員。

18. 全國人民代表大會和全國人民代表大會常務委員會授予的其他職權。

歷任國務院總理

1. 周恩來：政務院（1949～1954）。

2. 周恩來（1954～1976）。

3. 華國鋒（1976～1980）。

4. 趙紫陽（1980～1987）。

5. 李　鵬（1987～1998）。

6. 朱鎔基（1998～2003）。

7. 溫家寶（2003～2013）。

8. 李克強（2013迄今）。

六、中華人民共和國中央軍事委員會

中華人民共和國中央軍事委員會又稱為國家中央軍委或國家軍委，按照中國憲法規定為中華人民共和國的最高軍事決策機關。中央軍委由主席、副主席和委員組成，主席是由全國人大選舉產生，每屆任期也與全國人大相同，均為5年，其他組成人員由中央軍委主席提名交由全國人大或其常委會決定，比較特殊的是，憲法上並沒有規定中央軍委主席、副主席和委員的連任次數。目前中央軍委主席為習近平。

圖說：胡錦濤沒有扶上馬送一程，圖左為前任軍委主席胡錦濤，圖右為現任軍委主席習近平。取自 http://www.shuoa.cn/jdwq/2012-11-23/362.html

中央軍事委員會的職權

1. 統一指揮全國武裝力量。

2. 決定軍事戰略和武裝力量的作戰方針。

3. 領導和管理中國人民解放軍的建設，制定規劃、計畫並組織實施。

4. 向全國人大或者全國人大常委會提出議案。

5. 根據憲法和法律，制定軍事法規，發布決定和命令。

6. 決定中國人民解放軍的體制和編製，規定總部以及軍區、軍兵種和其他軍區級單位的任務和職責。

7. 依照法律、軍事法規的規定，任免、培訓、考核和獎懲武裝力量成員。

8. 批准武裝力量的武器裝備體制和武器裝備發展規劃、計畫，協同國務院領導管理國防科研生產。

9. 會同國務院管理國防經費和國防資產。

　　根據慣例，國家軍委主席均為中國共產黨中央軍事委員會主席。事實上，中國的軍事武力基本上是屬於中國共產黨中央軍事委員會管轄，實際發布的命令一般僅使用中國共產黨中央軍事委員會名義發布，因此中央軍委實際上僅是中共軍委的法律名義化。

七、中華人民共和國最高人民法院

　　簡稱最高人民法院，中華人民共和國人民法院是國家的審判機關。中華人民共和國人民法院是國家的審判機關。最高人民法院由院長、副院長、審判員等成員組成，均由全國人民代表大會選舉產生。依憲法 129 條規定，中華人民共和國設立最高人民法院、地方各級人民法院和軍事法院等專門人民法院。最高人民法院院長每屆任期同全國人民代表大會每屆任期相同，連續任職不得超過兩屆。

　　最高人民法院對全國人民代表大會和全國人民代表大會常務委員會負責。地方各級人民法院對產生它的國家權力機關負責。依照中華人民共和國人民法院組織法第十六條規定，最高人民法院審理下列案件：

1. 法律規定由其管轄的和其認為應當由自己管轄的第一審案件。

2. 對高級人民法院判決和裁定的上訴、抗訴案件。

3. 按照全國人民代表大會常務委員會的規定提起的上訴、抗訴案件。

4. 按照審判監督程序提起的再審案件。

5. 高級人民法院報請核准的死刑案件。

八、中華人民共和國最高人民檢察院

　　最高人民檢察院是中華人民共和國的「最高法律監督機關」，最高人民檢察院由檢察長、副檢察長、檢察員組成，成員均由全國人民代表大會選舉產生，對全國人大及其常委會負責，每年必須向全國人大做年度工作報告。由於中國黨政合一的國情，最高人民檢察院要接受中國共產黨，中共中央政法委員會的領導。

各級人民檢察院的職權

1. 對於叛國案、分裂國家案以及嚴重破壞國家的政策、法律、法令、政令統一實施的重大犯罪案件，行使檢察權。

2. 對於直接受理的刑事案件，進行偵查。

3. 對於公安機關偵查的案件，進行審查，決定是否逮捕、起訴或者免予起訴；對於公安機關的偵查活動是否合法，實行監督。

中華人民共和國最高人民法院審判大樓。取自
http://www.rmfygg.com/public/detail.php?id=193

4. 對於刑事案件提起公訴，支持公訴；對於人民法院的審判活動是否合法，實行監督。

5. 對於刑事案件判決、裁定的執行和監獄、看守所、勞動改造機關的活動是否合法，實行監督。

九、中華人民共和國監察委員會

中華人民共和國設立國家監察委員會和地方各級監察委員會，監察委員會由主任、副主任、委員等若干人。監察委員會主任每屆任期同本級人民代表大會每屆任期相同。國家監察委員會主任連續任職不得超過兩屆。監察委員會的組織和職權由法律規定。

國家監察委員會對全國人民代表大會和全國人民代表大會常務委員會負責，地方各級監察委員會對產生它的國家權力機關和上一級監察委員會負責。監察委員會依照法律規定獨立行使監察權，不受行政機關、社會團體和個人的干涉。監察機關辦理職務違法和職務犯罪案件，應當與審判機關、檢察機關、執法部門互相配合，互相制約。

◎ 第三節　中共教育體制

自中共建國至今，歷經多位領導人治理，如毛澤東、鄧小平、江澤民與胡錦濤，雖然各領導人強調與推行教育面向不同，但仍以普及基礎教育為努力方向。然而大陸幅員遼闊，各地人文與環境不同，因此教育推行是一項艱鉅的工作。通常在區分中國教育制度時，會將其分為幾類，首先是學前教育，通常是以 3～6 歲幼兒為對象，在幼稚園（幼兒園）或小學附設的幼兒班實施；其次是初等教育，這階段是指小學部分，學制是 6 年制，依中國大陸義務教育法規定的入學年齡是 6 歲；再來是中等教育，一般分為初級中學（3～4 年），以及其後實施普通教育的高級中學（需修業 3 年）、辦理職業教育的中專門學校（需修業 4 年）、技術勞動者學校（修業 3 年）、或者是職業中學（修業 2～3 年）等；最後則是高等教育，除了大學外，還包含學院（修業 4～5 年）的本科學校或是短期（修業 2～3 年）的專科。只有設置專科的學校稱為專科學校，又或者設置專科職業教育的職業技術學院等。過了大學階段就是研究所，通常設置在各大學，或是中國科學院、中國社會科學院等研究所。

年齡	學年		
27	22	博士	
26	21		繼續教育
25	20		
24	19	碩士	
23	18		
22	17		
21	16	本科	高等職業（專科）教育
20	15		
19	14		
18	13		
17	12	普通高中	中等職業教育（中專／技校／職業高中）
16	11		
15	10		
14	9	普通初中	職業初中　九年義務教育
13	8		
12	7		
11	6	小　學	
10	5		
9	4		
8	3		
7	2		
6	1		
5		學前教育（幼兒園、學前班）	
4			
3			

中國教育系統示意圖。

取自 http://www.chinese.cn/culturecollection/article/2011-09/16/content_265941.htm

一、學前教育階段－幼兒教育

（一）現行學制

　　大陸學前教育機構是指幼兒園，例如招收一至三歲的「托兒所」，以及三歲以上學齡前的「幼兒園」。根據 1996 年頒布的《幼兒園工作規程》，辦學形式已有一定規範，如修業年限通常為三年制，辦學形式

中國人民大學幼稚園。取自 http://www.bjhd.gov.cn/ggfw/jypx/xxztc/yey/201110/t20111029_370088.htm

可分全日制、半日制和寄宿制等，此階段不屬義務教育，但屬正式教育的第一階段。

（二）管理體制

幼兒教育是採「統一領導」、「地方負責、分級管理和各有關部門分工負責」的辦法；經費來源有政府撥款、個人投資、社會資助、家長繳費等辦法。另外在師資素養與培育上，根據中國《教師法》規定，幼兒園教師應具備幼兒師範學校畢業或以上學歷。

二、義務教育階段－初等教育、初級中學、高級中學教育

（一）現行學制

根據《中華人民共和國義務教育法》，中國目前實施九年義務教育，主要是在小學與初中實施，其教育制度有五四制（小學五年、初中四年），也有六三制，全國並不統一，有時在同一省學制卻也不一樣，並沒有統一的標準存在，此外，義務教育約可分為初等教育與中等教育兩部分。

中等教育結構包括普通中學、中等專業學校、職業中學、成人中等教育等。普通中學可分為初級中學與高級中學兩部分，初中基本上是與小學連接，屬於義務教育。初中畢業後即可進入普通高中、職業高中、或是中等專科學校繼續就學。

（二）管理體制

中國義務教育是屬於地方政府的職權，中國大陸有五級政府，分別是中央、省（直轄市）、地級市、縣（市）、鎮（鄉）。初中及小學的教育負責單位是屬於鎮（鄉）一級。以北京市而言，其所轄之各區政府便是中小學的辦學單位，例如北京市崇文區，其主要負責人是「區教委主任」，大約等於台灣的「教育局長」。

農村的情況則略有不同，鎮是最基層的政府組織，通常會設有鎮教委主任（或鄉教委主任）管轄村莊裏的小學，村裏不會設有「教委主任」。在預算方面，「鎮」主要提供教師薪資，至於辦學其他所需的費用，則由學生每年繳交的

雜費，以及鄰近主要上學學生所屬的「村」來負擔。由此可知，較富有的鎮在教育經費支出方面比較沒問題，但大多數的農村經費就容易短缺。

（三）課程與教科書

在課程上，小學一年級起便全天上課，然而如同經費問題一般，課程、師資有時也是因地而異。例如在上海，小學一年級起便有英文課，但在農村，由於師資問題，就無法像上海一樣，通常只有五、六年級才開始有英文課；另外在許多鄉下學校，教師往往一個人什麼科目都教，許多非本專業的課程教學品質就不盡理想。至於教科書中小學基本採「一綱多本」制，即各地所使用的教科書可能由不同出版社印製，但都必須符合中央所公布的課程大綱。另外根據教師法規定，小學師資的最低標準是中等師範專科學校畢業（相當於高中程度）。

三、高等教育階段－非師範教育

中共建國之初的高等教育，受到前蘇聯很大的影響，例如科系的設置、校系管理制度、科研招生等等，幾乎都推翻了原來中華民國所創立的規範。但在中國改革開放後逐漸與歐美有了頻繁的往來，因此在高等教育階段，開始受到歐美國家的教育制度與做法的影響。而其高等學校招生人數從文革後，1977 年底的 27 萬 3,000 人；到了現在突破 500 萬人的數目，可見中國大陸的高速經濟發展，對高等教育的經費投入有顯著貢獻，而其培養的人才，也對大陸的經濟成長提供了相當的貢獻。

現行學制

中國大陸高等教育階段學制分為四類學生，首先是專科生、其次本科生、再次碩士生、最後則是博士生。學科大約可略分為十一類，工科、農科、林科、醫藥、師範、文科、理科、財經、政法、體育、藝術等。至於基本修業年限，專科生通常是為 2～3 年；大學本科生則為 4～5 年，這些學生主要來源是參與高考的高中生；碩士生修業期限是 2～3 年，入學方式與台灣不同，是統一命題考試；博士生則一般需 3 年，入學方式各校不同。

1. 專科生

　　在中國大陸，專科生是屬於大學教育的一部分，以 2 年為主；另外也有單獨的專科學校，以 3 年為主。本學制是以培養技術型人才為目標，有點類似職業學校，即以實用化為目的導向。在大學裏，通常學校在某專業領域有招收專科生，同時也會招收本科生，所以當學生取得專科畢業資格時，還可以參加專科升本科的考試，如果錄取便可繼續完成本科教育，取得學士學位；而單獨設立的「高等專科學校」則職業教育色彩較重，例如公安專科學校、旅遊專科學校、紡織專科學校等等。這些專科學校學生來源主要是透過「高考」，招收高中畢業生就讀。

2. 本科生

　　本科生就是台灣常稱的「大學生」，一般就讀 4 年，但也有些學校系所要求讀 5 年不等。本科生招收的學生跟專科生一樣，主要是來自「高考」，主要對象是高中畢業生。近年來，大陸積極發展「高等職業學校」，除了單獨設立之外，也在一般大學設立二級學院，招收「三校生」（職業高中、技工學校、中專畢業）就讀，攻讀學士學位，也是屬於本科教育的一環。在 2004 年中共教育部核准招生的民辦「獨立學院」多達 249 所，都是本科招生資格。

3. 碩士生

　　碩士生修業年限原是 3 年，但現在大多數已改為 2 年，必須修滿課程，完成論文答辯，才能獲得碩士學位。每一年碩士入學考試是全國統一，因為共同科目：政治、英語及數理科的數學，乃是全國統一命題。所以每一人只能報考一個碩士點，若不錄取就只好明年再來。此外大陸也設立「專業碩士學位」，招收在職人員進修，以利儲備幹部之用。此一「專業學位」，目前也已發展至博士學位。除了一般大學招收碩士生之外，大陸的研究機構也可以招收碩、博士生就讀，頒發碩、博士學位。

4. 博士生

　　博士生一般至少需要 3 年，主要是撰寫博士論文，其所需要修課比碩士生少，跟隨指導教授（博導）做研究比較重要。

第四節 中共社會結構

　　中國大陸在改革開放後，隨著各項改革措施的實行，導致中國大陸無論在政治、經濟，乃至社會領域都發生巨大的改變。就社會層面而言，已與過去毛澤東、鄧小平時代大大不同，至今有如下的發展。

一、兩層社會結構轉為三層社會結構

　　改革開放前有所謂的「一大、二公、三純」的共產社會，此為毛澤東所提倡的目標。所謂大就是指基層組織（如人民公社）的規模越大越好；所謂公是指公有化的程度越高越好；所謂純是指社會主義的經濟成分越純越好。在這推廣過程中，中國大陸社會原有的中間組織，像是同鄉會或是各種公會等，都不被允許存在，使社會上成為國家－民眾的兩層結構。改革開放後，伴隨著各式各樣的所有制逐漸解禁，中產階級日益壯大，因此社會結構也逐漸轉變為三層，即國家－中產階級－民眾。

二、具有資本主義特色的社會主義

　　在改革開放前，由於共產主義不容許私有財產的存在，所以社會上所有生產資料必須全部公有化，成為一個沒有私有財產的社會。因此，中共建政初期的措施，是以沒收私有財產，將人民的私有財產壓縮到極小程度為目標，但是這種作法由於沒有良好的配合措施，所以嚴重打擊一般人的勞動積極性，大家都只想獲得而較少付出，對經濟成長呈現不利狀態。後來中共改變現狀，促進經濟的發展，逐漸放寬人民對私有財產的限制，甚至把保護私有財產的條款加入憲法中。

三、從輕視知識到重視知識

　　中共建政初期由於毛澤東提出「讀書無用論」，認為書讀得越多越容易反對暴動，所以在當時的風氣上，並沒有給予知識分子一定的地位，甚至視其為反對暴動階級的「臭老九」。改革開放後當權者體認到知識是促進經濟發展的重要因素，因此目前中國大陸社會上對知識的重視已改變，並提升知識的重要性。

四、均貧到貧富不均

由於中共為達到共產社會的目標，沒收人民的私有財產，嚴重打擊了人民的勞動積極性，再加上許多政策的貿然實施，導致經濟一度陷入長期停滯狀態，於是整個社會基本上是處於均貧情況。但改革開放後，隨著經濟高速發展，隨著先讓一部分人富起來的理念，貧富懸殊的現象越益嚴重，至今基尼係數(Gini Coefficient)官方公布大約在 0.45 左右，甚至有些學者認為應該是超過 0.5，固然經濟發展大大改善中國社會的情況，但也嚴重影響社會的和諧與安定。

◎　第五節　中共軍事力量

中共聲稱不會與任何國家進行軍備競賽，倡導和平，但外界普遍質疑中共大幅擴充軍事力量。

一、軍事力量

中國大陸目前的軍事力量，主要計有「人民解放軍現役部隊」、「人民武裝員警」、「民兵」及「預備役部隊」四大類型。

（一）人民解放軍現役部隊 （解放軍）

人民解放軍現役部隊簡稱解放軍。當前中國軍事建置主要是依循「遠戰速勝、首戰決勝」的戰略指導，以五大戰區為主體，結合陸、海、空軍及二炮部隊，目前軍隊規模現保持 230 萬人。陸軍（地面部隊）大約 150 萬餘人，海軍約 34 萬餘人，空軍約 33 萬餘人，二炮部隊大約 12 萬餘人。

人民解放軍現役部隊。取自 http://taiwanyes.ning.com/group/twclub/forum/topics/mei-you-zhuang-bei-na-jiao-bu?commentId=1970702%3AComment%3A818691&groupId=1970702%3AGroup%3A46924

（二）人民武裝員警（武警）

中國的人民武裝員警部隊（簡稱武警），是一支兼具公安及軍事性質的武裝力量，屬性大約介於台灣的憲兵與員警間，以輕型武器為主要裝備。目前總兵力大約 66 萬人，是穩定中國大陸內部和諧的重要武力。人民武裝員警一方面可滿足國內治安維護的需求，另一方面也在為降低「中國威脅論」的印象而進行裁軍的同時，再大規模擴充武警部隊，把縮減解放軍的影響降至最低。武

武裝員警接受閱兵。取自 http://news.163.com/photonew/0UQ20001/6637_39.html

警部隊主要組成部隊有內衛部隊和警種部隊，其他如公安邊防、消防、警衛部隊也都列入武警之中。武警部隊的最高指揮機關是武警總部，下面設有司令部、政治部、後勤部，此外，武警同時接受中共中央軍委及國務院的雙重領導。

（三）民兵

中國民兵是中國人民解放軍的助手和後備力量。《中華人民共和國兵役法》規定，鄉、民族鄉、鎮和企業事業單位建立民兵組織。民兵武力主要是由區、鄉、鎮企業機關採「勞武結合」、「平戰結合」的方式所編成，並在軍事機關的指揮下，擔負戰備勤務、防衛作戰任務，協助維護社會治安。在中國凡年滿 18～35 歲，符合服役條件的公民，除了已經徵召的服役者外，均需要編入民兵組織服預備役。中國大陸目前

新形勢下縣（區）人武部。取自 http://gf.nxzw.gov.cn/zw/zxxm/ShowArticle.asp?ArticleID=537

則針對許多重要軍事位置加強海上民兵建設，在最近的大規模演習中，民兵也大量動員參與。

（四）預備役部隊

中國大陸的預備役部隊是中共國防後備力量的重點，目前兵力已逾百萬。平時進行訓練，必要時協助維護社會秩序，戰時轉服現役。預備役部隊建制方式主要是按「省建師、地區建團、縣區建營、鄉鎮建連」的原則編組而成，由於預備役部隊成員大致是以離退原共軍幹部及士兵為主，故素養優於民兵。

二、兵役制度

中國大陸目前的兵役制度，主要是依據通過的《兵役法》，和 1998 年通過的《兵役法》修正案為法源基礎，採取義務役與志願役結合、民兵與預備役結合的兵役制度。中華人民共和國公民應服義務兵，唯需經體檢與政治審查合格方得服役；各軍種服役年限，目前均為 2 年，而義務兵於現役期滿後，經批准可改服自願兵。自願兵服役年限是 3～30 年，年齡限制為不得超過 55 歲。

三、軍區

習近平在 2015 年「九三閱兵」時宣布裁軍 30 萬，隨後開始實施一系列的軍隊改革措施。中國大陸軍隊原有的七大軍區是：北京軍區、瀋陽軍區、濟南軍區、南京軍區、廣州軍區、蘭州軍區和成都軍區；而習近平軍改後新建立的五大戰區是：東部戰區、南部戰區、西部戰區、北部戰區和中部戰區。進一步將戰略導彈部隊的名稱從「第二炮兵」改為「火箭軍」，並且成立了戰略支援部隊和陸軍指揮部門。

戰區與軍區有本質上的區別。根據軍改中軍委管總、戰區主戰、軍種主建的總原則，戰區將主要履行聯合作戰指揮職能，專司作戰指揮、大型聯合軍事演習等，戰區所屬各軍種部隊的軍事訓練、政治工作等則由各軍種領導機構負責。綜合來說，戰區制去掉了過往濃重的「大陸軍」色彩，強化了多軍兵種聯合作戰的能力。

五大戰區位置圖

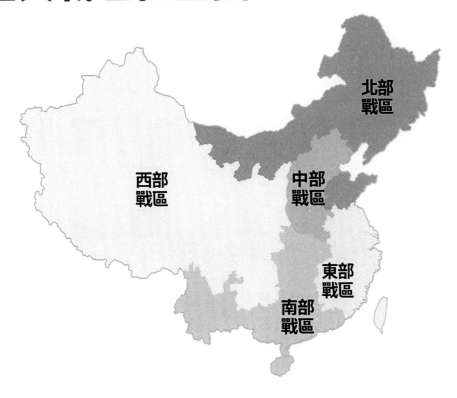

北部
戰區

西部
戰區

中部
戰區

東部
戰區

南部
戰區

中國五大戰區分布圖。
取自：中國軍網 http://www.81.cn/

四、軍費

　　中國公布的 2019 年度的國防預算報告，宣布新一年軍費將比 2018 年增加 7.5%。2019 年 3 月 5 日在十三屆中國人大二次會議開幕日公布的預算報告中，中國在未來一年的國防預算定在了 11,899 億元人民幣（約 1,774.9 億美元），比上一年度增幅下降，並且連續第四年以個位數增長。中國為 2019 年定下的國內生產總值（GDP）增長目標為 6.0%至 6.5%，而中國的軍費增長高於這一升幅。

　　不過，2019 年的軍費預算升幅低於 2018 年的 8.1%；2017 年和 2016 年的國防預算升幅則分別為 7%和 7.6%。

國防預算占中國財政支出分析圖

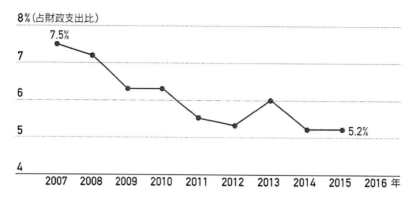

中國大陸國防預算分析圖

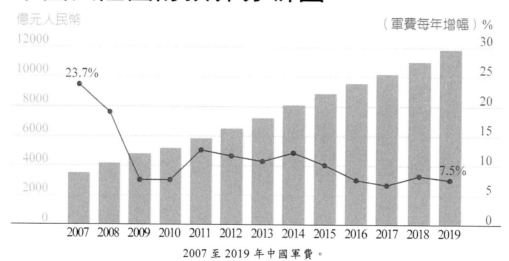

2007 至 2019 年中國軍費。

取自：https://www.bbc.com/zhongwen/trad/chinese-news-47579483

參考書目 References

一、專書

1. 三中全會以來重要文獻選編（上卷）。北京：人民。1982 年。

2. 三中全會以來重要文獻選編（下卷）。北京：人民。1982 年。

3. 中國共產黨第十二次全國代表大會檔彙編。北京：人民。1982 年。

4. 中國共產黨第十三次全國代表大會檔彙編。北京：人民。1987 年。

5. 中國共產黨第十四次全國代表大會檔彙編。北京：人民。1992 年。

6. 中國共產黨第十五次全國代表大會檔彙編。北京：人民。1997 年。

7. 中國共產黨第十六次全國代表大會檔彙編。北京：人民。2002 年。

8. 江澤民（2001 年）。論黨的建設。北京：中央文獻。

9. 沈寶祥（1997 年）。真理標準問題討論始末。北京：中國青年。

10. 馬立誠、凌志軍（1998 年）。交鋒－當代中國三次思想解放實錄。北京：今日中國。

11. 高輝（1991 年）。社會主義在認識－中共「初階論」之研究。台北：永業。

12. 高輝（2002 年）。轉型中的－中共社會主義。台北：永業。

13. 鄧小平理論編寫組（1999 年）。鄧小平理論基本問題。北京：中共中央黨校。

14. 鄧小平選集，第 2 卷。北京：人民。1983 年。

15. 鄧小平選集，第 3 卷。北京：人民。1993 年。

二、網站

1. 人民網。http://www.people.com.cn。

PERSPECTIVES OF MAINLAND CHINA

★ ★ ★ ★ ★

CH **2**

編著者 謝銘元

中共發展史

- ▶ 中共建黨的歷史背景
- ▶ 中共建黨後的革命發展過程
- ▶ 中共建政後毛澤東統治時期的發展過程
- ▶ 鄧小平路線的形成及其理論架構的建構過程
- ▶ 江澤民提出「三個代表」的內涵及其目的
- ▶ 胡錦濤時代的「科學發展觀」論述基礎
- ▶ 習近平新時代中國特色社會主義思想

前言 FORWORD

工業革命後，出現了資本主義社會。在資本主義社會的發展過程中，出現了國際共產主義運動。至 1917 年，俄國發生「十月革命」。1919 年，第三國際在莫斯科成立。1920～1921 年間，俄共和第三國際先後派遣維丁斯基(G. N. Voitinsky)和馬林(H. S. Maring)到中國，與陳獨秀、李大釗等人籌組中國共產黨。

中共建黨時，正值辛亥革命後的軍閥割據時代，軍閥混戰，政局動盪，社會不安，民生凋敝。中共建黨後，經上海時期的「聯合戰線」和瑞金時期的「蘇維埃運動」之曲折發展，至「延安時期」，利用抗日戰爭之機會，逐漸壯大。戰後，更以和、戰並用的策略，奪取政權，建立中華人民共和國。

1949 年中共政權建立後，在長達 27 年的毛澤東統治期間，發動了一連串的政治、社會運動，其中以「三面紅旗」和「文化大革命」對大陸社會的傷害最大。1976 年，毛澤東死亡，後經華國鋒、鄧小平的路線鬥爭和權力鬥爭，至 1978 年 12 月中共十一屆三中全會後，在鄧小平主導下，開始了「解放思想、實事求是」、「一個中心、兩個基本點」的鄧小平路線時期。進入二十一世紀，江澤民更提出「三個代表」，作為中共在新世紀的立黨之本、執政之基和力量之源。而江澤民的繼任者胡錦濤在「三個代表」的基礎上提出「三個為民」的親民論述，以及加強黨的執政能力建設的執政理論，作為「胡錦濤時代」的意識型態論述基礎。

第一節　中共創建時期

中國共產黨的創建背景是發生在近代中國變局，與國際共產主義運動的雙重影響下，尤其在辛亥革命後，中國政局動盪不安，更提供了中國共產黨崛起的契機。因此，本節除了敘述中國共產黨的創建外，也先探討其所處的歷史背景，讓整個歷史脈絡完整呈現。

一、中共建黨的歷史背景

　　1930～1940 年代，西方社會主義經過不斷的淬鍊，具有國際主義意識的共產主義運動逐漸形成，並且建立了國際性的共產主義組織。與此同時，中國在十九世紀的鴉片戰爭後，遭遇前所未有的困局，不僅內亂不斷、外患不止，隨之而來的政局動盪、民不聊生，給予了革命的最佳機會。中國人民共產黨就是在這波國際共產主義運動浪潮下，以及近代中國困局的歷史環境中所孕育而生的。

（一）國際共產主義運動的發展

　　近代西方「社會主義」(Socialism)一詞見於十八世紀中葉，而「共產主義」(Communism)一詞則誕生於 1930 年代。一開始，這兩個名詞往往被人視為是同義詞，因為兩者都主張建立生產資料公有制、消滅資本主義私有制。然而兩者其實有所區別，主要在於達成理想的方法不同，共產主義主張用革命鬥爭的方法完成理想，社會主義則主張用溫和的方法達致目標。

1864 年 9 月 28 日，第一國際「國際工人協會」在英國倫敦成立。這是 1866 年 9 月在日內瓦拍攝的參加第一國際第一次代表大會的代表們。取自 http://www.gov.cn/lssdjt/content_400896.htm

　　歷史上曾經有三個較著名國際性共產組織，分別是在 1847 年於倫敦成立的「共產主義者同盟」，著名的「共產黨宣言」即是此時發表，當時馬克思(K. Marx, 18181883)與恩格斯(F. Engels, 1820～1895)接受該同盟的委託起草，並於 1848 年初發表，它是國際共產主義運動具代表性的綱領文獻，也是馬克思主義的代表性文獻。從十九世紀中葉以後，直到二十世紀初期，又陸續出現三個國際共產主義運動的國際性組織，分別為 1864 年於倫敦成立的「國際工人協會」，也被後人稱為「第一國際」；1889 年於巴黎成立的「第二國際」；最後，也是影響中國共產黨最深遠的，即為在 1919 年於莫斯科成立的「第三國際」。

第三國際是列寧 (V. I. Lenin, 1870~1924) 及史達林 (J. V. Stalin, 1879~1953)推動世界革命的基地。中國共產黨的創建與第三國際密不可分，其是第三國際推動世界革命中的重要產物，例如在中共建黨著力甚深的兩位第三國際代表，分別是維丁斯基(G. N. Voitinsky) 和馬林（原名 Hendricus-Sneevliet，後以 Maring 為名）。

1921 年 6 月 28 日列寧在共產國際第三次代表大會作報告。取自 http://www.open.com.hk/content.php?id=308

（二）近代中國的變局

中國從 1840 年鴉片戰爭後，遭遇前所未有的變局，當時中國長期處在內憂外患的困境中。就內亂言，有太平天國之亂，時間長達數十年（1850～1864 年），動亂規模也最大，影響最深；另外還有撚亂、苗亂、回亂等，也是延續十餘年的動亂，使人民死於兵火、飢饉或流離失所。就外患言，除了有英法聯軍、中法戰爭、中日甲午戰爭，乃是因義和團之亂引起的八國聯軍等，都造成了政局動盪不安，和簽署諸多喪權辱國、割地賠款的不平等條約，使國家淪為半殖民地。

面對這樣的動盪環境，當時中國知識分子為救亡圖存，有人主張改革，也有人主張革命。改革者期望用漸進改變制度的方式，維持滿清政府，勵精圖治、重建國家，期能漸漸恢復中國主權，保衛中國。因此從 1860 年代開始，改革者陸續推行了幾項運動，先後有「自強運動」、「維新變法」、「君主立憲」等，這些努力終因反對派的阻擾而告失敗。

另一方面，革命者希望使用起義的方法，一舉推翻滿清，改變現有政體，成立民主共和政體。革命者經多次起義，終於在 1911 年武昌起義一舉成功，並使各省一同響應，最終大清王國覆滅，民國肇建。唯民國建立之初，仍飽受各種舊勢力阻擾，例如有袁世凱圖謀恢復帝制，張勳意圖擁溥儀復辟，各地軍閥割劇、混戰等，致使推翻滿清後的民初政局依然動盪。

處於民初動盪不安下的中國，各類救國思潮興起，不論是改革者或革命者，都有各種自己的一套救國論述，有人主張履行歐美國家，特別是英美的自

由、民主道路，但也有人主張學習俄國十月革命的方式，即透過無產階級所領導的反帝國主義、反封建主義的無產階級革命，達成國家的改變。這類的主張者，多為社會主義者或馬克思主義者，這些人在 1920～1921 年間於第三國際的幫助下，成立了中國共產黨。

（三）中共建黨的經過

對於中共建黨幫助甚深的有兩位外國人，即前述提到的維丁斯基和馬林，還有兩位中國人為陳獨秀和李大釗。

維丁斯基於 1920 年 3 月受俄共指派，並經過第三國際同意後，前往中國擔任駐華代表，主要工作為，瞭解中國情況，考察在上海建立共產國際東亞書記處的可能性，並指導、幫助中國共產黨建立。維丁斯基抵達北京後，經北京大學教授鮑立維(S. Polevey)的介紹，與當時身分為北大圖書館主任的李大釗教授會面，兩人開始交流在中國建立共產黨的想法；之後李大釗又介紹維丁斯基前往上海跟陳獨秀會面，共同商談如何促進中國共產黨的創立。

陳獨秀。取自 http://www.aqnews.com.cn/Achenduxiu/UploadFiles_5169/201011/2010112102022390.jpg

經過維丁斯基、李大釗、陳獨秀等人的努力下，1920 年 8 月，上海共產黨早期組織正式成立，這是最早的中國共產黨早期組織，參加者有陳獨秀、李漢俊、李達等人，陳獨秀任書記。上海共產黨早期組織成為中國其他各地建黨活動的聯絡中心，中國其他各地共產黨早期組織也於 1920 年夏至 1921 年春，先後在北京、長沙、武漢、廣州、濟南等地建立，同時在法國和日本也有留學生組成共產黨的早期組織。這些共產黨早期組織的名稱並不統一，例如共產黨、共產黨小組等，但他們都是中國共產黨的地方組織，後來被通稱為共產主義小組。

李大釗。取自 http://www.gs.xinhuanet.com/dfpd/2010-08/16/xin_593070716113509911897334.jpg

在各地共產主義小組成立後，開始有計畫地進行馬克思主義的研究和宣傳，例如在上海建立「中國社會主義青年團」（1925 年改名「中國共產主義青年團」）、組織工人成立工會、創辦工人刊物、開展工人運動等，並於 1920 年 9 月將《新青年》雜誌改為共產黨的機關刊物，另外於同年 11 月創辦了《共產黨》月刊，在全中國主要城市秘密發行，這也是中國共產黨歷史上第一個黨刊。

1921 年 6 月，共產國際派馬林任駐中國代表，馬林與李大釗、張國燾及陳獨秀等人交換意見，決定於上海召開中國共產黨的第一次全國代表大會，正式成立中國共產黨。上海共產黨小組向各地共產黨組織發出通知，要求各地選派兩名代表出席大會。來自北京、廣州、長沙和日本的各地代表於同年 7 月 23 日全部到達上海。

《共產黨》月刊。取自 http://big5.china.com/gate/big 5/images2.china.com/news/zh _cn/history/all/11025807/2011 1031/2011103108265655294 00.jpg

中共「一大」經討論後，通過了中國共產黨的第一個綱領和決議。綱領第一條即規定黨的名稱是中國共產黨；共產黨的性質是無產階級政黨；奮鬥目標是推翻資產階級，廢除資本所有制，建立無產階級專政，實現社會主義和共產主義；共產黨的基本任務是從事工人運動的各項活動，加強對工會和工人運動的研究與領導。大會並選舉陳獨秀、李達、張國燾等三人組成中央局，此為共產黨的最高領導機構，陳獨秀為中央局書記，即中共中央最高領導人，張國燾負責組織工作，李達負責宣傳工作，至此，中國共產黨及其中央領導機構正式宣告成立。

◎ 第二節　中共革命時期

中共自 1921 年正式建黨後，可以 1949 年為重要的分水嶺，1949 年前屬中共革命史，1949 年後為中共建政史，或稱中華人民共和國史。從 1921～1949 年共 28 年，在這 28 年的中共革命史中，又以中共中央或其政治中心所在地，作

為分期的依據。一般將中共革命史分為三個時期，首先是上海時期（1921～1927 年）、其次是瑞金時期（1927～1936 年），最後是延安時期（1937～1949 年）。

一、上海時期（1921～1927 年）

上海時期是中共初創的時期，這個時期中共中央最高領導人一直是陳獨秀。在這個時期，中共黨員人數由 1921 年 7 月創黨時的 50 餘人，至 1927 年 4 月國民黨清黨時，發展到 57,900 多人，而這些成長數字多是透過運動累積而增加。

（一）勞工運動（1921～1923 年）

中共一開始是採取共產黨式的革命策略，也就是想辦法煽動無產階級（以工人為主）反對帝國主義、資本主義的情緒，但訴諸勞工運動有個最大問題，即中國無產階級人數在當時非常少，連百分之一都不到。因此，在中國當時由軍閥割據的農業國家，無產階級即使意志堅強，整個組織也是脆弱不堪的。例如發生在 1923 年的二七慘案，即為原本對共黨表示支持的吳佩孚，瞬間轉而鎮壓工人所造成的大屠殺，這件事讓年輕的共產黨認識到兩點，首先是只有工人的聯盟過於薄弱，必須與其他各階層保持關係，其次是為避免被軍閥消滅，他們必須多和其他軍閥保持關係，以備不時之需。

（二）聯合戰線之形成

在二七慘案發生不久之後，共產國際建議中共和國民黨聯合，中共的主要活動是與中國國民黨建立「聯合戰線」，對中國國民黨而言，就是所謂「聯俄容共」。中共會願意與國民黨建立合作關係是在於，國民黨擁有兩個共產黨所欠缺的資產：(1)國民黨是被普遍認為代表各階層的政黨，而非僅侷限於資產階級或無產階級；(2)國民黨的領袖孫中山是中華民國的建立者，具有很高的合法性。

經過國共協商，在 1924 年元月，國共兩黨正式開始合作，中共放棄獨立的存在而加入國民黨，所有的宣傳也都要用國民黨的名義，儘管如此，對共產黨人而言，也僅是換了招牌，但本質上仍是共產黨人，而隱約是作為共產黨人加

入國民黨的交換代價，國民黨則在共產國際的協助下創立了黃埔軍校，首次擁有自己的軍事武力組織。

1924 年第一次黃埔軍校開學典禮後，孫中山、蔣介石與蘇聯代表一同走出校門。取自 http://www.epochtw.com/9/10/10/123629.htm

國民黨在接受共產國際建議聯俄容共之請求後，即展開中國國民黨的改組，聘第三國際代表，也是蘇俄代表的鮑羅廷(M. M. Borodin)為顧問，作為協助改組中國國民黨的重要推手。1924年 1 月 20 日至 1 月 30 日，中國國民黨於廣州召開第一次全國代表大會，會中除了制定黨章外，並選舉中央執行委員和監察委員。在 24 位中央執行委員中，有李大釗、於樹德、譚平山等 3 人為昔日的共產黨人；17 位候補中央執行委員中，有毛澤東、張國燾、瞿秋白、韓麟符、林祖涵、於方舟等 6 人為共黨分子；另外在國民黨中央所設的八部中，共產黨人也有進入中央組織部、宣傳部、農民部、工人部等重要部門。

在兩黨聯合期間，中共主要是針對都市地區作政治工作，例如宣揚反帝國主義，另外也附帶做一些農村工作，諸如農民運動講習所的舉辦等；國民黨則專注於軍事建設，如訓練軍官，以如期統一全國。初期這聯合戰線對國共雙方都有好處，就國民黨來說，他們除了得到蘇聯的援助外，還能夠得到鮑羅廷及其同僚的革命經驗，對發展革命政治與軍事組織有莫大幫助；就中共來說，例

楊之光的《毛澤東同志在廣州農民運動講習所》。取自 http://treasure.chinese.cn/article/2010-01/20/content_103086.htm

如容共前一年，即 1923 年 6 月，共產黨黨員僅 420 人，但至容共結束後的那一年，即 1927 年 4 月，數目已增至 57,900 多人，4 年間即成長 5 萬多人。

（三）中共的企圖與聯合戰線的結束

中共計畫與國民黨聯合，首先進一步接近各階層的群眾，其次在協助國民黨奪得全國政權以後，慢慢排擠掉國民黨領導，取得最後執政權。例如陳獨秀就曾在信件中明確提到聯合陣線的兩個作用：(1)利用國民黨的招牌，發展共產黨的勢力；(2)在國民黨內掌握黨權，操縱黨務，製造輿論，煽動黨員，使國民黨漸變為共產黨。

儘管如此，國共兩黨本質上卻存在極大差異，也就是這差異導致了國共合作的裂痕。國民黨本身是由各方不同身分和政治傾向的人結合而成的，從極左派到極右派都不乏其人，在 1925 年孫中山過世後，許多國民黨員對共產黨員的厭惡開始表現出來。其後蔣介石取得國民黨的最高權力，開始了北伐事業，期望統一全國，儘管共產黨用政治動員的方式，讓反北伐的軍閥腹背受敵，但共產黨利用階級訴求爭取民眾支持，對許多國民革命軍軍官卻是一大威脅，因為他們大多數來自於地主階級，換言之，他們也是共產黨人要打倒的對象，雙方的緊張關係節節升高。

1927 年 3 月 28 日，中國國民黨中央監察委員會議在上海召開，通過「糾察共產黨員謀叛黨國案」，並決定展開「護黨救國運動」。4 月 12 日，國民黨部隊與秘密社會幫派聯手，在南京、上海、江蘇、浙江、安徽、福建、廣東、廣西等省地進行清黨，這一次事件對中國共產運動造成深刻的影響。同年 7 月 15 日，國民黨武漢政權也開始分共。至此，國共聯合戰線乃宣告結束。

四一二事變中被關押的民眾。取自 http://bbs.51.ca/viewthread.php?tid=223508

二、瑞金時期（1927～1936 年）

中共在 1927 年時原有兩條不相同的路線，大多數共產黨領導受共產國際影響，強調的是都市革命，所以當國民黨清黨時候，在大都市工作的這群共產黨人，幾乎都沒有逃過這波迫害。然而另一條路線，也就是農村革命運動路線，

透過國共合作時期農民運動講習所的舉辦，漸漸發展了起來，認同這方向的共產黨幹部，是把農村看作中國革命的真正力量，中共後來的領導人－毛澤東，就是農村革命路線的重要人物。轉入農村工作為主的中共，開始了瑞金時期，或稱武裝暴動時期。在這時期中共中央權力核心變動頻繁，也是在這個時期，中共建立了自己的武裝力量，開啟自己的政權，即「中華蘇維埃共和國」。

（一）武裝暴動

　　國民黨藉由清黨殺害了絕大多數主張都市工作優先的共產黨員，因此，餘下的共產黨員多半是較傾向農村工作的；同時也因為清黨事件，共產國際對中共的指導開始被質疑，開始有人懷疑共產國際是否瞭解中國共產黨員的處境。此外，中國共產黨還學到另外兩個啟示：(1)雖然國民黨內部有許多不同意見，但國民黨整體來說是無法讓人信任的，必須與之鬥爭；(2)由二七慘案以後，中共不能指望從軍事結盟得到保護，必須建立一支自己的軍隊。

　　從 1927 年 8 月至 12 月，中共在湖南、湖北、江西、廣東四省發動了一系列武裝暴動，並經由這些暴動，中共建立了自己的武裝力量，即「工農紅軍」，也建立自己的革命根據地。從 1927 年開始，中共先後在中國各地建立所謂「蘇區」，其中以毛澤東、朱德所建立的江西蘇區（以瑞金為中心）最為重要。

（二）蘇維埃政權的建立與瓦解

　　經過 1927 年國民黨的鎮壓，毛澤東帶領一些共產黨人進入江西省的井岡山，並在此地與朱德會師，兩人併肩作戰擊破反對勢力，於 1931 年在江西瑞金召開「中華工農兵蘇維埃第一次全國代表大會」[1]，會議通過「中華蘇維埃共和國憲法大綱」，宣布成立「中華蘇維埃共和國」，即江西蘇維埃政權。江西蘇維埃政權定都瑞金，由毛澤東任中央執行委員會主席，項英、張國燾任副

江西瑞金中央工農民主政府舊址。取自 http://www.china.com.cn/chinese/zhuanti/gmsdx/596987.htm

---

[1] 蘇維埃(Soviet)是俄文音譯，意思是指工農兵代表會議。

主席。並開始以農村為基礎,將共產主義鬥爭運作方式融入其中。在此同時,中共各中央單位仍然意圖留在上海,但在國民黨的圍剿下,終於在 1931～1932 年間放棄上海,轉而遷往瑞金,期後國民黨部隊又逐一摧毀中共其他的根據地,到了 1934 年,只剩下江西蘇維埃這一個較主要的據點。

雖然毛澤東在江西發展了一套以農村為基礎的革命方式,對往後的中國共產黨影響深遠,但對此時期的毛澤東本人的地位或中共中央決策,並未產生立即影響。毛雖是江西蘇維埃政權主要創立人,但當 1932 年中共中央領導高層從上海遷到瑞金時,毛的地位就被擺到一旁,他所發展的游擊戰術亦同。

1933 年 10 月國民黨展開第五次圍剿行動,最後在共產國際軍事顧問李德 (Otto Braun) 與聽從共產國際的中共中央領導下,經過一年的激戰,依舊不敵當時國民黨的第五次圍剿行動,終於迫使中共放棄這在中國東南的最後根據地,開始所謂「兩萬五千里長征」(事實上是一種戰略性),蘇維埃政權因而瓦解。

雖然遭遇這樣重大打擊,但這幾年對中共發展革命依舊立下一些基礎。首先,中共漸漸脫離城市的基地,越來越多黨員來自農村;其次,他們開始建立自己的軍隊;再者,中共學習到如何在農村地區發展;最後,大部分共產黨人由懷疑轉而相信,中國共產黨不能再處處聽命由蘇聯領導的共產國際,毛澤東也利用江西蘇維埃的失守,證明他以農村為基礎的革命方式能帶來成功,相比共產國際更符合中國國情。

(三)從遵義會議到共軍逃竄至陝北

1936 年 10 月,中共各主力紅軍先後竄抵陝甘一帶會合,結束了中共所謂的「兩萬五千里長征」。同年 12 月 12 日發生「西安事變」,12 月 25 日「西安事變」獲得和平解決,國軍停止剿共。1937 年 1 月 1 日,中共中央各地一級機關由陝北的保安遷入延安。從此開始了中共革命史的新時期「延安時期」。

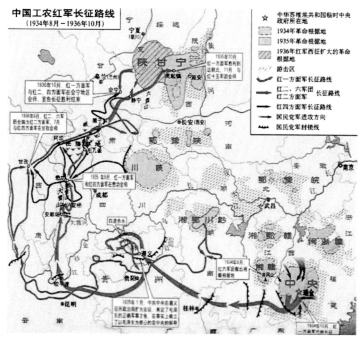

長征路線圖。取自 http://www.taihainet.com/news/cnnews/2006-11-04/7118.html

　　雖稱為戰略性撤退，事實上長征是一次傷亡慘重的逃竄。中共先從江西省至四川省，再跨越華北，最後抵達陝北的延安小城，成立一個新根據地。總計此次撤退，中共翻越了 18 座山脈、橫渡 24 條河流，跨越 12 省分，深入許多年來中國軍隊未曾抵達過的地區，途中還擊破 62 座城鎮，以及由國民黨派來的各路追擊部隊，這幾乎是不可能達成的任務與軍事行動。雖然長征最後成功保住中共命脈，但一段路程也給中共帶來慘重的傷亡，大約 80～90%的人都沒辦法活著抵達延安。

　　除了慘重傷亡，長征也帶給中共三項重要影響。首先是長征開始之初，1935 年 1 月，毛澤東在貴州的遵義會議中，終於取得黨內的領導地位，此即為中共革命史上著名的「遵義會議」。會議中有激烈的辯論，包含部隊應該走哪一條路線、又應該往哪裡走，以及最重要

遵義會議，會議室。取自 http://pic.people.com.cn/BIG5/164277/171489/10233120.html

的，應該由誰來領導。毛澤東在會中批判遵循共產國際，以至於丟掉江西蘇維埃的那些人。此次會議後，毛澤東被補選為中央政治局常委，並對政治局常委進行分配，毛澤東並奪取了中共的軍權。在長征結束後的 1942～1945 年延安時期，毛澤東進而兼奪中共黨權，終於取得中共最高領導人的地位，一直到 1976 年去世為止，他都不曾離開這個最高地位。

其次，長征變成中國共產黨的一則具深遠歷史意義的神話，對後來共產黨的團結與聲望發揮了很大的幫助。最後，長征使中國共產黨將部隊開往延安，改變了他們的戰略位置，使共軍一定程度上脫離了國民黨的勢力範圍，最後也盡地利之便，在抗戰結束後，擴張日本原占領華北農村的地方，立下與國民黨繼續對抗的良好基礎。

三、延安時期（1935～1949 年）

延安時期中共中央的實際最高領導人是毛澤東，甚至在 1945 年，中共還通過以馬克斯列寧主義毛澤東思想作為中共的主導意識型態。這個時期也是中共利用抗日戰爭的機會，伺機發展、對國民黨轉敗為勝，奪取政權的重要時期。

（一）延安政策的延續

延安時代對中國共產黨往後的發展有相當大的影響。能夠倖存到延安時期終止的早期共產黨員非常少，所以後來大多數黨員都是從根據地吸收來的農民，由於毛澤東掌權之故，延安時期的治理手段大部分都是採用當初瑞金的模式，並逐漸加以改善。

舉例來說，中共嘗試降低行政人員的官僚氣息，並且精進游擊戰的效率與策略。此外，毛為了要確保自己的地位，從 1942～1944 年展開「整風運動」，此事除可顯示，毛欲將有可能挑戰他的殘餘勢力徹底剷除，同時也可反應出毛的體悟，只靠紀律並不能確保黨內的服從，必須對人做深層的思想改造。具體來說，各黨員需要檢討自己、其他人或者各單位，大家必須把自己一切背景、行動甚至內心想法誠實交待，每個人必須寫一份自我的完整坦白，其他成員這時先將他完全孤立，一直要到這份坦白被大家接受後，這個人才能重回社會成為一分子。但這種運動進行到最後，往往造成許多無端冤案，例如在延安時期

就產生出大量「特務」，不少人受到冤枉而被整肅。這樣的運動雖然使中共領導人，特別是毛的地位更加獨尊、強化了共黨幹部的服從精神，但也成為後來反右運動及文革時鬥爭的原型，產生了嚴重的後果。

（二）國共第二次合作

　　1936 年 12 月發生了西安事變，蔣介石被迫和中共進行談判，開始了國共第二次合作。這次中共牢記以前和國民黨合作學到的經驗，雖然中共同意把他們的部隊編入國軍，但這些部隊仍必須是在共黨指揮之下運作的獨立單位；中共雖然也同意不再呼喊打倒國民黨的口號、不搞階級戰爭，但仍要求他們有自己統治的根據地。而國民黨方面也作了幾項協議，如改組國民黨與國民政府，驅逐親日派；釋放上海愛國領袖；停止「剿共」政策，聯合抗日；對於中共根據地進行支援等。

　　1937 年 7 月 7 日，盧溝橋事變使中國開始了全面抗戰。7 月 8 日，中共發表「為日軍進攻盧溝橋通電」，聲明指出國共兩黨要共同抗日，之後國民黨接受中共要求，收編共軍，將中共的主力軍改編為國民革命軍第八路軍。然而，不論共產黨或是國民黨都沒有徹底履行他們的承諾，甚至這樣的合作精神到 1940 年就已經名存實亡了。

西安事變的發動者－張學良和楊虎城。
取自 http://history.people.com.cn/BIG5/205396/14893351.html

（三）抗戰時期中共的策略與發展

　　第二次國共合作後，中國開始了全面抗戰，在抗戰之初，毛澤東曾對其部隊說明中共在抗戰期間應採取的策略：「中日戰爭為本黨發展之絕好機會，我們的決策是七分發展，二分應付，一分抗日。」因此在八年抗戰間，中共大部分行動都依循上述策略下進行。例如擴張其控制的地區來說，中共雖取消了「蘇維埃政府」，但又相繼建立「邊區政府」，形同不受國家管控的中共根據地，這些中共掌控的根據地大約有 19 個，總面積為 95 萬平方公里，治理的人口數約 1

億。在此一時期，中共統治技巧也有很大的進步，由於抗日，其政治聲望也大大的提升。

　　共軍經「長征」撤退後，由原有的一支 1 萬到 2 萬 5 千人的小部隊，至1945 年 8 月日本投降後，也就是延安時期末，中共的軍隊已暴增至將近 300 萬人，中共黨員也極速發展，抗戰剛爆發時中共黨員約 4 萬人，至中共於 1945 年4 月召開「七大」時，黨員已有約 121 萬人。

（四）延安後期的發展與中華人民共和國的成立

　　抗戰結束後，中共利用抗戰期間逐漸壯大的基礎，以及蘇聯給予的支援，與國民黨開始奪取中國政權，其間國共曾有多次和談，但因雙方互信不夠，均告失敗。中共著名的游擊戰略是由農村包圍城市，切斷城市間與腹地的關係，並把互相往來的交通線切斷。從 1948年 9 月至 1949 年 1 月，國共經過所謂的三大戰役，即遼瀋戰役、平津戰役、徐蚌會戰（或稱淮海戰役）後，中共均告勝利。甚至在徐蚌會戰，共軍就殲滅50 萬國軍，對於國民黨是致命的打

徐蚌會戰中解放軍方面的士兵。
取自 http://zh.wikipedia.org/wiki/%E5%BE%90
%E8%9A%8C%E6%9C%83%E6%88%B0

擊，隨後國民黨就失去了天津與北京，共軍也逐步將長江以北納入勢力範圍。

　　1949 年 1 月，蔣中正引退，由當時的副總統李宗仁代行職權，李宗仁於 4月向中共進行和談，雙方隔長江而分治，但最終和談未成，中共於 4 月 20 日夜開始渡江戰役並大舉渡江。此後共軍即徹底擊敗國民黨政權，幾乎統一了全中國。最後，中共在 1949 年 10 月 1 日於北京宣告「中華人民共和國」成立，中華民國政府則於同年 12 月 9 日播遷台灣。

北平和平談判。取自 http://news.dahe.cn/2012/03-23/101190968.html

◎ 第三節　中共建政時期

　　自中國共產黨於 1949 年 10 月 1 日建立中華人民共和國起，迄今已有 60 餘年的歷史，在這漫長的建政史中，大致可劃分為三個時期，首先是毛澤東統治時期，長達 27 年（1949～1976 年）；其次是「路線之爭時期」，是毛的接班人華國鋒與鄧小平鬥爭路線的時期（1976～1978 年）；最後是改革開放時期，由 1978 年算起。

■ 一、毛澤東統治時期（1949～1976 年）

　　1949 年 10 月 1 日，毛澤東站在天安門上，宣告中華人民共和國成立。毛就任中央人民政府主席，從此開始了毛澤東的統治時期。在理解毛澤東統治時期前，我們必須明白毛澤東此時的地位，才容易對這一時期的統治政策進行理解。

毛澤東在天安門城樓上向全世界莊嚴宣告：中華人民共和國中央人民政府已於本日成立了。取自
http://blog.china.com.cn/cheng20080204/art/1115789.html

　　中華人民共和國建立時，毛澤東在共產黨內的地位是至高無上、無人可挑戰的。毛把共產黨從 1934 年長征的悽慘情勢，帶向 1949 年擊敗國民黨的全面勝利，這樣如日中天的形勢，就像一些共產黨幹部後來回憶的，大家都把毛澤東當作是黨內的先知、比大家都看得遠，因此即使有人感覺毛的策略有問題，但也就先假定毛是對的，認為是自己無法瞭解、自己是錯的。換言之，毛的權力除了是沒人可以約束外，絕大多數人都屈服於他的豐功偉業，同時在政治上也就造成一種揣摩毛的心意，觀風向的政治風氣。

　　此外，過往共產黨處於惡劣的環境、嚴酷的挑戰，無數知識分子或專家以客觀的角度稱不可能的事，他們堅持到底並取得了最終甜美的成果。在這樣的情況下，毛與共產黨的巨大勝利，帶給共產黨領導階層一個信心，只要把策略與意志做正確的結合，就能克服所有困難；而這樣的意志與策略，又是基於毛在瑞金時期的政策、基於毛的掌舵之下。

　　總而言之，經過鴉片戰爭和清朝滅亡後約 37 年的時間，儘管中國人民對共產黨的計畫不甚理解，或許更是一無所知，但大多數人讓中共實現毛澤東的宣言－中國人民從此站起來了！在大家的期盼下，中國共產黨獲得了巨大的支持。但此時共產黨面臨的形勢依舊是險峻的，經過內戰後的中國經濟破敗不堪，國內貿易也嚴重停頓。

（一）勵精圖治

　　中共領導人最初有幾個目標，首先是加強他們與蘇聯的關係；其次是建立一個能管理農村以及城市的政府；再者是恢復城市經濟；最後是在全國實行土地改革來實現對農民的諾言。

　　中國在 1949 年面對的是一個冷戰的兩極世界，中國決定與蘇聯結盟，蘇聯提供一定的財政援助，並派遣了很多顧問，還提供了大量的技術，並指導中國如何在計畫經濟下快速實現工業化。反之，蘇聯也要進入中國一些地區的特權，以及中國在重大國際事務中必須支持蘇聯的承諾。儘管過去毛澤東並不全然服膺共產國際的指導，但在建國後，毛澤東相當重視蘇聯的建議，畢竟蘇聯是唯一一個在如此龐大的國土上實行社會主義制度的國家。

在內政上，中共盡全力遏制通貨膨脹、發展城市經濟。相關作為包括沒收從前由國民黨經營的企業；營造重視商業的氣氛以恢復城市經濟，迫使囤貨者交出藏匿商品；把國民黨貨幣兌換成人民幣等。這些措施使中共成功抑制住惡性通貨膨脹，使中共贏得了很高的聲望。在國際上，中國人民志願軍於朝鮮成功遏止以美國為首的聯合國軍隊，這象徵從鴉片戰爭以來，中國軍隊面對西方國家第一次沒有遭到失敗，這些種種成果，都讓大部分中國人感到驕傲與擁有希望的未來。

（二）五大運動與三大改造

中華人民共和國建立初期，中共為恢復國民經濟，自 1950 年起相繼發動土地改革運動（始於 1950 年 6 月）、鎮壓反革命運動（1951 年春）。而在權力的腐蝕和影響下，政府機關中開始產生了貪汙、官僚主義等現象，原有的革命幹部開始墮落變質，中共中央於 1951 年 12 月針對政府領導幹部開始了三反運動（反貪汙、反浪費、反官僚主義）；於 1952 年 1 月 26 日，中共中央又發起了五反運動（在私營工商業者中進行反行賄、反偷稅漏稅、反盜騙國家財產、反偷工減料、反盜竊國家經濟情

抗美援朝志願軍。取自 http://hi.baidu.com/%CE%D2%B5%C8p%C3%F1/blog/item/c8cb57da5153c13111df9bd8.html

報），兩者合稱三反五反運動；其後還有思想改造運動（1955 年末至 1956 年，主要針對大學知識分子）、抗美援朝運動（因應韓戰）等運動，這五大運動對中國大陸社會，尤其對中國大陸人民生活方式、傳統價值，產生了重大影響。

這些運動一定程度上減低了不法資本家的惡行，並鞏固確立了社會主義的農村和城市經濟，以及工人階級和國營經濟的主導地位。但如同在延安時期的整風運動，這類極左思想帶起的運動，也製造了大量的冤假錯案，在這一時期，社會各階層都被迫挑戰和指責那些照傳統標準行事的自己和其他人，也迫

使受害者提供與其具有關係的人的一切
資料，不論親疏，徹底將傳統社會人與
人之間的信任打破。

　　至 1953 年起，中共對農業、手工
業、資本主義工商業開始進行社會主義
改造（簡稱「三大改造」），農業的社會
主義改造又稱為農業合作化運動。到
1956 年底，在經歷了互助組、初級
社、高級社三階段後，全中國加入合作
社的農戶達 96.3%。手工業的社會主義
改造至 1956 年底結束，全國總計 90%

1956 年上海資本家接受公私合營。
取自 http://www.hprc.org.cn/gsgl/dsnb/zdsj/
200908/t20090821_28362.html

以上的手工業者加入了合作社。資本主義工商業的社會主義改造至 1956 年底，
全中國全行業公私合營的私營工業已達到 99%以上，私營商業達到 85%以上。
總之，三大改造目的即是將農業、手工業、資本主義工商業的生產私有制轉變
成集體所有制或公私合營的形式。

　　1956 年中共召開「八大」，「三大改造」時出現一些急躁冒進的現象，諸如
公私合營企業效率不佳、產生許多地下工廠以供社會需求等，會中部分共產黨
幹部提出「反冒進」的想法，希望逐漸追求國民經濟的均衡發展。

（三）從三面紅旗到廬山會議

　　1957 年 9 月，毛澤東對「反冒進」進行嚴厲的批判，毛提出一個激進左傾
的路線：「鼓足幹勁，力爭上游，多快好省地建設社會主義的總路線」。在「總
路線」下，中共從 1958 年起開始兩個重要的運動，首先是「大躍進運動」；另
一個是「人民公社運動」。這兩個運動加上「總路線」就是所謂的「三面紅
旗」。

　　大躍進的基本理念是，整個社會在短暫的時間裡集中付出超常的努力，希
望靠農民自給自足，並且給城市提供糧食及工業原料。藉由這樣的做法企圖超
越正常的經濟發展階段，如同毛在瑞金時，以及擊敗國民黨的巨大成功一般。
1958 年 8 月，所有農村居民都加入人民公社，這是龐大而集中的農村組織，直

接管理農村各項工作，包括生產和行銷、醫療服務、教育和安全等，人民公社成為國家最基層的農村行政單位。在公社裡，社員數月長時間地從事勞動，例如建土高爐，農民捐出農具、炊具去土法煉鋼，給城市提供鋼材。這些作為一開始似乎是成功的。例如，麻雀當時被視為是農業害鳥，於是人們看到麻雀落下時就弄出震耳的響聲，麻雀只好一直在天上飛，最後精疲力竭而死，當年夏天全中國幾乎不見麻蹤影；又如大躍

大躍進時期的宣傳海報：「以鋼為綱，全面躍進」。取自 http://zh.wikipedia.org/wiki/%E5%A4%A7%E8%B7%83%E8%BF%9B

進的核心目標，鋼產量也大幅增長；農村的收穫也異常提高。

　　大躍進於 1958 年的成功讓共產黨領導人歡欣鼓舞，他們甚至決定 1959 年讓全中國約 1/3 的耕地休耕，否則他們將難以處理多出來的糧食。後來才知道，這些增長其實與大躍進策略關係甚微，鋼鐵大部分增長是來於許多 1953~1955 年蘇聯援建的工廠，開始建造完畢投入生產，當時的好天氣也幫助了農作物大豐收等。

　　中國領導人沒有認識到政策帶來的負面影響如何巨大，全國各級官員在上報時也都爭相誇大生產數字，導致中央領導人對真實情況一無所知。大躍進終於導致了巨大的災難。1958 年秋，大躍進的代價開始顯現。太多人脫離了農耕、農耕用具被拿去煉鋼，甚至沒有麻雀來啄食妨礙農業作物生長的害蟲，而使當年作物略減；土高爐中產出的鋼材品質低劣，其實根本無法使用等。

　　在「三面紅旗」的浪潮中，中共喊出了「超英趕美」（5 年超過英國，15 年趕上美國）的目標。但其方式反而造成人力、物力的浪費，生產力倒退、連年飢荒。在 1959 年 7 月和 8 月廬山會議上，軍委副主席兼國防部長彭德懷和一些人批評了大躍進的做法，儘管這些批評與毛澤東在春季提出的看法大致相同，卻還是引起了毛的不滿，他把這些人的行動視為對他個人地位的攻擊，在會議後期甚至要求其他高層領導人做出明確選擇。在這種壓力下，絕大部分人站到了毛的一邊，彭德懷等人被打成了反黨集團，黨裏頭的右派分子。

　　三面紅旗至盧山的衝突造成了一些巨大的後果。除了對中國經濟社會的損失，毛對彭德懷鬥爭改變了共產黨的不成文規定。在此前，高層會議的領導人在決策作出之前，提出自己的看法往往是合適的，這次事件說明這樣的規則已經消逝；其次，由於每個人都力圖表明自己是左派，擁護毛的，大躍進反而沒受到控制卻更加狂烈，整個體制完全失控，延長了這個全國性的悲劇。

大躍進時期土法煉鋼爐群。
取自 http://unn.people.com.cn/GB/9687792.html

（四）文化大革命

　　大躍進對於許多中共高層領導人來說，證明了中國不能再用群眾運動來實現國家目標，尤其是經濟目標，國家太大、社會組成複雜、人心改變等，過去毛澤東推行政策的方法已不再完全適用。毛的看法則不同，他雖然必須放棄用群眾運動來實現經濟發展的想法，但仍然認為群眾運動有重要作用，特別是對人的價值觀的改變，而這仍是當時的中國所需要的。因此，大躍進後到1965 年，多數中共領導人致力於收拾

1966 年文化大革命爆發。
取自 http://special.big5.dbw.cn/system/2009/09/02/052089714.shtml

大躍進的後果，與此相反，毛卻開始擔心經濟恢復政策會使國家脫離革命初衷、退化為階級分明的剝削制度，因此繼續推動政治運動，其中包括第二次的城市三反運動，和農村的四清運動，最重要的當然是歷時十年的文化大革命。

　　毛發動文化大革命一般認為有幾個目標：首先，他試圖改變劉少奇的接班布局，因為他對劉少奇的革命信念開始產生懷疑；其次，毛想對官僚機構再進行思想改造，使他們擺脫貪汙、腐敗、脫離群眾等傾向；第三，毛想讓來不及參與革命的新一代青年，接受革命的薰陶，也就用是嚴酷的鬥爭培養新一代革命接班人。

　　儘管中共其他領導人們對文化大革命不盡贊同，但對毛澤東的奉承與不敢得罪，依舊使毛輕易地在全中國發動文化大革命。1966 年中期，中國的這一代青年學生組織成紅衛兵（多數紅衛兵僅是高中或大學學生），並精通如何把敵方階級化、妖魔化和非人化，進而用赤裸裸的暴力進行鬥爭。毛放手讓紅衛兵對共產黨領導發起鬥爭，他鼓勵紅衛兵向修正主義宣戰、揪出黨內一小撮走資派、打倒中國的赫魯雪夫（劉少奇）、打倒第二號走資本主義道路的當

文化大革命時期「批鬥」劉少奇的海報（1968 年 10 月）。取自 http://zh.wikipedia.org/wiki/File: Liu_shaoqi_poster.jpg

權派（鄧小平），與此同時，他並指示所有領導不得壓制紅衛兵。紅衛兵揮動著紅寶書（毛主席語錄），比賽誰能最快背誦這些語錄；他們來到北京接受站毛澤東的檢閱；他們走上街頭抄家、焚毀書籍、古董和毆打不贊同這些做法的人，宣稱這些行為是破除舊文化，對舊文化進行革命。

　　在這段時間裡，中國與外部世界幾乎完全隔絕，到了 1968 年春，事情達到了最充滿暴力的狀況，許多紅衛兵組織開始分派，並互相擁有槍枝彈藥，彼此的衝突升高為用自動武器進行血腥的攻擊，或者是以諸多踐踏人權的方式殺害對方。當一具具雙手反綁、無頭的屍體順珠江漂到香港時，外界才得知中國發生了極不尋常的暴亂情勢。

文化大革命彭德懷被鬥爭。取自 http://blog.udn.com/151956/4404713

　　面對紅衛兵的分裂以及運動的失控，毛開始對這次運動收手，於是他下令軍隊重建秩序，並把大部分紅衛兵送到邊遠的農村去造反，據統計約有 1,800 萬名紅衛兵被送到了農村。此後，解放軍接管了中國的行政部門，以及主要的學校、工廠、醫院等城市工作單位。1969 年 4 月，中共召開了九大，宣告文化大革命取得勝利，並把毛澤東思想重新列入黨章，同時在黨章中一同將毛的得力助手林彪列入，載明「林彪是毛澤東最親密的戰友和接班人」。

　　1971 年 9 月，當林彪在中共領導層的權力遊戲中被鬥倒，並失去毛澤東信任後，他及其家人（除了他的女兒）在逃往蘇聯的過程中，飛機不幸於蒙古失事，機上人員都被燒得無法辨認。在很多中國人的心目中，林的死亡使文化大革命本身及當時國家領導層（包含對毛澤東）的信任度驟降。畢竟林彪曾是毛澤東全力支援作為接班人、以及被視為最理解毛澤東思想的人物，但突然間，為了維護毛澤東不會犯錯的形象，

林彪攜妻葉群、子林立果乘空軍 256 號專機出逃，飛機墜毀。取自 http://cpc.people.com.cn/BIG5/33837/2534894.html

國家宣傳機器卻改口說林彪一直是別有用心，毛只是表面支持他，為的是引蛇出洞，以便挫敗他的陰謀。這樣的說詞使許多人開始意識到，文化大革命的大量苦難和流血，其實只是北京權力鬥爭的結果。

　　總之，文化大革命摧毀了許多東西，包含中國人民對中共領導層的信任。它使中國社會留下了深刻裂痕，人跟人之間掩飾自己的真實情感和思想，以設法在風暴中安然度過；這期間遭受監禁、重傷或死亡的人數以百萬計；在經濟上嚴重停滯、交通運輸中斷、政府機構實際上被摧毀；因對外隔絕，科技創新也陷入停擺。1976 年 9 月 9 日，毛澤東逝世，結束了 27 年的毛澤東統治時期。依中共中央 1981 年的「歷史決議」，對毛澤東作了如下的評論：「雖然在文化大革命中犯了嚴重錯誤，但是就他的一生來看，他對中國革命的功績遠遠大於他的過失」。

二、路線之爭時期（1976～1978 年）

1976 年毛澤東死後，未滿一個月，毛的遺孀江青及文革時大搞鬥爭的張春橋、王洪文、姚文元，即所謂四人幫被捉拿判刑。同年 10 月 7 日，華國鋒繼任毛之中共中央主席、中央軍委主席，並開始與鄧小平的路線鬥爭。

（一）「凡是派」與「實踐派」之爭

華國鋒由於是毛死前的欽定接班人，為維護自己的合法性，繼續高舉「毛主席的偉大旗幟」，提出著名的「兩個凡是」：「凡是毛主席作出的決策，我們都堅決維護；凡是毛主席的指示，我們都始終不渝地遵循。」也就是所謂「凡是派」；鄧小平由於兩次被鬥爭，兩次復出，很明白瞭解政治運動帶來的傷害，因此強調一切從實際出發，即「實踐是檢驗真理的唯一標準」，「不能只照抄、照轉、照搬毛澤東的原話」，被稱之為「實踐派」。

鄧成功的結合幾股力量，首先是在文革中被冤枉的一部分人，答應與之平反；又聯合了在文革中雖無受到傷害，但懷念建國之初步在正軌上的人；最重要的，他結合了厭倦無止盡政治運動的民氣，經過兩年多的鬥爭，鄧小平打倒了華國鋒。1978 年，中共在北京召開十一屆三中全會，批判「兩個凡是」的錯誤，把「解放思想、實事求是」作為黨新的指導方針。從此，開始了鄧小平路線時期。

（二）黑貓白貓論

鄧小平路線的整個理論架構，從 1978 年中共十一屆三中全會的「解放思想、實事求是」到 1992 年 10 月中共「十四大」的「社會主義市場經濟」之建構，而告完成。鄧最初以兩個手段來推動改革，首先是放鬆意識型態框架；其次是創造出新機會到來的氛圍，以贏得支持。鄧運用毛澤東思想，成功將實事求是換作為毛澤東思想的核心，借力使力地把中國從意識型態中解放；此外，他也迅速讓支持者受益。他高價收購農產品、恢復工人的獎金，以及為數百萬文革受害者平反等等。

1978 年底，中共召開了中央工作會議，緊接著 12 月再召開十一屆三中全會。在中央工作會議上，鄧小平運用經濟研究結果及民眾呼聲，主張必須進行

重大改革，最終贏得了與華國鋒的爭論。而在三中全會上，鄧小平也宣布了他的主張，首要目標是實現四個現代化－農業、工業、科技和國防的現代化－政策的正確要服膺於實事求是，也就是看政策是否有助於達成這些目標的實現，而不是看它是否符合意識型態、符合毛澤東思想，最重要的，全會還指出華國鋒兩個凡是的錯誤，並贊成對鄧小平實事求是的主張。三中全會是華國鋒的重大失敗，到會議結束時，鄧小平已掌握了全部局勢，引領中國朝向開放和經濟發展的方向發展。

其後鄧小平於 1992 年展開南巡，視察武昌、深圳、珠海、上海等地。鄧在南巡中提出重要的觀念：「計畫經濟不等於社會主義，資本主義也有計畫；市場經濟不等於資本主義，社會主義也有市場。計畫和市場都是經濟手段。」這一觀念於同年 10 月，成為中共「十四大」的重要結論，即為「社會主義市場經濟」理論，強調經濟體制改革的目標是在社會主義市場的經濟體制下，有效地解放和發展生產力；其次是公有制經濟、個體經濟、私營經濟、外資經濟可以並存，而且都需要進入市場平等競爭。

鄧小平發表南方講話。
取自 http://gaige.rednet.cn/c/2008/02/19/1441678.htm

三、改革開放時期（1978 年以後）

1997 年 2 月鄧小平死亡，同年 9 月，中共召開「十五大」，將「鄧小平理論」作為全黨的指導思想，與過往的馬列主義、毛澤東思想並列。繼任的江澤民也宣稱要高舉「鄧小平理論偉大旗幟」。

（一）江澤民時代的「三個代表」

中共在 2002 年 11 月召開「十六大」，如同對鄧小平理論的做法，中共將江澤民的「三個代表」思想納入黨章的總綱裡，與馬列主義、毛澤東思想、鄧小平理論並列，並宣示「三個代表」是今後共產黨要長期堅持的指導思想，這樣

的舉措，也確立了江澤民是繼第一代領導毛澤東、第二代領導鄧小平，其為第三代領導的歷史地位。

「三個代表」是江澤民提出的思想，指中國共產黨要：(1)始終代表中國先進生產力的發展要求，即進一步推進生產力發展的方針，以此目的，江澤民在「十六大」第一次提出讓私人企業家加入共產黨的政策；(2)代表中國先進文化的前進方向，本代表主要針對教育政策，精進中國的教育系統以培育先進的文化，只有先進的文化才能正確引導中國人民跟國際接軌；(3)代表中國最廣大人民的根本利益，即針對共產黨必須貼近民眾，堅持執政為民。

2003 年 3 月中共十屆全國人民代表大會第一次會議上，胡錦濤獲選為國家主席，溫家寶則被選為國務院總理，從此「胡溫體制」正式形成。

（二）胡錦濤時代的「科學發展觀」

「科學發展觀」是胡錦濤在 2003 年 7 月 28 日提出。「科學發展觀」後來在中國共產黨第十七次全國代表大會上寫入黨章，成為重大的戰略指導思想。中共領導人及宣傳機器後來經常宏揚的「以人為本」即是此一發展觀的重要內涵。

中共總書記胡錦濤在中共十七大報告的最大特色是以「科學發展觀」貫穿全文。雖然「科學發展觀」不是胡錦濤最早提出的，而是中共發展史中一個從未受到質疑的基本共識，但是把它提升至馬克思主義、毛澤東思想、鄧小平理論及三個代表同一位階，甚至成為發展中國特色社會主義所需要的解放思想與改革開放的最終檢驗標準，其意義非比尋常。

不過胡錦濤在中共十七大報告所說的「科學發展觀」不再是馬克斯主義中唯物史觀的替代名詞而已，而是賦予新的內容、新的義涵與新的使命，不僅是舊瓶新藥，可以說是與鄧小平的中國特色社會主義有異曲同工之妙，中共學者更認為其卓越的辯證思維能力已到了出神入化的境界。

胡錦濤說：「科學發展觀，第一要義是發展，核心是以人為本，基本要求是全面協調可持續，根本方法是統籌兼顧。」值得思考的是，中共中央轉身變成人本主義的倡導者，成為組織發展的代言人。但是，他卻不明說：什麼是科

學？什麼是發展？這是他高明的地方，因為是否是科學、是否是發展，當然不是由專家學者來討論，也不是任憑群眾來認定，而是由中共黨中央來討論、由胡錦濤來認定。

Michael Polanyi 在其《個人知識：邁向後批判哲學》代表作中，開宗明義就指出，再怎麼客觀，科學是不可能做到絕對客觀的，頂多也只是相對客觀而已，也就是說科學本身仍存在著價值判斷的個人知識成分。

因此胡錦濤或中共中央若以其個人知識來認定何者是科學、何者是發展，來主導中國的科學發展，似乎也不為過。這種自己為科學背書、科學為自己背書的辯證思維，雖然非常弔詭，卻永遠立於不敗之地，即使是馬克思主義、毛澤東思想、鄧小平理論及三個代表，在此科學發展觀的辯證下，也不得不低頭。這是胡錦濤最高明之處，真正得到鄧小平的真傳，難怪鄧小平在生前敢早早大膽指定他當中共中央第四代接班人。作為辯證思維的天下第一人，胡錦濤的歷史定位已經確立。

（三）習近平新時代中國特色社會主義思想

1. 中國夢與中華民族偉大復興

習近平上任後多次闡述中國夢，2012 年 11 月 29 日，出任中共中央總書記不足半個月的習近平，在參觀中國國家博物館「復興之路」的展覽現場時提出中國夢，並定義其為「實現偉大復興就是中華民族近代以來最偉大的夢想」。

2013 年 3 月 17 日，中共第十二屆全國人民代表大會第一次會議在北京人民大會堂舉行閉幕會。習近平以國家領導人的身分在講話中九次提到「中國夢」，視中國夢的奮鬥目標為：「希望到 2020 年，國內生產總值翻一番，全面建成小康社會，到本世紀中葉建成富強民主文明和諧的社會主義現代化國家，實現中華民族的偉大復興」。

2013 年 3 月 23 日在莫斯科國際關係學院的演講中，習近平將「中國夢」定義為，國家富強、民族振興、人民幸福。在金磚國家高峰會上習近平又將「中國夢」解釋為「小康社會與現代化國家」。

　　而如何達成中國夢，2013 年 9 月習近平在出訪哈薩克斯坦，首次提出共同建設道路聯通、貿易暢通與貨幣流通的「絲綢之路經濟帶」倡議。2013 年 10 月習近平出訪印尼，提出中國應加強與東協國家互聯互通建設，盼共建「21 世紀海上絲綢之路」。此二者合稱為「一帶一路」（即「絲綢之路經濟帶」和「21 世紀海上絲綢之路」）的構想，盼貫穿歐亞大陸，東邊連接亞太經濟圈，西邊進入歐洲經濟圈，被視為中國大陸意圖擴大政經版圖及國際影響力、主導世界的戰略行動。

　　中國夢已經是中國大陸第五代中央領導人的集體執政理念，綜觀習近平的多次談話，以及目前官方的陳述，中國夢的內在意涵應該包括三點：第一、「中國夢」的重大意義在於實現中華民族偉大復興，也就是國家富強、民族振興、人民幸福；第二、「中國夢」必須走中國式的道路，亦即繼續走中國特色社會主義道路。習近平在莫斯科說：「鞋子合不合腳，自己穿著才知道。一個國家的發展道路合不合適，只有這個國家的人民才最有發言權」；第三、「中國夢」必須要凝聚每個中國人的力量，夢想才會實現。

2. 新時代

　　中國共產黨十九大的突出亮點和最大貢獻，是將當代中國馬克思中國化的最新成果「習近平新時代中國特色社會主義思想」寫入黨章，同馬克思列寧主義、毛澤東思想、鄧小平理論、三個代表重要思想、科學發展觀一道確立為中國共產黨的行動指南。大會要求全黨以習近平新時代中國特色社會主義思想統一思想和行動，增強學習貫徹的自覺性和堅定性，把習近平新時代中國特色社會主義思想貫徹到社會主義現代化建設全過程、體現到黨的建設各方面。

　　進一步來看，習近平新時代面臨的最大時代課題，是在近 40 年改革開放中，如何系統解決什麼是社會主義？怎樣建設社會主義？建設什麼樣的黨？怎樣建設黨？實現什麼樣的發展？怎樣發展？等重大理論和實踐問題之後，才能回答新時代堅持和發展甚麼樣的中國特色社會主義？怎樣堅持和發展中國特色社會主義的重大時代課題？

　　從中共十九大到二十大，是兩個百年奮鬥目標的歷史交匯期，中共既要全面建成小康社會、實現第一個百年奮鬥目標，又要乘勢而上開啟全面建設社會

主義現代化國家新征程，向第二個百年奮鬥目標進軍。但是，中共講的新時代是中國特色社會主義進入新時代，是從黨和國家事業發展的角度提出來的，不是歷史學上劃分時代的概念。

參考書目 References

一、台灣部分

1. 王健民，**中國共產黨史稿**，共四冊，其中一至三冊，1965 年作者自印；第四冊，台北：漢京，1990 年。

2. 阮銘（1992 年）。**鄧小平帝國**。台北：時報。

3. 陳永發（1998 年）。**中國共產革命七十年**，共兩冊。台北：聯經。

4. 郭華倫編著（1969~1971 年）。**中共史論**，共四冊。台北：國際關係研究所。

5. 鄭學稼（1970~1979 年）。**中共興亡史**，共四冊。台北：中華雜誌社。

6. 蔡國裕（1988 年、1990 年、1994 年）。**中共黨史**，共三冊。台北：國史館。

7. 蔡國裕（1988 年）。**1920 年代初期中國社會主義論戰**。台北：商務印書館。

二、大陸部分

1. 中共中央黨史研究室（2002 年）。**中國共產黨歷史(1921~1949)**，第一卷，上下兩冊。北京：中共黨史。

2. 中國社會科學院現代史研究室（1982 年）。**中國共產黨歷次代表大會**。北京：中共中央黨校。

3. 朱喬森、李玲玉主編（1997 年）。**中國共產黨歷史經驗研究**。北京：中共中央黨校。

4. 未曉明主編（1996 年）。**中共黨建史**，共三冊。北京：黨建讀物。

5. 沙健孫主編（1996~2000 年）。**中國共產黨通史**，共五卷。湖南：湖南教育。

6. 姜華宣等主編（1991 年）。**中國共產黨會議概要**。瀋陽：瀋陽。

7. 胡繩主編（1991 年）。**中國共產黨的七十年**。北京：中共黨史。

8. 陳至立主編（1991 年）。**中國共產黨建設史**。上海：上海人民。

9. 張啟華等著（1997 年）。**中華人民共和國史簡編**。北京：當代中國。

10. 馮建輝（1998 年）。**從陳獨秀到毛澤東**。北京：中央文獻。

11. 趙生暉。**中國共產黨組織史綱要**。安徽：安徽人民。

12. 鄧力群主編（1999 年）。**中華人民共和國國史百科全書**。北京。

CH **3** 編著者 張仕賢

中共意識型態

▶ 瞭解何謂意識型態的意涵與功能

▶ 認識中共意識型態包含的重要內容

▶ 認識歷史唯物主義、辯證法、勞動價值論、剩餘價值論之意義

前言
FORWORD

共產黨一向重視意識型態，在革命階段，意識型態用來塑造革命願景，鼓舞革命熱情；進入後革命時期，意識型態即轉為權力鬥爭的工具，以及統治階級權力合法性的來源。翻開中共歷史，意識型態的鬥爭往往是權力鬥爭的前奏，誰能掌握意識型態的解釋權，誰就能在權力競賽中獲勝。

第一節　中共的意識型態

構成中共意識型態主要是馬列主義和毛澤東思想。馬克思主義從唯物的觀點，分析人類社會的不同階級關係，但運用馬克思主義成功取得革命成果的是列寧及毛澤東。為了將理論和實際結合，列寧和毛澤東都對馬克思主義做了修正，產生了列寧主義和毛澤東思想。毛澤東思想是根據中國社會的性質，從馬列主義當中汲取適用的部分，建立了中共奪取政權的三大法寶，即「黨的建設」、「武裝鬥爭」和「統一戰線」。但經過不斷的政治運動後，中國大陸出現了嚴重的政治和經濟危機，社會也呈現失序狀態。

毛澤東死後，有關毛澤東思想在中國大陸引起了廣泛討論，中共把毛澤東和毛澤東思想加以區隔，也把毛的功過加以評價，中共意識型態亦出現新的內容。2001 年 11 月 8 日至 14 日，中共在北京召開了「十六大」。除了提出新的領導班子人選，亦確定江澤民的「三個代表」成為中共意識型態的其中一部分。

另一方面，國際共產主義運動的發展，以及中國內部現代化過程，使共黨意識型態面臨考驗。例如，蘇聯解體、東歐各國走上非共化道路，這使得中國內部開始有人質疑：「中國還是搞社會主義嗎？」「這條道路到底怎麼走？」

表面上，中共領導人提供的答案是非常明確的。作為改革開放政策的「總設計師」，鄧小平把經濟建設提升為全黨和全國工作的重點；但與此同時，鄧還是堅持社會主義道路、人民民主專政、共產黨領導和毛澤東思想的四項基本原則。就在江澤民為中共「十六大」所作的報告中，他還強調「堅持用馬克思列

寧主義、毛澤東思想和鄧小平理論武裝全黨、教育人民，不斷解放思想、實事求是，與時俱進、開拓創新，尊重群眾的首創精神，透過實踐來檢驗和發展黨的理論和路線方針政策。」如果「實踐是檢驗真理的唯一標準」，則今天中共意識型態發揮的功能，顯然與中共領導人的說法，有相當的出入。

一般認為，「十六大」後掌權的這批中共「第四代」領導班子，基本上屬於「市場技術官僚」(Market Technocrats)，他們是後革命時代政治社會化的產物，比較沒有意識型態的束縛。既使是普通的黨員，由於中共允許私營企業主入黨，共產黨的階級色彩，也隨著群眾基礎的擴大，而相對地大為沖淡。時代在變，潮流在變，中共意識型態的內涵隨著中共政治發展的不同階段而有所變化，其發揮的功能也因此有所不同。

一、意識型態的概念與功能

「意識型態」(Ideology)是「一個事實或規範性的信仰及概念形式，用來解釋複雜的社會現象，以指導及簡化面對個人及團體的政治社會選擇。」換言之，意識可以發揮下列功能：

1. 提供認知的結構，用來瞭解和解釋世界。

2. 供給規範的公式，也就是對各種行動的判斷指導。

3. 整合衝突的工具。

4. 自我認同的工具。

5. 個人與集體生活中的動力。

6. 政權合法性的工具。

二、中共官方意識型態的概念

「中共官方意識型態」是指中國共產黨其所具有的信仰與共識基礎；強調是其透過政治權力所展現的共同信念、理想價值和主張，在廣義上是黨內政治意識型態；在狹義上是指政治領導精英所採取的思想主張或路線。

（一）透過列寧主義與俄共的革命經驗，認識到了馬克思主義

　　馬克思主義的創始者為馬克思與恩格斯，他們針對資本主義的批判而提出了共產主義，主張使用革命的手段來對抗資本主義，透過推翻現存的私有制度，建立生產資料的公有制，並進一步達到消除社會不平等與階級剝削的理想。在共產主義的號召下，列寧領導的布爾什維克(Bolshevik)於 1917 年的十月革命成功，建立了世界上第一個共產主義政權。成立於 1921 年的中國共產黨，其意識型態的樹立很大程度是受列寧革命運動的啟發。換句話說，中共官方意識型態的起源最初是來自於「列寧主義」(Leninism)以及「馬克思主義」(Marxism)。

　　當時領導中共的知識分子認為，馬克思主義所倡導的共產主義，正是中國科學觀與進步觀的象徵，而列寧主義則提供具體的實踐式，以邁向這個目標。列寧主義中主張經由無產階級革命運動來實現共產主義理想目標，毛澤東曾明白說：「中國無產階級的先鋒隊，在十月革命以後學了馬克思列寧主義，建立了中國共產黨。」這不僅成為中共建黨初期的意識型態；換言之，中共官方意識型態是透過列寧主義與俄共的革命經驗，認識到了馬克思主義。

　　然而由於中共在面臨自身革命的需要，漸漸與俄共領導的國際共產主義運動，在策略上、理念上都產生不小的歧異，中共逐步開展對自身意識型態的建構。例如在 1945 年 4 月，中共在第六屆七中全會通過的「關於若干歷史問題的決議」與在延安召開的「七大」會議，這兩者對中共官方意識型態的發展有里程碑的意義。

　　「關於若干歷史問題的決議」明白指出：「中國共產黨自 1921 年產生以來，就以馬克思列寧主義的普遍真理和中國革命的具體實踐相結合為自己一切工作的指針，毛澤東同志關於中國革命的理論和實踐便是此種結合的代表。」又在「七大」會議上，中共以黨章規定「中國共產黨以馬克思列寧主義的理論與中國革命的實踐之統一的思想－毛澤東思想，作為自己一切工作的指針，要反對任何教條主義的或經驗主義的偏向。」這對於中共官方意識型態有幾個重要意義：首先，確立了「毛澤東思想」作為全黨的意識型態指導思想，並同時將其作為「馬克思主義中國化」的典範代表，而將馬克思主義原理與中國具體實踐經驗相結合，成為官方意識型態的基本路向；其次，中共首次以全黨決議

的形式重新定調意識型態的內容，成為以此來調適其意識型態與實際發展落差的基本模式；最後，具全黨共識的官方意識型態，會以「黨的決議」的方式呈現，並朝向寫入黨章的制度化建制為目標。

總而言之，自「七大」以降，中共將毛澤東與馬克思、恩格斯、列寧、史達林並列，將毛視為他們的繼承人，「毛澤東思想」也成為中共官方意識型態的代表，並且帶來「馬克思主義中國化」的意義。而 1949 年中共建國後，即開始利用各種傳播媒體與教育機制來進行其官方意識型態的宣傳，在此後很長的一段時間，馬列主義與毛澤東思想一直是中共官方意識型態的主要內涵，並且據此擬定國家發展的政策。

1960～1965 年間，國際共產主義陣營中的蘇共與中共爆發意識型態衝突，對中共而言，蘇共轉向議會和平發展路線，放棄了革命鬥爭，這象徵對馬列主義精神的背叛與修正。在這背景下，為了防杜「蘇修主義」在中國的發展，毛澤東把階級鬥爭與繼續革命的思想進一步推升，並在其後產生了長達十年之久的「文化大革命」。

文化大革命可以說是「毛澤東思想」激化發展的極致。在這場運動中，中國大陸開始對毛澤東無所不用其極的個人的造神運動，以及對「毛澤東思想」權威的絕對信服。然而，由於此十年所帶來的社會浩劫，也使得代表中共官方意識型態長期內涵的「毛澤東思想」，面臨前所未有的危機。

隨著毛澤東的病逝，文化大革命於 1976 年結束，在經歷此次浩劫後，如何詮釋與繼續發展令社會接受的官方意識型態，成為中共政權存續的重大課題。尤其是中共必須面臨毛澤東逝去的新時代，如何看待過去長存於官方意識型態的「毛澤東思想」，是中共重建其信仰體系的重大課題。

（二）意識型態與權力鬥爭

從中共發展黨史來看，官方意識型態常常和權力鬥爭有密切的相關性。中共自建黨的五十年內發生過十次重大的路線鬥爭，而毛澤東去世後，圍繞意識型態展開的黨內權力鬥爭更屢見不鮮，包括鄧小平「實踐派」與華國鋒「凡是派」的鬥爭，以及各種「左」「右」路線的爭辯，無不以強奪「正確」的官方意

識型態有關，官方意識型態成為中共領導階層鞏固權力的武器，更是維護自身合法性統治的基礎。

　　此外，意識型態也是「中共」與「社會」之間的接合劑，也就是說，在「公共領域」(public sphere)上，意識型態不僅提供群眾論述的思維架構，同時也提供演說的素材，對凝聚社會共識，鞏固政治秩序，規範政治行為等都產生深遠的影響。要注意的是，中共意識型態係馬克思主義與中國特殊的國情相結合，並據領導人或領導集體的認知，建構起來的一套思想體系。目的在透過此官定的意識型態，以解釋當前的政治、社會、經濟等各種現象，進而為國家的發展提出策劃藍圖，對官方意識型態發展的觀察，可以建構關於政治變遷的總體圖像。

三、中共意識型態的內涵

　　中共意識型態包含了三項基本的因素：一是，中共革命的影響，特別是五四運動產生的知識效應；二是，馬克思列寧主義的理念；三是，毛澤東思想。

　　1919 年 5 月 4 日，北京學生為了抗議西方協約國把德國原來在山東的勢力範圍讓給日本，包圍了交通總長曹汝霖的官邸。「五四」運動不只是一場學生反對帝國主義的運動，同時代表知識分子對中國傳統的反叛。而在知識分子否定中國傳統的同時，也否定了西方對中

學生擠滿街頭的五四運動。
取自 http://hubertyu.pixnet.net/blog/post/24922773-%E6%AD%B7%E5%8F%B2%E9%83%BD%E6%98%AF%E7%95%B6%E4%BB%A3%E5%8F%B2%E2%80%A7%E4%BA%94%E5%9B%9B%E9%81%8B%E5%8B%95%E4%BA%A6%E7%84%B6

國的不公義，為馬克思主義傳入中國開啟了契機。此外，布爾什維克(Bolshevik)的十月革命提供了當時中國知識分子一個成功的範例。

　　中國共產黨就是在這樣的背景下建立起來的。毛澤東說：「謝謝馬克思、恩格思(Friedrich Engels)、列寧和史達林(J. V. Stalin)，他們給了我們武器。這武器

不是機關槍，而是馬克思列寧主義。」由此可知，馬列主義提供中共革命一個理論基礎和經驗。

（一）馬克思主義

　　馬克思主義是一個內容非常龐大的思想體系。在此介紹其對中共影響最深遠的理論部分。「歷史唯物主義」(Historical Materialism)是馬克思主義中最重要的概念，馬克思強調物質生產對於人類社會生活的作用，換言之，人們為了生活而創造的生產方式決定了社會的性質。而生產方式是經濟基礎，決定了上層建築的法律和政治制度。

　　馬克思也借用了德國哲學家黑格爾的歷史辯證理論，用以解釋人類歷史的演變過程，這即是「辯證唯物主義」(Dialectical Materialism)。辯證唯物主義認為，任何一個觀念（正）會因過度的發展而過於龐大，最終產生一些錯誤；此時，會有另一個對立的觀念（反）誕生，雙方經過衝突後產生一個全新的觀念（合）；最後這個新的觀念（正）又會開始另一個正反合的循環。

　　馬克思就是運用這循環過程的思維，認為人類社會在經過「原始共產社會」、「奴隸社會」、「封建社會」、「資本主義社會」的各種階段後，必然會出現另一個階段，也就是共產主義社會。共產主義社會是一個沒有階級的對立、國家的強制性功能趨於消亡的社會，對馬克思主義者而言，這是一個「理想的天國」，但是在達到這大同世界前，如同前述的辯證邏輯般，會出現激烈的「階級鬥爭」(Class Struggle)，在資本主義社會，社會將分裂為資產階級與無產階級互相對抗的狀態，最終無產階級在這革命中將獲勝，整個世界歸於自由平等。

（二）毛澤東思想

　　毛澤東思想的內容，在中共黨史上進行比較完整論述可見於 1945 年的「七大」報告中，把毛澤東思想的體系歸為幾個方面：「關於現代世界情況和中國國情的分析，關於新民主主義的理論與政策，關於解放農民的理論與政策，關於革命統一戰線的理論與政策，關於革命戰爭的理論與政策，關於革命根據地的理論與政策，關於建設新民主主義共和國的理論與政策，關於建設黨的理論與政策，關於文化的理論與政策等。」由於毛澤東思想體系內容非常龐大複雜，以下簡要地把毛澤東思想歸納為下列幾點。

1. 新民主主義革命

　　「新民主主義革命」是從中國的特殊國情出發。首先，毛澤東認為中國革命的敵人主要是帝國主義和封建勢力，但推翻這兩個敵人的辛亥革命，不是無產階級社會主義的，而是資產階級民主主義的。新民主主義的革命，革命領導權不再由資產階級領導，而是由無產階級領導；革命的前途也不同，不會由資產階級執政，而是在無產階級領導下的專政，並最終過渡到社會主義。

2. 不斷革命論

　　「不斷革命論」也稱為「繼續革命論」。社會主義與資本主義兩條道路的鬥爭，時時存在著資本主義復辟的危險，要不斷地進行階級鬥爭，要隨時警惕，爾後，「不斷革命論」提供毛澤東整肅政治敵人的方式，任何人都可以成為階級的敵人，「大躍進」和「文化大革命」可說是不斷革命論的實踐。

3. 群眾路線

　　毛澤東政治哲學的核心是群眾路線，所謂群眾路線即一切為了人民群眾的觀點、一切向人民群眾負責的觀點、相信群眾自己解放自己的觀點、向人民群眾學習的觀點。群眾路線的概念有幾個階段，首先是「認知」(Perception)、「概述」(Summarization)、「認可」(Authorization)與「實行」(Implementation)。在認知階段，黨幹部把群眾零散和缺乏系統的觀點、知識整理出來；接著到概述階段，幹部研究這些蒐集到的觀點、知識後，再把它們系統化地向上級報告；到了認可階段，領導以這些系統化的觀念對群眾下達指示或評論；最後到了實行階段，群眾把這些觀念轉化為具體的行動，並內化進入知識體系。毛澤東認為週而復始上述的過程，觀念會越形正確，並深植人心。因此，毛也認為人的意志是決定社會發展的關鍵因素，這樣的思想依舊影響到現在，例如中共至今仍強調「一個國家革命的發生、發展和勝利，主要取決於內因，取決於本國的客觀條件和革命政黨、革命人民的主觀努力。」

4. 武裝鬥爭

　　毛澤東是一個「戰爭萬能論」者，相信「槍桿子出政權」。毛認為在階級社會中，革命和革命戰爭是不可避免的，捨此不能完成社會發展的飛躍，不能推翻反動的統治階級，而使人民獲得政權，要用戰爭反對戰爭，用革命戰爭反對

反革命戰爭，用民族革命戰爭反對民族反革命戰爭，用階級革命戰爭反對階級反革命戰爭。毛亦要求全黨要用很大的精力來研究戰爭，例如研究戰爭、革命戰爭的規律，研究戰略的規律，應用戰爭的規律等。受到這樣的影響，在毛時期，軍隊在中國大陸擁有相當特殊的地位，即使到現在，中共領導人其他的政治職位即使先交出，軍隊的控制權力永遠是擺在最後。

5. 實踐論

1941 年 12 月，毛澤東以「實事求是」四個字作為中共中央黨校校訓。毛澤東認為：「『實事』就是客觀存在著的一切事物，『是』就是客觀事物的內部聯繫，即規律性，『求』就是我們去研究。我們要從國內外、省內外、縣內外、區內外的實際情況出發，從其中引出其固有的而不是臆造的規律性，即找出周圍事變的內部聯繫，作為我們行動的嚮導。」換言之，毛強調不要跟著感覺走或跟風跑，要按規律、邏輯做事，這是實事求是的要旨。而規律、邏輯是事物內部的、本質的，不是表現能看到的，為了得到客觀事物的規律性，毛澤東甚至撰寫《實踐論》，闡述了其認識的辯證運動規律。這部著作也是有鑑於中共革命初期，因為黨內對共產國際的教條主義和經驗主義產生一連串負面成果而寫的。

6. 統一戰線

統一戰線是建立人民民主專政的必要條件。毛認為單靠無產階級的力量，在中國是不能勝利的，必須與其他階級合作。毛曾說：「中國社會是個兩頭小中間大的社會，無產階級和地主大資產階級都只占少數，最廣大的人民是農民、城市小資產階級以及其他的中間階級。」到了現在的人民政協，依舊可以看到毛思想的影子，政協即是中共用來「團結各民主黨派、無黨派民主人士以及其他方面的愛國民主人士，調動他們參政議政熱情」的場域。

然而統一戰線非一成不變的，對中共而言，掌握當時內外環境的關鍵問題，抓住主要矛盾，接著建立一套戰略和策略，聯合盟友來打擊敵人。而主要矛盾和次要矛盾非固定不變的，它們可以依局勢互相改變。

（三）鄧小平思想

1. 實踐是檢驗真理的唯一標準－「實踐論」

毛澤東去世後，華國鋒成為毛的接班人。華的權力地位能否穩固，取決於毛死後所餘的威信大小。故當鄧小平欲復出的時候，華國鋒極力提倡「兩個凡是」的理論，他說：「一定要注意，凡是毛澤東批示過的，講過的，都不能批評。」這思想經過整理後，即「凡是毛主席作出的決策，我們都堅決擁護，凡是毛主席的指示，我們都始終不渝地遵循。」成為著名的「兩個凡是」。這理論首要目的是維護華的地位，其次是打擊鄧小平復出，如同過去中共的政治鬥爭一般，華國鋒意圖掌握對意識型態的發布權與解釋權。

1978 年 5 月 10 日，《光明日報》刊登了題為〈實踐是檢驗真理的唯一標準〉的文章，〈實踐〉一文主要內容為：「理論與實踐的統一是馬克思主義的一個最基本原則、革命導師是堅持用實踐檢驗真理的榜樣、任何理論都要不斷接受實踐的檢驗、檢驗真理的標準只能是社會實踐。」

這篇文章直接觸犯「兩個凡是」理論，支持「兩個凡是」的人均表示反對，華國鋒更希望各報刊不要匆忙轉載。然而鄧小平則是明確表示支持實踐是檢驗真理的標準。6 月 2 日，鄧小平在全軍政治工作會議上公開表態：「實事求是是毛澤東思想的出發點、根本點」；1978 年 6 月 24 日，〈馬克思主義的最基本的一個原則〉在《解放軍報》發表，隔天新華社亦向全國發了通稿，內容提及：「尊重實踐，尊重科學，破除迷信，解放思想，就能推動理論發展，獲得新的真理」此後到 11 月，各省市自治區負責人和軍區負責人均公開支持實踐是檢驗真理的唯一標準。「兩個凡是」派的力量大大被削弱，中共政治天平倒向了鄧小平的一邊。

最終鄧小平在中共十一屆三中全會進行〈實踐是檢驗真理的唯一標準〉的主題報告，象徵在這場意識型態詮釋權的爭辯中，在「凡是派」與「實踐派」的交鋒中，取得了最終的勝利。

2. 社會主義初級階段

1978 年 12 月中共召開十一屆二中全會，大規模揭批林彪、「四人幫」的群眾，全黨工作著重社會主義現代化建設，拋棄「以階級鬥爭為綱」的方針，開

始「撥亂反正」，糾正毛時期的錯誤作法，因此，人們普遍稱十一屆三中全會是中共改革的轉捩點。

鄧小平曾經表示，中國應該走自己的道路、尋找自己應該走的道路，社會主義必須是切合中國實際有的中國特色社會主義。也就是說，建設社會主義必須從中國的實際考量出發，建設具有中國特色的社會主義。

1981 年 6 月 24 日中共十一屆六中全會通過〈關於建國以來黨的若干歷史問題的決議〉，提出了社會主義初級階段的概念。〈決議〉提到：「我們的社會主義制度還是處於初級的階段，……我們的社會主義制度由比較不完善到完善，必然經歷一個長久的過程。」換言之，中共的初級階段是以「社會主義現代化」作為其最後理想目標。

1982 年，時任總書記的胡耀邦在中共「十二大」作了題為〈全面開創社會主義現代化建設的新局面〉的大會工作報告，胡耀邦在強調加強社會主義精神文明建設時再次提到這個概念，他說：「我國的社會主義社會現在還處在初級發展階段，物質文明還不發達。」趙紫陽的「十三大」報告也有論述「社會主義初級階段」的概念，將社會主義初級階段理論的基本涵義表述為：「正確認識我國社會現在所處的歷史階段，是建設有中國特色的社會主義的首要問題，是我們制定和執行正確的路線和政策的根本依據。對這個問題，我們黨已經有了明確的回答：我國正處在社會主義的初級階段。這些講話包括兩層涵義。第一，我國社會已經是社會主義社會，我們必須堅持而不能離開社會主義。第二，我國的社會主義社會還處在初級階段，我們必須從這個實際出發，而不能超越這個階段。在近代中國的具體歷史條件下，不承認中國人民可以不經過資本主義充分發展階段而走上社會主義道路，是革命發展問題上的機械論，是右傾錯誤的重要認識根源；以為不經過生產力的巨大發展就可以越過社會主義初級階段，是革命發展問題上的空想論，是『左』傾錯誤的重要認識根源。」

從這兩個涵義表述可以看出，「社會主義初級階段」前半肯定了「社會主義」，後半強調「初級階段」。因此，一方面肯定中共仍堅守社會主義道路；另一方面，也和昔日反對的「資產階級自由化」劃清界限，為中共的改革開放政策找到了理論依據。

「初階論」的基本意涵包括：第一，中國大陸已經是社會主義社會；第二，中國大陸的社會主義社會還在初級階段，必須從這個實際出發。換言之，這是對中國大陸在生產力、商品經濟落後的條件下所必要經歷的特定階段。中共官方認為，從 1950 年代生產資料所有制改造完成，到社會主義現代化完成，這期間都屬於社會主義初級階段。

3. 一個中心，兩個基本點

在「十三大」的報告中，有一段很重要的內容，即為「一個中心，兩個基本點」，所謂一個中心是指以經濟建設為中心，兩個基本點是代表「四個堅持」和「改革開放」。

(1) 一個中心：停止使用「以階級鬥爭為綱」，把黨和國家的重點轉移到社會主義現代化建設上，扭轉忽視發展社會生產力的錯誤，其中的重點就是發展經濟。換言之，經濟建設就成為社會主義初級階段的「一個中心」。

(2) 兩個基本點：

① 四個堅持：堅持四項基本原則：第一，必須堅持社會主義道路；第二，必須堅持無產階級專政；第三，必須堅持共產黨的領導；第四，必須堅持馬列主義、毛澤東思想。「四個堅持」是中共在思想政治方面的最高原則，成為「兩個基本點」之一。

② 改革開放：「改革開放」也是十一屆三中全會形成的路線，在此之前，中共採取閉關鎖國的政策，但鄧小平深知外來資金與技術的重要，所以採取對外開放的態度，配合改革開放的路線需求，成為「兩個基本點」之一。

◎ 第二節　改革開放後中共官方意識型態的變化

毛澤東逝世後，當時因文革使社會瀰漫著對意識型態的恐懼，以及對中共的信任危機下，毛澤東思想所代表的信仰體系逐漸崩解，而新價值的信仰體系仍未有著落，中共政權的合法性面臨危機。因此，1978 年中共黨內展開路線論戰，在這場論戰中，鄧小平標舉「實踐是檢驗真理唯一標準」，要為官方意識型

態賦予新的生命力，並對抗當時奉行「毛澤東思想」的「兩個凡是」主張，為中共擺脫舊有「毛澤東思想」的官方意識型態奠定了基礎。

一、轉捩點：十一屆三中全會的召開

中共 1978 年十一屆三中全會確立改革開放政策，就此展開國家現代化建設的目標。為適應新的發展需求，中共亦重新擬定其官方意識型態的內涵。總體而言，中共在改革開放後的官方意識型態有下列幾個變化：

第一，突破毛澤東思想的「兩個凡是」，將舊有的官方意識型態的框架打開，鄧小平並提出「解放思想」的呼籲：「一個黨，一個國家，一個民族，如果一切從根本出發，思想僵化，迷信盛行，那它就不能前進，它的生機就停止了，就要亡黨、亡國。……只有思想解放了，我們才能正確地以馬列主義、毛澤東思想為指導，解決過去遺留的問題，解決新出現的一系列問題，正確地改革同生產力迅速發展不相適應的生產關係和上層建築，根據我國的實際情況，確定實現四個現代化的具體道路、方針、方法和措施。」

第二，在解放思想的氛圍中，鄧小平提出「實踐是檢驗真理的唯一標準」，並堅持四項基本原則：「堅持社會主義道路、堅持無產階級專政、堅持共產黨的領導、堅持馬列主義毛澤東思想」；最後，重新評價毛澤東與總結其歷史功過，重新確立中共官方意識型態體系，並以此為基礎發展未來的方向。

在 1981 年中共十一屆六中全會通過「關於建國以來黨的若干歷史問題的決議」，在這份文件中，中共強調自 1921 年以來，一直以「馬克思列寧主義和中國的具體實踐相結合」的主軸下，做為意識型態的最高原則，毛澤東思想即是在這個原則下的智慧結晶。

也就是說，中共首先肯定毛澤東具有建黨與建國的革命功績，而其意識型態成為中共建國發展歷程的重要組成部分，成為鞏固政權的基本價值。換言之，中共首先確立了毛澤東思想在政權中的不可動搖基礎，也就是強調中共對毛澤東思想的堅持。但如何才能消除毛澤東思想的不利影響呢？對此，中共將「毛澤東思想」與「毛澤東」這兩個概念區分開來，「毛澤東思想」事實上是「馬克思列寧主義在中國的運用和發展」，最終為「中國共產黨集體智慧的結

晶」，也是關於中國革命的理論原則和經驗總結。而毛澤東個人在政治領導的一些表現，不必然等同於「毛澤東思想」的結果，藉此將「毛澤東晚年錯誤」的概念與「毛澤東思想」作區別。

透過將毛澤東晚年所犯的錯誤排除於「毛澤東思想」之外這種方式，中共過去所犯的各種錯誤，例如1957年的反右、三面紅旗運動、1959年的反右傾鬥爭及文化大革命等，都歸結為毛澤東的領導錯誤，而不是中共官方意識型態，即「毛澤東思想」的錯，在這份黨章中，中共重新評估毛澤東在黨史地位，並對「毛澤東思想」辯護、補充，來準備重新建構官方意識型態。

第三，在 1987 年「十三大」上，由於改革開放要求促進生產力與市場經濟的機能，觸動了中共原來意識型態中視「私有制」為邪惡、強調「公有制」為正義的計畫經濟體制。為了替經濟改革尋找根據，避免因採取市場化經濟手段而抵觸固有的社會主義制度，因而從馬克思主義的經典論述「社會主義初級階段論」出發，尋找理論上的突破方式，作為鞏固政權合法性的基礎。換言之，中共提出「社會主義初級階段論」，逐步架構建設有「中國特色的社會主義理論」，作為中共官方意識型態的新體系。

在「社會主義初級階段論」的理論下，中共一方面堅持社會主義體制的正當性，另一方面則從承認中國目前社會主義制度還不成熟、不完善，是屬於社會主義的初級階段，必須先發展「生產力」才能向更高階段前進。「初階論」使中共找到官方意識型態的新依據，但留下的問題是：「中國雖然處於初級階段的社會主義，但其最終追求的到底是什麼樣的社會主義？」

自十一屆三中全會到「十四大」會議，中共初步建構出新的官方意識型態體系。1992 年中共在「十四大」正式提出「建設有中國特色社會主義理論」，並由此建立「社會主義市場經濟體制」的目標，為官方意識型態重建新體系架構。這個架構是馬克思列寧主義與當代中國實際特徵結合的產物，是毛澤東思想的繼承，也是全黨、全國人民集體智慧的結晶。

第四，1997 年，「十五大」正式提出「鄧小平理論」，並將其寫入黨章：「中國共產黨以馬克思列寧主義、毛澤東思想、鄧小平理論作為自己的行動指南」，此對中共官方意識型態具有重大意義，以江澤民的話來說，馬克思列寧主義與中國實際相結合產生了兩大理論成果，第一是毛澤東理論、第二是鄧小平理論，並把這兩大理論昇華為中共和中國人民實踐經驗和集體智慧的結晶。

　　中共將「鄧小平理論」與「建設有中國特色社會主義理論」入黨章的作法，有幾個重大意義。第一，雖然過去中共亦有將「毛澤東思想」列入黨章，但「七大」時毛澤東仍大權在握，毛澤東的個人意志可以左右中共官方意識型態；但「十五大」將鄧小平思想列入黨章中時，鄧小平已經去世，「鄧小平理論」則成為「集體智慧的結晶」，不會再因鄧小平個人的意志而變動。

　　中共將「鄧小平理論」與「建設有中國特色社會主義理論」結合納入黨章，為新的意識型態體系奠立了基礎。一方面得以確立中共自改革開放以來的改變建立在正確的道路上；另一方面仍可以此為基礎，持續替「建設有中國特色社會主義理論」依未來需求而不斷充實。而對中共官方意識型態而言，無論是「毛澤東思想」或是「鄧小平理論」，都已經成為特定的意識型態概念，被視為是馬克思主義中國化的「全黨集體智慧的結晶」。

　　改革開放後，中共官方意識型態是建立在「鄧小平理論」與「建設有中國特色社會主義理論」，可以說是確立了往後發展的基本框架。特別是當「鄧小平理論」作為官方意識型態的概念列入黨章之後，這使中共政權的發展與具備全黨共識為前提的意識型態結合起來，較不易受領導者個人的思想所左右，除非這個思想獲得全黨的共識，並在黨的全國代表大會取得認同，甚至成為黨章中的內容。換言之，中共政權的發展開始呈現由領導人權威，轉向制度化權威，這使得往後任何領導者欲詮釋當前中共的意識型態，都要面對中共政權組織整體的檢視。

二、「三個代表」與資本家入黨

　　2000 年 2 月，當時的中共領導人江澤民在廣東省視察時，首次提到「三個代表」，但當時這個新論述並沒有獲得外界太多的注意，2001 年 7 月 1 日，江澤民在中共建黨八十週年紀念大會發表講話，較為完整闡述「三個代表」主張，當時「人民日報」也以社論來呼應：「展望新世紀的宏偉目標，我們黨要永保生機和活力，必須始終代表中國先進生產力的發展要求，代表中國先進文化的前進方向、代表中國最廣大人民的根本利益。江澤民同志提出的『三個代表』重要思想，是我們的立黨之本、執政之基、力量之源。『三個代表』是統一的整體，相互聯繫，相互促進。這一重要思想，從根本上進一步回答了在充滿希望

和挑戰的二十一世紀，建設一個什麼樣的黨和怎樣建設黨的問題，是在新的歷史條件下全面加強黨的建設的偉大綱領，是永遠保持黨的先進性、戰鬥力和創造性的行動指南。」

由於江澤民「三個代表」的論述觸動了中共官方意識型態的結構，從而成為中共黨內討論的焦點。2002 年 11 月，中共不僅在「十六大」中將「三個代表」列入大會政治報告，進而修改黨章，將其列入總綱中。此外，中共還將此一新的官方意識型態內涵用以大幅修改原來總綱的內容，將「三個代表」作為「黨集體智慧的結晶」，融入成中共官方意識型態的新內涵，中共從擴大了作為「中國工人階級的先鋒隊」的階級性質，納入了作為「中國人民和中華民族的先鋒隊」的角色。這種「兩個先鋒隊」的新提法，成為此次意識型態變革的重點。

「三個代表」係以黨的角色論述為核心，亦具有改變黨性質的想法。首先，所謂「代表中國先進生產力的發展要求」，與「建設中國特色社會主義」的內涵其實相互接軌，用意在於加速市場經濟發展，配合「兩個先鋒隊」的論述，為吸納私營企業主和資本家的入黨奠定基礎。所謂「代表中國先進文化的前進方向」則是與「建設中國特色社會主義」的官方意識型態相呼應，以此確立共黨信念的優先地位。至於最後「代表中國最廣大人民的根本利益」則是為鞏固中共執政地位及其施政作為奠立基礎，藉以削弱在改革過程中利益遭受損害的反對勢力。

三、科學發展觀

對胡錦濤及第四代領導集體的理論，做出一個準確的定位，那就是概括為科學發展觀。胡錦濤強調，長期以來，以毛澤東、鄧小平、江澤民為核心的三代中央領導集體帶領中共不斷探索和研究建設社會主義這個重大問題，取得了重要成果。中共十六大以來，中共中央繼承和發展三代中央領導集體關於發展的重要思想，提出了科學發展觀。科學發展觀，第一要義是發展，核心是以人為本，基本要求是全面協調可持續，根本方法是統籌兼顧。發展對於全面建設小康社會、加快推進社會主義現代化具有決定性意義。

　　2013 年中共十八大中國共產黨章程修正案，在黨章修正案中，列入胡錦濤提出的「科學發展觀」，成為中共的行動指南。共產黨章程修正案指出，大會一致同意在黨章中把科學發展觀和馬克思列寧主義、毛澤東思想、鄧小平理論、「三個代表」重要思想一同確立為中共的行動指南。由於「科學發展觀」由胡錦濤提出，寫入黨章成為國家總體發展的指導思想後，也確定了他在中共黨史中的地位與分量。雖然「科學發展觀」是胡錦濤任內（2007 年十七大）被寫入黨章的。但「科學發展觀」被正式確立為黨的指導思想則是在十八大（2012年）。在完成權力交接的同時，理論的交接與傳承也在同步進行。

　　黨章修正案解釋，自十六大以來，中共中央堅持以鄧小平理論和「三個代表」重要思想為指導。根據當前新的發展要求，深刻認識和回答了新形勢下實現什麼樣的發展、怎樣發展等重要問題，形成以人為本、全面協調可持續發展的科學發展觀。黨章修正案稱，科學發展觀是同馬克思列寧主義、毛澤東思想、鄧小平理論和「三個代表」的重要思想，既一脈相承又與時俱進的科學理論，是馬克思主義關於發展的世界觀和方法論的集中體現，是馬克思主義中國化最新成果，是中國共產黨集體智慧的結晶，是黨必須長期堅持的指導思想。

四、習近平新時代中國特色社會主義思想

　　中共 19 大及 19 屆 1 中全會閉幕後，「習近平新時代中國特色社會主義思想」（以下簡稱「習思想」）進入黨章，與「馬克思列寧主義、毛澤東思想、鄧小平理論、三個代表重要思想、科學發展觀」一同成為中共的行動指南，象徵18 屆 6 中全會確立「習核心」以來，習近平的權力展現以及中共重回強人領導的格局。

　　但「習近平新時代中國特色社會主義思想」，究竟是什麼？似乎並不能簡單概述，也不容易理解，部分甚至產生更多疑問，讓人感到既空洞又缺泛實質內容。習近平曾解釋他所謂的「新時代中國特色社會主義思想」，包括 8 個明確內容和 14 條基本方略，亦即 8 個「明確」與 14 個「堅持」。

　　8 個「明確」與 14 個「堅持」仍顯得語言上空洞，湖南電視台還開了一個電視益智搶答的特別節目《新時代學習大會》，唯一目的就是宣揚習近平的新中

國指導思想，全力讚頌中國經濟發展，還直指西方國家會批評中國都是出於嫉妒，更要求「選手」即興發表對習近平的「自由講解」。另外，央視也開新節目《平「語」近人——習近平總書記用典》，凡是習近平引據過的古典名句都會有專家一一闡釋其中的「習思想」。更甚者，學習習思想也要數位化，中共宣傳部推出「學習強國」App 宣揚習思想，強力動員黨員下載，每天「學習」曬積分。不過「上有政策，下有對策」，網路上，已陸續出現「學習強國」App 賺積分攻略。

2019 年 3 月 11 日大陸全國人大高票通過修憲案，將「習思想」與「社會主義現代化強國」及「中華民族偉大復興」目標寫入憲法外。也更進一步將原憲法第一條加上「中國共產黨領導是中國特色社會主義最本質的特徵」，把「一個國家、一個政黨」與領導核心的連結，上升為國家意志。而為了延續核心的權力，本次修憲亦取消了國家主席的任期制，改變自鄧小平以來廢除領導職務終身制的規劃，使外界難以判別未來的「習核心」僅是「三位一體」？還是「沒有任期」？這當中值得討論和關注的，在於習近平對現狀的界定與策略選擇，如何能夠統一黨內思想？

◎ 第三節　中共執政理念的接力

在當下中共四大指導思想分為兩大塊，即毛澤東思想和中國特色社會主義理論，後者包含鄧小平理論、「三個代表」重要思想以及科學發展觀。上述理論都已經寫入黨章。

「三個代表」重要思想和科學發展觀都是中共最高領導人在任內提出的執政思想。而毛澤東思想與鄧小平理論，則更多是由後人總結和提煉的。為了將毛澤東的功績與錯誤相區分，還有了「毛澤東的思想」與「毛澤東思想」的概念切割，後者才是中共的指導思想。

毛澤東思想與鄧小平理論更有集體色彩。在相關理論專著中「毛澤東思想」的創造主體被描述為「以毛澤東為主要代表的中國共產黨人」；而「鄧小平

理論」的創造主體的描述是「以鄧小平為主要創立者」。而後兩個指導思想則明顯突出了江澤民與胡錦濤的個人地位。

　　上述四個指導思想本身具有一定的理論連續性，而這一定程度上體現了執政理論的法統延續。毛澤東思想主要體現在中共革命與建政的初期，鄧小平理論則主要體現在中國發展時期；而「三個代表」重要思想則突出了「中共轉折期」的政治情境；「科學發展觀」則是結合胡時代的執政基本面而推出的執政理念。

　　目前，大陸經濟、政治等危機重重，中共國家主席習近平政權面臨兩難處境，改革太慢會造成社會停滯，改革太快將引發動盪。中共執政思想的進階與每一個世代所遇到的情境和遭遇有着密切的關係。而每一世代執政思想的提出，既保持與前輩思想的聯係，而非切割，又在其思想上的基礎上添磚加瓦。中共尚無任何一世代的指導思想在理論上是與前任領導人做切分的。

參考書目 References

一、專書

1. 三中全會以來重要文獻選編（上卷）。北京：人民。1982 年。

2. 三中全會以來重要文獻選編（下卷）。北京：人民。1982 年。

3. 中國共產黨第十二次全國代表大會檔彙編。北京：人民。1982 年。

4. 中國共產黨第十三次全國代表大會檔彙編。北京：人民。1987 年。

5. 中國共產黨第十四次全國代表大會檔彙編。北京：人民。1992 年。

6. 中國共產黨第十五次全國代表大會檔彙編。北京：人民。1997 年。

7. 中國共產黨第十六次全國代表大會檔彙編。北京：人民。2002 年。

8. 江澤民（2001 年）。**論黨的建設**。北京：中央文獻。

9. 沈寶祥（1997 年）。**真理標準問題討論始末**。北京：中國青年。

10. 馬立誠、凌志軍（1998 年）。**交鋒－當代中國三次思想解放實錄**。北京：今日中國。

11. 高輝（1991 年）。**社會主義在認識－中共「初階論」之研究**。台北：永業。

12. 高輝（2002 年）。**轉型中的－中共社會主義**。台北：永業。

13. 鄧小平理論編寫組（1999 年）。**鄧小平理論基本問題**。北京：中共中央黨校。

14. **鄧小平選集**，第 2 卷。北京：人民。1983 年。

15. **鄧小平選集**，第 3 卷。北京：人民。1993 年。

二、網站

1. 人民網。http://www.people.com.cn。

CH **4** 編著者 彭思舟

中共政治體系

▶ 對中共政治體制初步瞭解

▶ 國家主席的職權、功能與演變

▶ 國務院的職掌與演變

▶ 國務院的機構精簡

▶ 全國人民代表大會的組織與功能

▶ 司法制度的沿革

中共政治體系與蘇聯體制十分相似，兩者都強調中央集權控制與官僚行政管理，兩者也利用意識型態支撐體制，也都不允許組織化的反政府力量存在。

　　中華人民共和國的政治體制，從建國初期仿效蘇聯模式以來，歷經大躍進、文化大革命與 1978 年的改革後，已有諸多改變。本章介紹目前中華人民共和國的政治體系，中國在體制上可劃分為三大全國性組織結構：即黨、政、軍。三者各有四個主要的行政層級：中央、省、縣、市[1]。在黨、政這兩方面，這四個行政層級大致是同樣的模式。本節先探討照套體制的運作方式，並說明黨、政間產生的一些條塊分割問題。

◎ 第一節　行政體制

　　中華人民共和國一直是以中央、省、縣與市，四個行政層級作為整個官僚組織的基礎。由於每一個行政層級的黨政結構大致相同，本節以中央的部分為例做介紹，省、縣、市則簡單帶過。

一、黨務系統基本架構

　　不論黨與政，每一個行政層級皆有基本的組織流程。首先有一個在名義上具有最大權力，但卻不常開會的大會組織；其次有一個中等規模的委員會，會有一些較頻繁的會議把一些重要人物集合起來；最後是一個更小規模的委員會，集合了幾個最高層的人。在理論上，規模越大的會權力越大，越小的會僅是代理人作用，權力較小。但實際上恰好相反，最小的委員會反而是最重要的，權利也最大的。

---

[1] 還有地區，在基本組織與功能上，地區和省、縣雷同，由於並不是到處都有地區，先略而不談。

在這些委員會之下，有各個行政部門在運作。依照這些部門名義上的權力排列如下：黨代表大會、中央委員會、政治局與政治局常務委員會；另有書記處負責行政業務，以及名義上在中央委員會之下的各個部。

（一）共產黨全國代表大會

共產黨的全國代表大會成員人數超過 1,500 人，並且很少集會。黨代表大會開會通常會宣布一些大事，例如每一次黨代表大會都要為共產黨確定往後主要的政治任務，同時也是高層黨職與中央委員任命的時機。不過黨代表大會只是熱鬧的開一場大會，召開了很多演講，通過一些決議，但由於規摸龐大並且很少集會，所以它只是把某些領導人的重大決定，在公開場合宣布並予以合法化的道具，極少主動發起重要的政策。

中國共產黨第十六次全國代表大會。
取自 http://www.most.gov.cn/tpxw/200211/
t20021112_10390.htm

（二）共產黨中央委員會

中央委員會規摸比較小，約 100～200 名成員，中央委員會雖像黨代表大會一樣不常召開，每年約召開一或三次，而各委員大多是兼職，本身另有重要職務，例如上海市長或許就會擁有共產黨中央委員會委員的資格。雖然規模較黨代表大會小，但中央委員會的集會（通叫做中全會，例如十三屆三中全會）大致上還是討論與宣布政策而沒有決定權。每一屆中

中國共產黨第十七屆中央委員會第六次全體會議。取自 http://big5.cri.cn/gate/big5/gb.cri.cn
/27824/2011/10/18/2225s3406499.htm

央委員會形式上都由黨代表大會選出，但實際上是由政治局商議後決定提名名

單，交由黨代表大會依名單行事，每屆中央委員的集會，會按次序列名第一次中全會、第二次中全會、第三次中全會……依序排下來，直到下一屆新的中央委員會組成。中央委員會各部門對全國不同領域負責，有組織部（主管人事任用）、宣傳部（主管媒體、教育）、統戰部（與非共產黨分子建立關係）與對外聯絡部（主管外交）等。

（三）共產黨中央政治局

政治局的作用是一個規模較小而權力大的委員會，被視為共產黨的總指揮部，通常有 14～24 位委員，至多再外加幾個「候補」委員。這些委員也都是兼職，例如某委員可能是廣東的省長或是重慶市的市長，所以他們通常也沒有辦法一直出席政治局的會議，只是在議題或政策上，他們的發言極具影響力。

（四）共產黨中央政治局常務委員會

最小的機構則是政治局常務委員會，也是權力的真正核心，這個機構通常有 5 名、7 名或 9 名每週定期集會的委員，這會議往往是不公開的。當然，中共總書記是裡面最大的官，他負責召開與主持政治局及政治局常委會的集會。

2017 年 10 月 25 日，連任中共總書記兼中央軍委主席的習近平(中)，帶領新一屆政治局常委李克強(右三)、栗戰書(左三)、汪洋(右二)、王滬寧(左二)、趙樂際(右一)及韓正(左一)。

（五）共產黨書記處

書記處是為政治局與中央委員會提供幕僚服務的行政機構。例如政治局決策時，書記處要為其文件準備作業，並且把決定轉變成給下級單位的業務指示。

二、政府系統基本架構

政府系統基本架構請參考第一章第二節內容。

第二節　黨政關係

在任何時候，要管理像一個中國那麼龐大的國家，以及層層堆疊的行政體制都是不容易的，加上中共必須堅持以黨掌控整個體制，更增加了官僚組織的複雜性，因而產生了水平與垂直指揮權的交錯，稱為條塊問題。

所謂條塊關係，「條」指的是垂直的官僚組織，而平行的對等機構稱為「塊」。行政官員常在某一些事項上，會困擾於要「橫的聽直的」、還是「直的聽橫的」，例如嘉善縣政府想當然聽命於浙江省政府的指揮，但嘉善縣政府也要向嘉善縣黨委會報告。簡單說，任何位子上的官員都必須搞清楚真正的上司在哪。中共的建政過程，執政者為掌控、鞏固政治權力，以黨的權力重構各種組織與制度，深入到社會整個角落，讓一切政事都不能脫離黨的領導。

一、組織領導

中共黨的一元化領導透過組織與決策，化為一系列領導方式和制度。首先在人事上緊守「黨管幹部」原則，並在政府內部藉由黨委與黨組的設置，發揮共產黨對政府的掌控。所謂「黨管幹部」是指黨和國家一切工作的方針、路線、政策必須由黨制定；所有的幹部任用、管理也都必須以黨的命令為依據。如此黨組織系統與政府部門間的職權交錯關係，形成「雙重領導制度」，也就是每級部門除接受上級部門或黨組織的領導外，還需要接受同級地方黨委的領導，形成一個複雜的階層體制。

層級	黨	人大／政協／自治組織	政府	軍隊
中央	中央委員會、中紀委	全國人大／全國政協	國務院、最高法院、最高檢察院	中央軍委
省級	省委、省紀委	省人大／省政協	省政府、高級法院、檢察院	省軍區
地（市）級	地（市）委、地（市）紀委	人大工作委員會（市人大）、政協工作委員會（政協）	※行政公署（市政府）、中級法院、檢察院	軍分區
縣級	縣委、縣紀委	縣人大／縣政協	縣政府、法院、檢察院	武裝部
鄉（鎮）	鄉黨委、紀檢組	鄉鎮人大／鄉鎮政協	鄉鎮政府、法庭	武裝部
街	街黨委		街道辦事處、法庭	
村	黨組織	村委會		
城市、社區	黨組織	居委會		

　　在黨政結構上，中共一方面在中央政府內設黨委員會，政府部門內設黨組；另一方面，各級黨委指導、領導各級政府工作，形成「以黨領政」的格局；同時在與各級黨組織內設立各個「對口」，對同級部門進行指導或協調工作。換句話說，各級政府不僅要聽從內部的黨組，也受外部的同級黨委監督。最重要的是，共產黨透過政府外的各級委員會，對相應的各級政府官員具有人事考核與任免權。上述的設計，使得黨的組織與各級政府平行，橫跨在中央、地方以及軍隊，並在非黨組織領導機構設立「黨組」，以加強黨的影響、實現黨的政策，保證了中共在政權中的領導地位。

■ 二、政策領導

　　中共的統治很大程度上依賴於政治權力，而非一定的制度或遊戲規則，也由於國家的行政系統與黨的系統緊密地結合，因此黨不僅可以直接行使行政權力，也變成國家意志，換言之，即由黨決定國家的政治原則和方向；由黨的幹

部執掌各級政權的重要領導位置；由黨藉由教育和宣傳，使社會接受一定的意識型態。藉由各種國家權力機關、行政機關和司法機關、軍事機關、各種社會團體，黨的意志貫徹到了社會。

三、黨指揮槍

　　1997 年 3 月中國通過首部「國防法」，一大重點是在將中共「黨指揮槍」的傳統原則法律化。該法第十九條明文規定：「中華人民共和國的武裝力直受中國共產黨領導。武裝力量中的中國共產黨組織依照中國共產黨章程進行活動。」

人民日報。取自 http://news.backchina.com/viewnews-147781-big5.html

　　過去中共在領導群眾進行階級鬥爭、對抗國民黨，一直以來的經驗是槍桿子出政權，自毛澤東以降歷代領導人，皆視軍隊為執行黨政策的武裝工具，由於在黨與軍隊兩系統的相互交錯，產生雙重角色精英(Dual-role Elite)特質，大部分幹部均扮演雙重角色，形成複雜的權力關係。換言之，軍隊當然必須置於黨的絕對領導之下，藉由中央軍委和黨的中央軍委的兩塊招牌結合成為一套人馬，將政權統轄的武裝力量與中國共產黨統轄的武裝力量相一致，並透過人大的同意加以合法化，確定黨在武裝力量的法律地位，把決定權掌握在黨的手中。

▶ 表 4-1　黨政軍三位一體的變化情況

黨領導人	國家主席	軍委主席
毛澤東	毛澤東	毛澤東
毛澤東	毛澤東	毛澤東
毛澤東	劉少奇	毛澤東
毛澤東	劉少奇(1)	毛澤東
毛澤東	取消(2)	毛澤東
華國鋒	未設	華國鋒

▶ 表 4-1　黨政軍三位一體的變化情況（續）

黨領導人	國家主席	軍委主席
胡耀邦	李先念	鄧小平
趙紫陽	楊尚昆	鄧小平
江澤民	江澤民	江澤民
江澤民	江澤民	江澤民
胡錦濤	胡錦濤	江澤民／胡錦濤
習近平	習近平	習近平

從建政以來，中共實際上是透過黨內強人的權威來落實「黨指揮槍」的教條，使軍隊能接受黨的絕對領導，一旦黨內權力發生變化，例如鄧的接班人江澤民雖集黨、政、軍大權於一身，但在缺乏強人作用下，江為了鞏固領導地位，一方面須其施政必須與共軍的利益有更多的結合，將發展方針和軍事現代化掛鉤，爭取其支持；另一方面則致力維持黨軍關係和諧，透過晉升軍隊幹部，建立與軍隊的關係網絡，並使軍隊知道為何而戰，對內幫助推動改革政策，對外抗拒西方勢力與維護領土完整。

四、執政黨與參政黨

《八二憲法》在序言中五次提到「中國共產黨領導」，肯定了近代中國的勝利與成果是在中國共產黨的領導下取得，據此，中國共產黨相對於其他組織有憲法依據的領導地位；再者，憲法確立了中國共產黨的領導地位，因此其他政黨、組織有服從其領導的義務，否則是違反憲法，也因此形成中共在其他參政黨地位之上的情況。

中國大陸的政黨制度為「中國共產黨領導的多黨合作和政治協商制度」，這項制度是結合其他的「民主黨派」維持中共一黨專政，新中國成立初期，共有十一個民主黨派，即：中國國民黨革命委員會、中國民主同盟、民主建國會、中國民主促進會、中國人民救國會、三民主義同志聯合會、中國國民黨促進會、中國農工民主黨、中國致公黨、九三學社和台灣民主自治同盟。1949 年 11月，中國國民黨民主派舉行第二次代表會議，決定將中國國民黨革命委員會、

三民主義同志聯合會和中國國民黨民主促進會統一成一個組織——中國國民黨革命委員會。同年 12 月，中國人民救國會宣布解散。這樣就形成中國共產黨與八個民主黨派合作的局面。這八個「民主黨派」包括中國國民黨革命委員會、中國民主同盟、中國民主建國會、中國民主促進會、中國農工民主黨、中國致公黨、九三學社、台灣民主自治同盟[2]。

民主黨派在政治上擁護中國共產黨的領導，這是它們在與共產黨長期合作、共同奮鬥過程中作出的歷史選擇。各民主黨派享有憲法規定範圍內的政治自由、組織獨立和法律地位平等。中國共產黨與各民主黨派合作的基本方針是「長期共存、互相監督、肝膽相照、榮辱與共」。各民主黨派不是在野黨，也不是反對黨，它們是參政黨。目前，在中國各級人大常委會、政協委員會、政府機構和經濟、文化、教育、科技等部門中，均有眾多民主黨派的成員擔任領導職務，如八個民主黨派的現任中央委員會主席就分別擔任著全國人大常委會副委員長或全國政協副主席的職務。同時，各民主黨派的成員也有很大發展；各省、自治區、直轄市和各大中城市都建有民主黨派的地方組織和基層組織。

依據〈關於堅持和完善中國共產黨領導的多黨合作和政治協商制度的意見〉一文界定，中共為「執政黨」，各民主黨派是受中共領導的「參政黨」。這些民主黨派參政的主要場域為「中國人民政治協商會議」，又簡稱為「政協」，所謂「政協」即是由中共和八個民主黨派與各人民團體，如「中華全國工商聯合會」及無黨派人士共同進行政治協商的場所。「政協」與「人大」共同構成中共政治體制的基本架構，但要注意的是，「人大」是「國家最高權力機關」，具有憲法所賦予的權力；而「政協」主要是僅有建議的權力，但無任何法律約束力，因此，中國的政黨不同於西方政黨政治，並不存在執政黨與反對黨的競合關係；只有執政黨與參政黨的領導服從關係。

2　其相關介紹可以參考第一章。中國共產黨還和各民主黨派協商，根據各個民主黨派組織成員的歷史情況，確定了各民主黨派分工活動的主要範圍和組織發展重點。即：民革主要是以原國民黨員及在職的舊公務人員的中上層為主；民盟以文教界的中上層知識分子為主；民建以工商業資本家及與工商界有聯系的知識分子為主；民進以中小學教師和文化出版界人士為主；農工黨以公職人員和醫務工作者為主；致公黨是歸國僑胞及與華僑有聯系的人士；九三學社以科學技術界的高、中級知識分子為主；台盟是以大陸的台灣省籍同胞為主。

◎ 第三節　立法制度

全國人民代表大會是一切政治力量的集中之處，為最高指導原則。然而在實際運作上，人大並非最高權力機關，許多重大政策非由其決定，人大亦非政策決定後的執行者。

一、全國人大的組織和領導階層

全國人大代表任期五年，有近 3,000 人，每年集會一次，會期大約二週，主要工作內容在聽取政府和最高人民法院與檢察院（兩院）的工作報告、並選舉國家領導人及進行立法。由於一年僅開一次會，集會時多半只是聽報告，以至於全國人大形式上的權力無法落實，實質上的權力不大，大部分工作由全國人大常委會執行，常委會集會密度較高，兩個月一次。

全國人大代表由各省、直轄市人大、自治區和軍隊間接選舉產生，組成人員包括 33 個省一級的人大，（包含 22 省、5 少數民族自治區、4 個直轄市、香港、澳門特別行政區，再加上台灣代表組成），名額由上一屆人大常委會決定。

全國人大常委會設委員長一人、副委員長若干人、秘書長一人、委員若干人，各委員在新一屆全國人大第一次集會時選舉產生，由省一級人大主席團提名，經主席團確定候選人名單後，交由全體代表選舉產生。常委會設委員長會議，由委員長、副委員長、秘書長組成，是全國人大及其常委會的領導機關，所有提交代表大會和常委會的議案，都由委員長會議決定是否列入議程，是相當核心的組織。委員長會議不定期召開，依需要進行。委員長主持全國人大常委會的工作，地位很高，通常是共產黨內第二、三號的人物，其任期與常委任期相同，均為五年，委員長連任不得超過一次。

二、全國人大及其常委會的職權

中華人民共和國憲法規定全國人大有權修改憲法及監督憲法的實施，並且得以制定「基本法律」。所謂「基本法律」是指有關國家基本制度的法律，例如刑事、民事、國家機構組織、人民權利義務等。全國人大亦有權力選舉國家主

席、副主席、中央軍委主席、最高人民法院院長和最高人民檢察院檢察長，並且根據國家主席的提名，選舉國務院總理；根據國務院總理的提名，選舉國務院其他人；根據中央軍委主席的提名，決定中央軍委其他成員。全國人大亦有罷免國家機關領導人，如國家主席、副主席、國務院總理、中央軍委主席、最高人民法院和檢察院院長等。此外，全國人大亦有審查、批准和決定國家的重大事件的權力。例如有權審查、批准國民經濟和社會發展等計畫執行報告；批準國家預算、決算；批准省、自治區和直轄市的建置案等。

全國人大下設全國人大常委會，全國人大常委會或人大五分之一代表聯名提出，由全體代表三分之二多數通過。憲法給予全國人大常委立法權、釋法權、重大事件決定權、人事任免權、監督權等權力。所謂立法權係指制定和修改不屬於全國人大制定的其他法律，也就是「基本法律」以外的法律，不過在實務上，許多「基本法律」也都是由常委會制定。全國人大常委會另有解釋憲法和法律的權限，但這類權力的實施極少發生，例如違憲審查的部分從未發生；對法律的解釋大多傾向於立法補充，例如人大常委會對各地適用某法律發生疑義時，藉由提出許多「答覆」對立法進行補充。對重大事件決定權的部分，多屬外交、軍事和國家面臨緊急狀況的權力，例如締約、授勳、宣戰、動員、戒嚴等權限。在全國人大休會期間，國家領導人的任免權交由全國人大常委會行使。

2010 年 3 月的十一屆全國人大三次會議，通過了關於修改選舉法的決定，使人大代表選舉制度更加完善。回顧選舉法制定和修改過程，進一步明瞭人大代表選舉的原則、程式和保障，對於學習、宣傳和貫徹好新修改的選舉法，對於做好明年下半年開始的又一輪各級人大的換屆選舉，對於實踐好具有中國特色的人大代表選舉制度、加強社會主義民主政治建設，皆具有積極的意義。

三、人大代表選舉制度

（一）選舉法制定和修改的歷史沿革與主要內容

中國人大選舉制度主要是奠基於選舉法的規定，選舉法是規定人大代表選舉基本原則的重要法律，是中國人大代表選舉制度的法律基礎。中共建政後，

1953 年 2 月中央人民政府委員會通過了《中華人民共和國全國人民代表大會及地方各級人民代表大會選舉法》，確立了人大代表選舉制度。根據選舉法的規定，人大代表選舉制度內容包括代表名額的確定和分配、選舉機構、選民登記、代表候選人的提出、選舉程式、對破壞選舉的制裁等。1979 年 7 月，第五屆全國人大通過《中華人民共和國全國人民代表大會和地方各級人民代表大會選舉法》，對原有的選舉法進行了修訂。這次修訂根據中國實際情況，將直接選舉的範圍從鄉鎮一級擴大到縣一級、實行差額選舉、改進表決方式等。

中國改革開放後，中國人大代表選舉制度又陸續做了改革，例如 1982 年 12 月五屆全國人大五次會議、1986 年 12 月六屆全國人大常委會十八次會議、1995 年 2 月八屆全國人大常委會十二次會議、2004 年 10 月十屆全國人大常委會十二次會議、2010 年 3 月十一屆全國人大三次會議和 2015 年 8 月 29 日第十二屆全國人民代表大會常務委員會第十六次會議，共計有六次對選舉法進行修改。這六次修改的主要內容包括：

1. 確立人大代表名額和分配，城鄉間按相同人口比例選舉人大代表。中國原來規定農村和城市每個代表所代表人口的比例為 4：1（縣級）、5：1（省籍）、8：1（全國），逐步直至 1：1，進一步縮小城鄉差別。

2. 對代表候選人放寬提名權、改進介紹方式。目前人大選舉規定各政黨、各人民團體，選民或者代表十人以上聯名，就能推薦代表候選人，接受推薦的代表候選人應向選舉委員會或者大會主席團如實提供個人身分、簡歷等基本情況，而選舉委員會應組織代表候選人與選民見面，回答選民的問題。不過這項制度由於不是強制性的設計，往往流於虛設，選民對於人大候選人瞭解通常不深，也無實際提名權。

3. 改進投票選舉模式。新修正內容進一步規範投票站的設立和選舉大會的召開，加強對流動票箱的管理，並且限定委託投票的人數，最重要的是明確規定設立秘密寫票處。此外，還降低直接選舉時候選人的當選票數，只要獲得參加選舉的選民過半數選票即可當選。

4. 改變代表罷免、辭職等程序。規定地方各級人大代表在任期遷出本行政區域的，其代表資格自行終止，缺額另行補選。

5. 對《中華人民共和國全國人民代表大會和地方各級人民代表大會選舉法》作出修改，增加第三十四條：公民參加各級人民代表大會代表的選舉，不得直接或者間接接受境外機構、組織、個人提供的與選舉有關的任何形式的資助。違反前款規定的，不列入代表候選人名單；已經列入代表候選人名單的，從名單中除名；已經當選的，其當選無效。

　　經過多次修改，現行選舉法共十二章五十七條，內容涵蓋：人大代表選舉的一般要求、選舉機構的職責、全國人大代表名額的確定、對代表的監督和罷免辭職補選、地方各級人大代表名額的確定、代表候選人的提出、各少數民族代表選舉的組織、選區劃分、選民登記、選舉程式、對破壞選舉的制裁和負責等。而在每次換屆選舉前，全國人大還會為下屆全國人大代表名額作決議，並為香港、澳門特選舉全國人大代表制定專門規則。

（二）人大代表選舉的基本原則

　　中國人大代表是名義上權力機關的組成人員，人大代表選舉的基本原則反映著中國經濟與社會發展的實際，相關內容和特點如下。

1. 普遍性原則

　　中國憲法規定：「中華人民共和國年滿 18 周歲的公民，不分民族、種族、性別、職業、家庭出身、宗教信仰、教育程度、財產狀況、居住期限，都有選舉權和被選舉權；但是依照法律被剝奪政治權利的人除外。」依據中國憲法和選舉法規定，只要具備有中華人民共和國國籍、年滿 18 周歲、依法享有政治權利這三個條件，都有選舉權和被選舉權。中國選舉亦實行普遍選舉權制度，選舉權是衡量一個國家民主化程度的重要標準，但中國公民雖然依法普遍享有選舉權、在選舉資格方面沒有限制、在被選舉資格方面同樣沒有什麼限制，可是在選舉過程中，往往選舉人的意志會受到左右，公民的選舉權和被選舉權容易被政府所操控。

2. 平等性原則

　　中國人大選舉也蘊含著平等性原則，包含兩層涵義：一是，投票權相等，也就是一人一票；二是，每一票的價值相等，也就是票票等值。換句話說，跟台灣的選舉很類似，每一選民在一次選舉中只有一個投票權。原本 1953 年制定

的選舉法，對各級人大代表中農村與城市每一代表所代表的人口數有不平等的規定，在「十七大」後，即逐步實行城鄉按相同人口比例選舉人大代表；2010年 3 月十一屆全國人大三次會議，對選舉法規定城鄉按相同人口比例選舉人大代表。

3. 直接選舉與間接選舉相結合原則

中國有五級人大代表的選舉，分別採取直接選舉和間接選舉的混合辦法。直接選舉指的是人大代表由選區選民直接投票選舉產生，中國縣級（包括縣、自治縣、不設區的市和市轄區）人大代表、鄉級（包括鄉、民族鄉和鎮）人大代表都是採取直接選舉的辦法產生。選舉辦法是將縣和鄉兩級行政區域劃分為幾個選區，由選民直接投票產生這兩級人大代表。

間接選舉是指人大代表由下一級人大選舉產生。目前中國全國人大代表、省級（包括省、自治區、直轄市）人大代表、設區的市和自治州人大代表採用間接選舉的辦法產生。選舉規則顧名思義，這三級人大是由下一級人民代表大會選舉產生。

4. 差額選舉原則

中國人大選舉亦有規定差額選舉制度，係指人大代表候選人多於應選人數的選舉原則。選舉法明確規定：全國和地方各級人大代表實行差額選舉，代表候選人的人數應多於應選代表的名額。由選民直接選舉的代表候選人人數，應多於應選代表名額三分之一至一倍；由地方各級人大選舉上一級人大代表的候選人人數，應多於應選代表名額五分之一至二分之一。不過這一規定依舊沒有使選民有更多的選擇餘地，因為候選人多半是由政府或黨所推薦，即使候選人增多，仍無法全面的表達選民意見。

5. 秘密投票原則

選舉法明確規定全國和地方各級人大代表的選舉，一律採用無記名投票的方法。現在中國選舉人大，已普遍設有秘密投票處，此外，選民如果是文盲或者殘疾不能寫選票的，可以委託他信任的人代寫。不過雖然選舉法有這些細項規定，但在實際操作上選民或者代表仍無法完全自主的進行選舉，選舉人仍會受外界的壓力、不必要的干擾，無法按照自己的真實意願進行投票。

（三）人大代表選舉制度缺失

　　中國人大選舉制度有幾項值得注意的地方，首先是選舉法第三十一條第一款：「由選民直接選舉的人民代表大會代表候選人，由各選區選民和各政黨、各人民團體提名推薦。選舉委員會匯總後，在選舉日的十五日以前公布，並交各該選區的選民小組討論、協商，確定正式代表候選人名單。如果所提候選人的人數超過本法第三十條規定的最高差額比例，由選舉委員會交各該選區的選民小組討論、協商，根據較多數選民的意見，確定正式代表候選人名單；對正式代表候選人不能形成較為一致意見的，進行預選，根據預選時得票多少的順序，確定正式代表候選人名單。正式代表候選人名單應當在選舉日的五日以前公布。」

　　換句話說，人大選舉制度精神一向是「差額為原則，等額為例外」，也就是說，一般情況下人大候選人應該是要差額競選的，但某些地方真的是沒人願意出來選或人才稀缺，可以例外等額競選。但目前中國現實的情況反而常常倒過來，也就是等額競選的情況遠大於差額競選，亦即只有黨屬意的那個人出來選，所以怎麼選都是黨的人的狀況。

　　至於為什麼會有這樣的情況？這牽涉到同法第五行的「討論、協商」。當正式候選人名單確立時，是用討論、協商的過程，根據較多數選民的意見，確定名單。但什麼標準判斷是「較多數選民的意見」呢？有什麼準則？又怎樣知道多數選民的意見？這些完全是法條上沒有明文規範的，許多意圖參選的候選人也就是在這關毫無理由的被刷下來，事後也不會有任何解釋。雖然同法條後款有提到預選程式，但也沒規定強制執行，所以終究不得落實。目前中國選舉法依舊不規定進行預選程式，這也使得黑箱作業難以避免。

　　其次，另外一個使選舉制度不公平的地方在於競選宣傳部分。選舉法第三十三條規定為：「選舉委員會或者人民代表大會主席團應當向選民或者代表介紹代表候選人的情況。推薦代表候選人的政黨、人民團體和選民、代表可以在選民小組或者代表小組會議上介紹所推薦的代表候選人的情況。選舉委員會可以組織代表候選人與選民見面，回答選民的問題。但是，在選舉日必須停止對代表候選人的介紹」。法條第四行「可以」，代表選舉委員會「可以」組織代表候

選人與選民見面，回答選民的問題，但同時也有權力「可以」不要組織代表候選人與選民見面，亦無須承擔任何法律責任。

　　所以多數地區實際上的情況是，往往選舉是無人關心的，也無人知曉的。選民對於他所選的人，或是有哪些人參選是在當天投票單上才看見，即使有人突破前述候選人限制制度順利成為獨立候選人，但如果想讓選民認識自己更多，尋求更多的支持，往往會被官方合法打壓與取締，因為獨立候選人不是透過選舉委員會組織與選民見面，所以多數選民在不知道有其他候選人的情況下，根本就不會把票投給獨立候選人。

　　這兩條法令是共產黨控制選舉過程保持穩定的關鍵法寶，所以人大選舉法雖然一修再修，但此二項規則終究屹立不搖，未來也是急需改革的法條。

參考書目 References

1. 朱光磊（2008 年）。**當代中國政府過程**。天津：天津。

2. 浦興祖編（2005 年）。**中華人民共和國政治制度**。上海：上海。

3. 翁松燃（1984 年）。**中華人民共和國憲法論文集**。香港：中文大學。

4. 翁松燃（1987 年）。**中華人民共和國憲法論文集（續集）**。香港：中文大學。

5. 馬克思（1995 年）。**馬克斯恩格斯全集**，第二十二卷。北京：人民。

6. 陳德昇（1999 年）。**中共國務院機構改革之研究，一九七八～一九九八**。台北：永業。

7. 黃崢（1995 年）。**劉少奇的一生**。北京：中央文獻。

8. 熊先覺（1986 年）。**中國司法制度**。天津：中國政法大學。

9. 趙建民（1994 年）。**威權政治**。台北：幼獅。

10. 趙建民（1997 年）。**當代中共政治分析**。台北：五南。

11. 趙建民、張淳翔（2001 年）。**中華人民共和國選舉與立法制度**。台北：國立編譯館。

12. 趙建民（2002 年）。中共黨國體制下立法機關的制度化。**中國大陸研究**。四十五卷五期。

13. 蔡定劍（1998 年）。**中國人民代表大會制度**。北京：法律。

14. 蔡定劍、王晨光（2001 年）。**人民代表大會二十年發展與改革**。北京：中國檢察。

15. 劉智峰主編（1997 年）。**第七次革命**。北京：經濟日報。

16. 遲福林、田夫（1998 年）。**中華人民共和國政治體制史**。北京：中共中央黨校。

17. 戴晴（1991 年）。**毛澤東、黨天下、野百合**。台北：新風。

18. 謝慶奎主編（1991 年）。**當代中國政府**。瀋陽：遼寧人民。

19. 叢進（2009 年）。**一九四九～一九八九的中國：曲折發展的歲月**。河南：河南人民。

PERSPECTIVES OF MAINLAND CHINA

★★★★★

CH **5**　編著者　謝銘元

中共外交政策

▶ 中共外交政策的發展過程與特點
▶ 中共外交理論與實際政策的關係
▶ 影響中共外交政策制定的因素
▶ 冷戰後中共對世界格局的評估以及與其他大國夥伴

前言
FORWORD

中共在 1949～1978 年間，外交政策一直由毛澤東主導，以中共的安全和世界革命為主要目標。直到 1978 年的鄧小平時期隨著「改革開放」的推動，中共改變了武力、意識型態的外交風格，開始採取開放的外交策略。

　　本章先探討現行中共外交政策的制定，然後再介紹毛澤東、鄧小平、江澤民以及胡錦濤的外交政策。變革性與持續性是中共建政後的外交路線，在變革的一面，中共建政初期人治色彩較大，政策容易隨著領導人的意志而轉變；換言之，領導人的個人意志、意識型態及價值體系，就成為外交政策制定的主要考量因素。鄧小平上台後，基於改革開放的政策、國內經濟建設的務實考量等因素，與國際社會連結的重要性日漸增加，因而個人意志、意識型態及價值體系在中共外交政策中的成分逐漸淡化，取而代之的是更多國家利益、國際因素的考量，並以國際形勢的變化調整外交政策。

　　在持續的一面，由於清末民初列強割據的歷史悲慘影響，中共的外交政策始終保持主權獨立與領土完整的基本原則。因此在涉及中共紅線的議題，如台海爭議、西藏議題，乃至新疆獨立等問題，依然是非常強硬與敏感。

　　依據中共建政後的立場與政策，可將其外交路線大致分為四個階段，首先，從建立政權到 1950 年末，主要立場為「兩個陣營」，外交政策則為向蘇聯「一邊倒」；其次，1950 年末到 1960 年末的立場則為「世界革命」，外交政策則是「對抗美蘇」兩國；第三，從 1970 年初開始，毛澤東提出的「三個世界」成為主軸，外交政策轉變成「聯美制蘇」；最後，進入到 1980 年後，基於發展經濟的需求，由鄧小平提出的「和平與發展」理論成為主軸，「和平外交」政策因而展開。

◎ 第一節　外交政策的制定

　　中共目前外交政策有三個主要的行為者，第一是中央領導，其次是中央外事領導小組，最後是中央官僚機構。以下分別從這三個部分來介紹中共外交政策的決策過程與體系。

一、中央領導

中央領導主要的部分，首先是政治局及其常任委員會，其次是書記處。中共的最高決策機構乃是中央政治局常任委員會。外交政策事關全國性重大政策，中共黨章規定應由黨中央決定，也就是中共中央政治局及其常任委員會會議決定，因此中央政治局不僅對中共外交政策進行討論，並作出決議、指示外交執行機構開展對外工作。

二、外事領導小組

中共中央政治局雖為黨內的最高決策機構，但近年來在中央書記處下成立的外事領導小組，對中共的外交政策扮演著極重要的角色。外事領導小組一般由中央政治局及其常委會直接領導，成員包括黨政系統中的高層領導人及與對外事務有關的人員，如國家主席、國務院總理、外交部長等，此小組每週集會一次，主要是對外交事務進行意見交換，並不作出具體決議，除了將集意見轉告給對外組織，同時也報告給黨的領導者。因外事領導小組的成員包含中共最高領導層，因此所提出的建議與意見，被採納成為外交政策的機會非常高。比較特別的是中共解放軍在該小組內最少設有一位代表，代表國防部或是總參謀部就外交政策與中共中央間進行資訊交流，以及保證對外政策與國防政策兩者間能有所協調。

三、中央官僚機構

在黨、政府及軍隊系統中，有幾個主要中央機構經常性參與對外交政策的制定。首先是外交部，主要是協助中共中央和國務院掌管外交事務和制定對外政策，以及代表國務院就對外政策實施、協調；其次是中央對外聯絡部，主要工作是與外交部相互配合，建立和發展與其他國家及政黨的關係，對外聯絡部和外交部扮演的角色幾乎同等重要，例如對外聯絡部經常致力於拓展與其他共黨國家（如北韓、古巴）及第三世界之間的往來。

◎ 第二節　毛澤東時期的外交政策

　　毛時期的外交政策深受意識型態的影響，尤其是受毛個人意志的影響最深。1950～1960 年末，中共在毛與其意識型態的影響下，與美蘇相繼為敵。1950 年代採取「一邊倒」政策；1960 年代與蘇聯絕裂，開始與西方國家和平共存。

一、一邊倒政策（1949～1956 年）

　　中共建政，毛澤東先提出了「另起爐灶」、「打掃乾淨屋子再請客」的理論，也就是不接續國民黨與外國勢力建立的關係、解除外國在中國的特權與不平等勢力，接著提出向蘇聯「一邊倒」的外交路線。1949 年 6 月 30 日，毛澤東在《論人民民主專政》一文中提出了「一邊倒」的政策，他指出：「十月革命幫助了全世界，也幫助了中國的先進分子，用無產階級的宇宙觀作為觀察國

毛澤東與史達林。取自 http://history.inewsweek.cn/story-775.html

家命運的工具，重新考慮自己的問題，走俄國人的路。……我們在國際是屬於以蘇聯為首的反帝國主義戰線的一方。」

　　這樣的宣示明確定調新中國倒向社會主義陣營一邊，並於 1950 年 10 月派遣「抗美援朝志願軍」幫助北韓對抗以美國為首的聯合國部隊，結合蘇聯及其他共產國家對抗以美國為首的西方陣營。這一外交政策的提出，奠定了建政初期中共外交的基本路線，在歷史上產生了重要的影響。

（一）「一邊倒」外交政策的成因

　　中共在建政初期，因為國際格局、美蘇的對華政策、中共與美蘇意識型態的親疏差異以及國家利益等考量，因而在蘇聯為首與美國為首的兩大陣營間，選擇向蘇聯「一邊倒」的外交策略選擇。

當時的國際關係處於冷戰的開始與美蘇兩大陣營形成的兩個脈絡。中共建政之時，正是社會主義陣營和資本主義陣營對立升高之時，在這種條件下，大部分國家都難以選擇平衡道路，美蘇兩國勢必難以允許中共在他們之間採取較為平衡的外交政策，從某種意義上來說，「一邊倒」政策是那時國際關係下不得不的選擇。

其次，美蘇的對華政策與一邊倒政策的形成也具有一定影響力。國共抗爭時期，美國的對華政策經歷了「扶蔣反共」與「對蔣保持距離但繼續反共」，到最後「防止中共成為蘇聯附庸」的過程，在這種較具敵意的政策下，中共對於美國始終具有一定不信任感。另一方面，在中共建政初期，蘇聯對中共的態度雖然仍有猶豫，但 1949 年 12 月，毛澤東藉慶賀史達林 70 歲生日，前往莫斯科與蘇聯談判合作事宜，停留二個月後，雙方於 1950 年 2 月 14 日簽訂「中蘇友好同盟互助條約」，條約內容除兩國共同承認蒙古人民共和國獨立的事實、締結為期 30 年的反日軍事同盟，中共並獲得達 3 億美元的貸款，開啟雙方進一步交流的基礎，一定程度上促成了一邊倒政策的選擇。

再者，意識型態在新中國一邊倒的外交決策也發揮相當大的作用。當時對奉行馬列主義、無產階級革命、反對帝國主義的中國共產黨而言，蘇聯無疑是世界共產黨陣營的「燈塔」，不管美國對中共政策有多大彈性，又或者中蘇關係出現怎樣衝突，中共一邊倒的傾向只能是「親蘇」。

最後，隨著中共從革命運動的反對者成為中國的執政者，面臨的主要任務便從建立政權轉為鞏固政權，因而中共在國家安全、政治、經濟等方面的國家利益便需要仔細考量，為了保障獲得國際援助，以恢復經濟、鞏固中共政權，就選擇以蘇聯為首的社會主義國家的支持相對是比較容易的，國家利益的現實考量也促成了一邊倒的政策。

（二）一邊倒政策的作為與影響

一邊倒的外交政策對當時的中國產生了一定的正面影響。從政治上來看，中共於 1950 年 5 月與蘇聯簽訂《中蘇友好同盟互助條約》後，同年 10 月即派遣「自願軍」赴朝鮮協助韓戰。至 1960 年代初，中共藉由一邊倒政策得到蘇聯為首的社會主義國家認同，此時期在蘇聯的支持與援助下，中共得以無後顧之

憂的進行國家建設。從經濟上來看，蘇
聯的援助促進中共政權經濟的恢復，建
立較完整的工業和國民經濟體系的基
礎。從軍事上來看，為中共政權抵禦美
國為首的包圍網提供了堅強的後盾。從
當時的國際共產主義陣營上來說，一邊
倒的外交策略壯大了社會主義陣營的力
量，也奠定了中共在當時共產主義陣營
的地位。

一邊倒的外交路線，取自：華聲在線網站

　　然而，一邊倒的政策也有部分負面影響，例如造成中國在一段很長時期幾
乎與西方世界隔絕的半封閉狀態，對西方資本主義世界很少瞭解，得到的國際
承認除蘇東外，建樹較少，也導致不被很多國際組織接納，越來越走向自我封
閉；與世界的發展潮流相脫節，並一切以意識型態劃線，使國內階級鬥爭擴大
化；另一方面，在經濟援助、外交等方面過度倚重蘇聯，產生了許多弊端，並
加劇了中共與西方關係的惡化程度。

二、兩條線外交政策（1960～1969 年）

　　自 1956 年蘇共 20 屆大會中，中共與蘇聯雙方理論論戰開始。蘇共在大會
中提出社會主義與帝國主義的戰爭是可以避免的，或者是社會主義可不經暴力
革命而實現等「修正路線」，以及赫魯
雪夫在會議期間揭發史達林罪行的報
告，都影響了當時中蘇雙方關係的發
展。中共為了要與蘇聯分庭抗禮，遂從
一邊倒外交策略轉向反帝國主義、反修
正路線的「兩條線」戰略。

（一）兩條線政策起因

　　1958 年開始，中蘇兩國間開始有
外交摩擦，例如赫魯雪夫建議由蘇聯出

毛澤東在人民大會堂宴請赫魯雪夫。取自
http://big5.china.com/gate/big5/news.china.com/his
tory/all/11025807/20110818/16715649.html

資在大陸建造長波電台、蘇聯軍隊可以駐紮大陸的港口等提議，均被毛澤東以蘇聯想控制中共海岸線為由拒絕；赫魯雪夫強烈批判史達林，提出許多社會主義的修正路線，與毛澤東理念不合；又如蘇聯在中共「大躍進」失敗後，國家面臨危機時從中撤回專家，並撤銷了約 250 多個科學技術合作項目及 300 多份專家合約，對中共的經濟建設與科技發展造成重大影響。

　　隨著中蘇間意識型態與相關政策爭執不下，1960 年底，毛澤東明確表示中共外交策略擺脫一邊倒的態勢，進而轉向「反美、反蘇」的兩條線戰略。中共對蘇聯的批評也越來越強烈，從一開始藉批判南斯拉夫狄托，批駁蘇聯的觀點，到 1963 年 9 月 16 日至 1964 年 7 月 14 日間，更公開發表對蘇聯的批評，指出蘇共是國際共產主義陣營中最大的分裂主義者，雙方的不合已上升為

反蘇修宣傳畫。取自 http://news.ifeng.com/history/zhongguoxiandaishi/detail_2011_04/08/5613220_0.shtml

水火不容的敵對，到 1965 年 3 月，中共拒絕出席蘇共「二十三大」，兩黨關係甚至完全中斷。

（二）兩條線政策的作為與影響

　　中共為打擊修正路線，不僅在意識型態上更加左傾，例如在 1967 年間發生的砸緬甸、印度與印尼大使館、火燒英國代辦處，以及包圍蘇聯大使館。在這段期間，有迦納、中非、突尼斯等國與中共相繼斷交，中共也召回 44 位駐外大使回國接受文革教育，在此階段中共外交關係幾乎中斷。1966 年文化大革命爆發，中共將自己視為「世界革命」的中心，展開所謂造反外交，使其外交處境處於極端不穩定的狀態。

取自 http://www.ekoooo.com/html/huaijiuzhongguo/wengehaibao_zhaotie/maozedongyulingxiu/2010/0414/1874854.html

三、一條線政策（1969～1976 年）

　　1970 年代初期，中美關係和解大大改變了世界國際政治，反應出國際權力政治的不確定性，中共嘗試「聯美制蘇」，同時採取三個世界的理論開展外交，獲得較多具體的成果。但是「以蘇劃線」的標準，在外交關係的全面開展上仍有不利影響。

（一）一條線政策的成因

　　1969 年 3 月烏蘇里江珍寶島發生兩國軍事衝突，蘇聯將對中國核子設施發動攻擊的傳聞不斷，同年 6 月布理茲涅夫(Brezhnev)提出「亞洲集體安全體系」，意圖向中共進行全面性的圍堵，至此，中蘇關係頓時降到冰點。中共將蘇聯視為國家安全的一大威脅，急需思考新的外交政策走向。

中國珍寶島部隊。取自：華聲在線網站

　　另一方面，在 1970 年代，國際形勢發生重大變化，美國由於陷入越戰的泥沼，霸權地位受到挑戰，而 1970 年代末，蘇聯在非洲、中東及中南半島等地區擴張勢力，威脅到美國的利益，為制衡蘇聯的擴張行為，美國調整對中共的外交政策，並與中共加速正常化的關係。美國參議院因擔心中共可能介入越戰，因此舉行中國大陸政策聽證會，主張應對中共採取圍堵但不孤立的政策，並與中共展開文教、科技的交流，甚至在 1967 年 10 月，美國總統尼克森在外交事務季刊發表專文，主張中共不能被長期被摒除在國際社會外，應給予中共應有的國際地位。

周恩來招待美國總統尼克森。取自 http://blog.cntv.cn/10552816-1019681-blogpage-11.html

　　在與蘇聯關係的全面破裂，以及當時恰好美國有改善與中共關係的意願，

中共嘗試「聯美制蘇」的策略，並同時用較務實的態度開展外交，開啟了一條線的外交策略，也就是聯合中國、美國、日本、巴基斯坦、伊朗、土耳其、歐洲等，成為反對蘇聯霸權主義的「一條線」戰略。

（二）一條線政策的作為與影響

一條線策略的主要目標就是要在國際上組成一個反蘇統一戰線，因此在 1972 年「上海公報」、「中日建交公報」，或者是 1978 年「中日友好和平條約」以及 1979 年「中美建交公報」中，中共都成功地列入了反霸條款。

除了建構統一戰線，保衛中共國際地位，一條線的戰略促使中美關係的和解與建交，尤其當時美國總統尼克森訪華，與中共簽訂了「上海公報」，是在

毛澤東與尼克森會面。取自 http://leebapa.blog.163.com/blog/static/1109681382011124520265/

國際外交史上的特殊情況，因為它是兩個無邦交國的行政首長所簽署的正式檔；雙方不僅達成了反對霸權的共識，也在意識型態、國際事務及台灣問題上，表述不同的立場。

而中共雖然與美國和解，毛澤東更提出「三個世界理論」：「我看美國、蘇聯是第一世界。中間派，日本、歐洲、澳大利亞、加拿大，是第二世界。咱們是第三世界。」毛將美蘇歸為第一世界，西歐國家及日本為第二世界，並自居是亞非拉等第三世界領導者。此用意是希望在兩極對抗的體系中，利用外交管道擺脫過去自身孤立的局面。這樣的策略也使中共的國際地位開始提升，融入國際社會，例如在 1971 年 10 月，中華人民共和國即取代中華民國進入聯合國，之後與中共建交的國家便大量增長，加入聯合國前僅有 63 國的邦交國，十年內便增加約 120 餘國，其中也與日本建立正常外交關係。

◎ 第三節　鄧小平時期的外交政策

　　1976 年 9 月毛澤東去世，鄧小平透過「實事求是」取代「兩個凡是」，鬥倒華國鋒，掌握中共的領導權，並在中共十一屆三中全會中，將全國工作重點定調為「以經濟建設為中心」。因而自 1980 年代開始，鄧小平認為中共要創造一個和平穩定的國際環境，以此來發展經濟，成為世界大國。為了創造和平穩定的國際環境，鄧小平與美國、蘇聯重新建立友好關係。由上觀之，獨立自主的和平外交政策提出，是中共評估國內外形勢後做出的轉變，顯示意識型態在中共外交政策的影響逐漸縮小，國家利益與經濟因素與重要性日漸提升。

　　1982 年 9 月，中共在「十二大」上提出獨立自主的外交政策，到了 1986 年 3 月，中共總理趙紫陽於「關於第七個五年計畫的報告」裡擴充為獨立自主的和平外交政策，並且對其主要內容和基本原則做了系統的說明。

　　中共強調以和平共處五原則作為與世界各國交流的基礎，而不以社會制度和意識型態的異同來決定親疏、好惡；中共表明絕不稱霸，也反對霸權主義。在處理超級大國的關係上，中共堅持絕不依附於任何一個超級大國，也絕不同它們任何一方結盟或建立戰略關係。值得注意的是，中共在處理超級大國與霸權主義的問題時，採取了區別對待的原則。中共強調「不會因為反對超級大國的霸權主義，就不同它們改善關係，不會因為要同它們改善關係，就放棄反對霸權主義的立場，也不會因為要同它們之中的某一國改善關係，就損害另一國的利益。」此一原則在嗣後許多事例中都被加以運用。

▎一、獨立自主的和平外交政策成因

　　面臨 1989 年下半年東歐的共產政權喪失，與 1991 年蘇聯瓦解後的反共浪潮，鄧小平提出「冷靜觀察、穩住陣腳、沉著應付、韜光養晦、善於守拙、絕不當頭」的外交策略。鄧小平並強調「絕不當頭」，避開鋒芒，他清楚地意識到，在東西方國力嚴重失衡的情況下出面扛旗當頭，就容易迷失方向。

（一）權力平衡的轉變

1980 年代，蘇聯陷入阿富汗戰爭後，內外矛盾逐漸加深，而由於不斷向外擴張，經濟負擔也日益沉重，國力開始下降；另一方面，美國從越戰順利撤出後，也開始尋求對抗情勢的改變，美蘇均有將情勢和緩的意圖，中共在兩國間的戰略角色開始改變。

對中共內部而言，在 1979 年與美國關係正常化後，中共開始希望藉改善對美國關係，加速台灣問題的解決，不過兩國在建交後對於台灣問題依舊無法取得解決的共識，中共逐步認為有調整其對美政策之必要。此外，中共於 1970 年代以「一條線」在國際上組成反蘇統一戰線，雖然減緩了來自蘇聯的威脅，但是由於大部分資源仍須用於備戰上以備不時之需，造成國內的經濟發展遲緩，因此降低與蘇聯對立，成為中共外交政策的一個選擇。1982 年 3 月 24 日，蘇共總書記布里茲涅夫於蘇聯塔什干發表對華政策講話，講話中表達了欲與中共改善關係的善意，中共適時掌握機會，兩國遂於 1982 年 10 月重啟政治談判，對於兩國關係的正常化，開啟了正面進展。

（二）國家建設方向的調整

面對截然不同的國際形勢與國內外建設的需求，鄧小平對內政上做出許多新的調整，例如在國內放棄以「階級鬥爭」為核心的政治思維，堅持以經濟建設掛帥，自從 1978 年十一屆三中全會以來，中共外交任務以營造有利於經濟建設的環境為主，對外政策經貿的推動。因此，鄧時期的外交政策是以「實用主義」為主，拋棄毛時期的「教條主義」。

放棄了「一條線」的反蘇戰略，例如鄧在 1985 年明確指出美蘇兩國因為擁有互相保證毀滅對方的核子武力，因此雙方都不敢動手；鄧也認為世界問題不在於戰爭，而是和平與發展等，種種的改變也影響了外交政策，其提出和平與發展是現階段的外交主題。

二、獨立自主的和平外交政策作為與影響

（一）中美關係再正常化

中共與美國經過「八一七公報」後，雙方面已體認到在台灣問題上雖有不同立場，但彼此仍有相當大的發揮空間，例如中共需要美國的技術與資金，而美國對於中國的龐大商機也興趣濃厚，在雙方都有務實的條件需要與對方合作下，關係反而進入前所未有的密切階段。

例如在高層領導交流方面密切頻繁，中共總理趙紫陽於 1984 年 1 月訪美，美國雷根總統則於同年 4 月訪問北京，中共國家主席李先念於 1985 年 7 月訪問美國，同年 10 月，美國副總統布希也訪問北京；又如在經濟方面，雙方貿易發展快速，從 1983 年 44 億美金到 1988 年的 135 億美金；在技術合作方面，1983 年 6 月美國將中共從技術出口限制的 P 組，調升至與美國友好但非盟國同類的 V 組；甚至在 1986 年 10 月，美國政府還同意售予中共價值 5 億 5 千萬美元的軍事設備，以提升中共戰機的效能，雖此項交易最後因六四天安門事件而中止，但從這些互動來看，中共與美國關係是朝向正面且緊密的發展。

（二）中蘇共關係正常化

中共與蘇聯關係從 1982 年底起逐漸改善，並以「葬禮外交」拉近與蘇聯的關係，例如中共派出以政治局委員、外長黃華帶領的代表團赴蘇聯悼唁布里茲涅夫去世；又如 1985 年 3 月契爾年科去世，中共派政治局委員、副總理李鵬前往參加葬禮，並稱呼繼任的戈巴契夫為「同志」，祝賀蘇聯的「社會主義建設事業」取得新的成就，標誌中共將蘇聯定位為「社會主義帝國主義」的結束。而一直妨礙中蘇關係改善的幾項障礙，例如蘇聯在越南、柬埔寨、阿富汗、中蘇邊界及外蒙的駐軍，均自 1988 年 4 月逐步撤出，最後於 1989 年 5 月 16 日，戈巴契夫前往北京會晤鄧小平，兩國關係始完全正常化。

（三）對其他國家的政策調整

在獨立自主的和平外交政策影響下，中共對其他國家的關係是從國家利益作為發展關係的標準，不再以蘇為線或以美為線。例如西歐國家成為中共引進科技的主要地區；對於東南亞國家，中共也逐步建立緊密的合作關係。

◎ 第四節　江澤民時期的外交政策

天安門事件後，江澤民出任中共總書記及國家主席，江澤民在前五年的外交政策上基本上是蕭規曹隨。1997 年鄧小平去世後，江澤民為了使中國在國際舞台擔任重要角色，對外政策改採積極作為，提倡「新安全觀」、加強與大國的關係、睦鄰友好政策及參與國際組織。

一、新安全觀

1999 年，江澤民在瑞士日內瓦首次正式提出中共的「新安全觀」。「新安全觀」的提出希望藉由對話及合作交流，增進中共與各國間的信任，進而塑造和平的國際環境。「新安全觀」在政治方面希望各國相互尊重主權和領土完整、互不侵犯、不干涉內政、平等互利、和平共處；在經濟方面希望各國加強互利合作，相互開放市場，減少貿易上差別待遇政策；在軍事方面希望各國透過對話及合作的方式，以和平方式尋求解決紛爭與歧見。

二、加強與大國的關係

自十五大江澤民完成香港、澳門回歸後，中共開始密集展開「大國外交」策略，其具體的外交戰略原則以發展經濟帶動雙邊外交關係、建立與重要國家和國際組織的夥伴關係，並積極參與多邊對話機制。根據江澤民在中共十六大所作的報告，中國外交工作首先是改善和發展與已開發國家的關係；其次為加強與周邊國家的交流和合作；第三則是增強與第三世界的團結與合作；第四為積極參與多邊外交活動；第五為與各國政黨及政治組織發展交流與合作；最後為廣泛開展民間外交，擴大對外文化交流。由以上工作可知，中共在冷戰結束後，將外交焦點轉移到與各大國間的關係，其中最引人關注的是從 1996 年開始，中共先後與美國、俄羅斯及歐盟進行雙邊領袖會談，並建立起「夥伴關係」。

三、實行「睦鄰友好」政策

　　中共採取「睦鄰友好」的外交政策主要是基於政治及經濟因素的考量。在政治方面，中共希望藉由友好關係的建立，使國家間利益多於分歧，既可增加自身的綜合國力，也建立國際權力平衡的局勢；另一方面，中共也希望利用睦鄰外交的推動，加強與周邊國家的關係，不僅頻頻出訪周邊國家，而且也一再地闡述中共「睦鄰友好」外交政策。

四、參與國際組織

　　中共因為生產活動全球化及世界貿易體制已形成，投資遍及全球，全球性經濟貿易的往來、文化及人才的流動呈現世界性，隨著經濟發展的變化，中共也逐漸加深對國際世界的參與，例如 2001 年中共加入世界貿易組織(World Trade Organization, WTO)，1994 年中共參與東協區域論壇，1997 年首度參與東協「10＋1」非正式高峰會等。

◎ 第五節　胡錦濤時期的外交政策

　　2002 年「十六大」後，胡錦濤當選國家主席之後成為中共第四代領導者，在外交方面與溫家寶攜手合作，相繼多次出訪，並積極介入北韓危機。中共希望維持江澤民的衛教政策，除了塑造和平的形象，消除「中國威脅論」的印象，並希望使各國瞭解中共的崛起是有益於其他國家的發展。

一、外交政策的方針

　　胡錦濤時期外交政策基本上延續江澤民時期的原則，2004 年中共中央政治局第十次集體學習上，強調為了國家持續發展的目標，外交政策堅持在和平共處五原則的基礎上，此外，溫家寶在紀念「和平共處五項原則五十週年」活動上也特別指出，中共的外交政策有五個方向，首先是堅定維護國家主權平等；其次是主張尊重和維護世界文明多樣性，不應人為歧視或貶低他國文明；第三

是在平等互利的基礎上，促進各國經濟共同發展；第四是經由對話與協作維護世界和平與安全；最後是發揮聯合國及其他多邊機制的重要作用，重視多邊機構以及地區性合作機制。

二、外交政策的特點

　　胡錦濤時期的外交政策大體而言有二項特點，一是持續走「務實主義」，拋棄意識型態，例如在伊拉克與北韓問題上，胡錦濤極力參與及表現中共在北韓問題上的影響力，對印度亦不再限於選邊劃線，與其建立友好關係；對東協各國提出「睦鄰、安鄰、富鄰」，化解各國對中共的可能疑慮。第二是採取「主動積極、有所作為」的策略，已從「反應式」走向「主動式」、「參與式」的策略，例如在籌組「上海合作組織」；與東南亞各國成立自由貿易區等；2003 年，中共獲悉東協擬召開 SARS 防治會議，隨即提出希望參與，由國務院總理溫家寶親自率團與會。

　　中共經過快速經濟發展後，開始產生諸如能源危機、環境危機等亟待解決的問題，而這些問題非一國之力可以完全解決，不得不積極參與國際秩序的維持，以確保中國能穩定發展，這些舉動說明已將本身的利益與世界連結成一氣。

胡錦濤在聯大呼籲樹立新安全觀和和諧世界理念。
取自 http://news.xinhuanet.com/world/2005-09/19/content_3509944.htm

第六節　習近平的外交政策

　　習近平接掌政權後，外交政策比昔日更主動、自信，而且更重視國際制度建設的參與。美國 2011 年起的「重返亞太」或「戰略再平衡」成效有待評估。但是，亞洲金融風暴後，中國綜合國力持續上升，美國國力則在下降，令中國

不但完全拋棄「韜光養晦」，甚至連江澤民時代的「因勢利導」和胡錦濤時代的「和平發展」也不大看重。

19 大前夕，楊潔篪以中國最高級別外交官的身分提出了「習近平外交思想」，在文章中，楊潔篪表示習近平領導的中國外交進入了新階段，無論維護國家主權安全利益還是參與全球治理，都應有更積極的作為。從「習近平外交思想」的內容來看，比較重要的概念如「捍衛國家主權安全利益」、「新型大國關係」、「一帶一路」、「人類命運共同體」、「發展全球夥伴關係」等，不是與美國直接有關，就是和美國間接有關。

在習近平時期，中共似乎越來越顯示出放棄韜光養晦的意願；在外交、領土、經濟和國際關係等問題上，採用積極的外交政策，為了要塑造偉大的「中國夢」，中共在南海大量填海造地，建設軍事基地和機場，更在非洲發展海外軍基地。此外還有亞洲基礎建設投資銀行（AIIB）、「絲路基金」及「一帶一路」等各種花招盡出，毫不掩飾其妄想稱霸的企圖，直到川普總統的中美貿易戰，川普不僅在美中貿易戰運用「兩手策略」，忽而採取強硬派政策，忽而採取溫和派政策，讓北京患得患失。

一、亞投行（AIIB）與一帶一路戰略

習近平時代的中國努力在國際經濟、金融層面建立新制度。2013 年，「金磚國家開發銀行」成立，以上海為總部，應急儲備基金由中國獨自承擔幾乎一半；翌年「亞洲基礎設施投資銀行」建立，官方職能是協助促進亞洲區域整合，但同時也是亞洲開發銀行的替代品。在 2014 年中國主持的 APEC 峰會，習近平提出成立 APEC 自由貿易區，被認為在中國主導的東南亞區域全面伙伴協議（RCEP）框架上，再保險地和泛太平洋戰略經濟貿易伙伴協議（TPP）打對台。這類機制要是持續出現，整個戰後美國建立的布雷頓森林國際貨幣體系，乃至更宏觀的國際經濟秩序，可能面對根本挑戰。

「一帶一路」是習時代的用詞，不僅和針對美國的「反圍堵」有關，也可以說是要平衡俄羅斯在中亞的勢力範圍，還要匡正改革開放以來只重視東部海岸城市、過分依賴歐美日資本的結構性失衡，不可謂沒有野心。不過根本策略才是最重要的：只要中國能通過對外輸出基建、投資、人力，把鄰近經濟體消

化入中國模式，令亞太國家對中國經濟出現結構性依賴，中國就有望達到美國昔日進行馬歇爾計畫在歐洲的效果。此外，中國政府或企業的「基建外交」都有地緣政治含義，醞釀中的尼加拉瓜運河、泰國克拉運河、南美洲兩洋鐵路、東非吉布提基地建設等，無論能否成事，都屬此例。

二、亞洲安全觀的提出

2014 年 5 月，習近平宣布中國主催的「亞洲安全觀」，內容包括「四個安全」：「共同安全」、「綜合安全」、「合作安全」、「可持續安全」，說白了，就是要建構和西方主導的安全觀相反的、由「中國價值觀」和「中國模式」，進一步延伸為「亞洲觀念」，以「三個歸根」總結：「亞洲的事情，歸根結柢要靠亞洲人民辦；亞洲的問題，歸根結柢要靠亞洲人民來處理；亞洲的安全，歸根結柢要靠亞洲人民來維護」。如此開宗明義，教人想到美國的「門羅主義」，所以中國越來越強調亞洲人的事，由亞洲人自己解決。

三、中國夢與「人類命運共同體」

習近平的「中國夢」其實是典型資本主義的夢，但也希望強調社會平均發展，希望這成為比「美國夢」優勝的「中國模式」。值得注意的是在胡錦濤時代，他多次言明中國不會輸出「中國模式」，因為「世界各國都有自己發展的路」，以響應西方的「中國威脅論」；但到了習近平時代，官方輿論宣傳中國模式歡迎別國「借鑒」，這是政策由內向至外向的明顯改變。

在「人類命運共同體」、「發展全球夥伴關係」等外交目標上，自然也有與美國競逐「自由貿易」、「氣候變遷」、「綠能產業」主導權的意味，但對習近平來說，不僅都是知易行難的目標，而且都要付出很高昂的經濟代價，甚至在必要時扛起霸權領導的重大責任，恐怕中國大陸在現階段還不具備這種能力。

參考書目 References

1. 尹慶耀（1984 年）。**中共的統戰外交**。台北：幼獅。

2. 石之瑜（1994 年）。**中共外交的理論與實踐**。台北：三民書局。

3. 曲星（2000 年）。**中國外交五十年**。南京：江蘇人民。

4. 趙全勝（1999 年）。**解讀中國外交政策：微觀宏觀相結合的研究方法**。台北：月旦。

5. 劉山、薛君度主編（1997 年）。**中國外交新論**。北京：世界知識。

6. 韓念龍主編（1987 年）。**當代中國外交**。北京：中國社會科學。

7. Goodman, David (1997). *Nationalism and Interdependence*. London and New York: Routledge.

8. Harding, Harry, ed. (1984). *China's Foreign Relations in the 1980s*. New Haven, Conn.: Yale University Press.

9. Kim, Samuel S., ed. (1998). *China and the World: Chinese Foreign Policy Faces the New Millennium*. 4th ed. Boulder, Colo.: Westview Press.

10. Lampton, David M., ed. (2001). *The Making of Chinese Foreign and Security Policy*. Stanford, CA: Stanford University Press.

11. Robinson, Thomas W. and David Shambaugh, ed. (1994). *Chinese Foreign Policy: Theory and Practice*. New York: Oxford University Press.

CH **6**　編著者　曹義修

中共國防與共軍現代化

▶ 中共的外交、戰略環境與威脅評估的演變

▶ 國防決策過程與中共軍、政體系、軍政關係

▶ 中共軍事思想的演變

▶ 中共的「新安全觀」

▶ 解放軍武力的發展及其現代化

前言 FORWORD　國際環境的快速變遷與科技進步，讓中國大陸在後發優勢中短時間內取得令人驚訝的成長，隨著經濟高速度的成長，穩定增長的國防經費、武器裝備快速換裝、隨之編制體制調整改革，亦使共軍在短期內軍力快速成長，這一個新興霸權的快速崛起，形成國際體系權力重心逐漸轉移，霸權也在互賴的全球市場經濟秩序下，形成在政治上最有權力且在經濟上最有效率的國家。然而共軍在快速現代化的過程中，仍謹慎面對與維護在一個和平穩定的安全環境中，降低可能面對大型戰爭或衝突的可能性，成為軍力強盛的文明之師與負責任大國，以漸次從百年屈辱之強烈負面情緒轉為強盛的民族自信心。

第一節　共軍的轉變與發展

　　轉型是一個不斷持續的過程，主要在創造未來或為未來預做準備，軍隊的轉型是作戰思想、作戰方式、編制與技術共同發生演變，只要其中一個領域發生變化或轉變，其他的領域就會隨之變化或轉變。軍隊的轉型與軍事事務革命息息相關，其中包括研發與製造高新科技武器、引進新的作戰模式與思維；共軍在進入 21 世紀後，以高速的經濟成長挾後發優勢理論，順應國際局勢與區域安全環境變化，營造有利共軍從事轉型之環境。

一、中共裁減軍隊

　　共軍自 1949 年建政迄今，除因應「『中』蘇」齟齬及支援韓戰增加軍隊員額外，其歷經 12 次裁軍及軍隊改革，期間歷經打贏高技術條件下局部戰爭、提升一體化聯合作戰能力、機械化條件下軍事訓練向信息化條件下軍事訓練的各種改革過程，並由質量效能及科技密集型轉變似已初步完成。

　　共軍於 1947 年 10 月 10 日發表《中國人民解放軍宣言》時，確定全軍性正名為「中國人民解放軍」，且於 1948 年 11 月 1 日在團級以上部隊加稱「中國人民解放軍」；中共於 1949 年建政初期，除陸軍部隊外相繼成立海空軍部隊，此時共軍總員額約為 550 萬人，迄 1950 年 4 月中共中央決定將共軍由 550 萬裁減

為 400 萬，確定此次精簡整編裁減員額為陸軍部隊整編為國防軍（國防軍分成戰時和平時兩種編制）並編成公安部隊（同時成立公安部隊領導機構），此係中共在建政後首次針對軍隊員額做出精簡整編。由於韓戰爆發，中共為投入抗美援朝戰爭，將共軍增編至 627 萬，其中志願軍赴朝參戰（1953 年 7 月《停戰協定》，1958 年參戰志願軍全數撤回）。

1952 年共軍總員精簡為 400 萬人後，1955 年再次裁減共軍編制人員至 320 萬人，1958 年底再次將共軍員額調降至 240 萬人，而 1957 年因受中共與前蘇聯在軍事及外交上之齟齬，包括中共要求前蘇聯提供承諾的核武及核潛艇遭拒、前蘇聯要求在中共領土上建立長波雷達而中共提出控制權亦遭拒，以及組建聯合艦隊遭中共認為前蘇聯意欲控制中共軍事而無疾而終；另在外交上，赫魯雪夫密訪北京期間發表聯合公報，其中針對國際問題取得完全一致意見，隨後中共於 8 月 23 日炮擊金門，而毛澤東並未在赫魯雪夫訪問北京時告知炮擊金門之軍事行動，使得雙方因多項事件產生齟齬，而中共為避免前蘇聯對其採取軍事行動，至 1975 年將共軍部隊員額增加至 610 餘萬人。

迄 1978 年底中共實施改革開放，為使全國將重心放在經濟建設，迄 1982 年共軍員額裁減至 400 餘萬人，1985 年 5 月底召開中央軍委擴大會議時，時任中央軍委主席的鄧小平宣布裁軍百萬，並揭示改革開放初期軍隊及軍隊建設要服從國家經濟建設大局。鄧小平的百萬大裁軍將財力有效集中進行整體現代化建設，並相當程度地對共軍進行武器裝備更新，亦使共軍正確地向正規化及現代化邁進，此舉對中共改革開放注入相當程度之活水，亦使中共整體經濟發展大幅向前邁進。

中共中央軍委擴大會議於 1995 年底召開時提出，共軍將「逐步由數量規模型向質量效能型，以及由人力密集型向科技密集型轉變，要求把軍事鬥爭準備上的轉變及軍隊建設上的轉變聯繫起來，正式完整地提出『兩個根本性轉變』」。江澤民 1997 年 9 月在十五大期間宣布，中共 3 年內再裁減軍隊員額 50 萬；迄 1999 年底共軍已完成 50 萬裁軍。

江澤民於 2003 年 9 月 1 日表示，2005 年前將再裁軍 20 萬，完成後共軍員額調降為 230 萬；值此同時，共軍在裁軍之基礎上，在對台任務部隊濟南軍區

從事「大聯勤改革試點」，顯示透過裁軍使共軍在質量效能及科技密集型轉變已有初步成效。

中共中央軍委主席習近平於 2015 年 9 月 3 日「紀念中國人民抗日戰爭暨世界反法西斯戰爭勝利 70 周年大會」上時宣布，共軍在 2005 年裁軍之基礎上，將再裁減軍隊員額 30 萬人。而根據《中央軍委關於深化國防和軍隊改革的意見》，本次裁軍涉及共軍整體改革，「按照總體目標要求，2015 年重點組織實施領導管理體制、聯合作戰指揮體制改革；2016 年組織實施軍隊規模結構和作戰力量體系、院校、武警部隊改革，基本完成階段性改革任務」故此次主要裁減陸軍非戰鬥部隊，以強化海空軍武器裝備換代。

中共國防部於 2017 年 4 月間宣布，陸軍因應七大軍區調整為五大戰區，由 18 個集團軍縮減為 13 個集團軍，集團軍番號依東 3、南 2、西 2、北 3、中 3 等戰區之序列，編制第 71 至第 83 集團軍，每個集團軍 6 個作戰旅及 6 個戰鬥勤務支援旅，集團軍採旅營制，並以旅為基本作戰單位、營為基本作戰單元。共軍此次裁減後，海空軍及火箭軍總員額與陸軍總員額相當，陸軍總員額自成軍迄今首次降到百萬人以下。

二、共軍任務轉型

80 年代中期，鄧小平為貼補軍隊及以軍養軍，共軍開始從事商業活動，而江澤民 1989 年上台掌權後，為收買人心默許並放縱共軍經商，而經商所得多數未實質補貼軍隊，8 成以上進入高階將領私囊，使共軍從經商進入貪腐嚴重至不可收拾。1998 年 7 月中共中央開始大範圍打擊走私活動時發現，共軍及武警部隊涉及許多走私或包庇走私活動，使中共中央驚覺軍隊事態嚴重開始徹查，故中央軍委決定 1999 年起全面停止軍隊及武警部隊從事經商活動，開始全面「吃皇糧」。

1999 年共軍全面禁商，部隊始能全面投入戰訓活動，亦使共軍軍事思想及編制體制開始出現重大變革，惟中共推動的新軍事變革與西方國家之軍事事務革命不同，主要之差異在於美軍係以強大軍事科技為動能基礎，武器裝備快速換代及運用新武器新戰法改變戰場態勢，且拋棄軍種間成見此狹隘視野，從整

體作戰效能評估不同戰場。職是之故，美國等西方國家對此一時期之共軍評估為處於包括科技、武器裝備、人員素質、戰術戰法、投入經費等相形見絀的情況，必須進行一場「有中國特色的新軍事變革」，且是短期內因應科技條件不足卻又必須持續推動軍事改革的一種短期作為與說法。

共軍前於 1993 年制定新時期軍事戰略方針，「將軍事鬥爭準備置於打贏現代技術條件，特別是高技術條件下的局部戰爭上」後，共軍評估世界新軍事變革帶來嚴峻挑戰亦提供歷史機遇，新世紀的前 20 年是中共發展的重要戰略機遇期，亦為國防及軍隊現代化建設的重要戰略機遇期，要積極推進中國特色軍事變革，加快共軍由機械化半機械化向信息化轉變，全面提高共軍的威懾及實戰能力。

中共於 2006 年公布之國防白皮書中首次提出「提高應對多種安全威脅，完成多樣化軍事任務能力」，另於 17 大政治報告中明確要求共軍「提高應對多種安全威脅、完成多樣化軍事任務能力」，顯示共軍在新世紀、新階段肩負高度民族期望，要為整體國家領土主權完整、社會發展、海洋權益及世界和平做出重要貢獻，亦突出共軍除擔負國土防衛、國家安全、文明之師等軍事任務外，非傳統安全任務亦成為共軍必須肩負的重要任務，此一任務轉型必須兼顧社會發展變遷引起之內外矛盾、經濟環境快速變遷、國家發展與自然環境之矛盾及區域安全等複雜因素，逐步建立共軍應對傳統安全威脅與非傳統安全威脅任務能力。

近 30 年間，中共在經濟快速成長下大量對國防經費投入，提高軍隊人員待遇、部隊精簡整編、武器裝備換代、戰術戰法調整、增加國際合作等，並在各項演習中驗證爭奪台海制空權、後勤保障演練、跨區機動演練、多國聯合反恐、海軍亞丁灣護航、海空跨區機動演練等，似已取得相當成果，尤其共軍在非傳統安全相關領域更有相當成果，顯示在國與國間大型戰爭衝突逐漸降低發生可能後，為因應此一轉變，共軍在軍事任務中已將非傳統安全威脅納入共軍主要任務，以應對複雜多變的國際局勢及多種複雜安全威脅。

統計 2004~2013 年此 10 年間共軍代號演習，戰術演習課目從 2004 年占 67.86%，至 2013 年降至 43.70%，而非傳統安全威脅課目演練從 2004 年占 39.29%至 2013 年提高至 67.41%，足證共軍任務已由高度軍事任務向軍事任務結合非戰爭軍事行動任務轉變（表 6-1 為 2004~2013 解放軍各項演訓統計表）。

▶ 表 6-1　2004~2013 解放軍各項演訓統計表

2004~2013 解放軍各項演訓統計表									
	一般戰訓	戰訓加非戰	非戰行動	外軍聯演	合計	全部戰訓	百分比	全部非戰	百分比
2004	17	2	5	4	28	19	67.86%	11	39.29%
2005	14	0	2	5	21	14	66.67%	7	33.33%
2006	16	2	11	4	33	18	54.55%	17	51.52%
2007	20	1	9	11	41	21	51.22%	21	51.22%
2008	18	0	31	4	53	18	33.96%	35	66.04%
2009	30	11	23	11	75	41	54.67%	45	60.00%
2010	34	10	36	14	94	44	46.81%	60	63.83%
2011	41	15	35	18	109	56	51.38%	68	62.39%
2012	31	9	39	21	100	40	40.00%	69	69.00%
2013	44	15	39	37	135	59	43.70%	91	67.41%

資料來源：作者自行整理

◎ 第二節　中共國防經費演進

　　中共自 1954 年起仿效前蘇聯編列國防經費之模式，開始自第一個五年計畫以無償性、消耗性之方式投入，並於每個五年計畫前，擬定計畫年度中包括中央經費專用科目、維持日常給養費用、裝備維持費用及中央軍委預備費等項目，相關費用編列以經濟成長率、重大任務、武器裝備採購與換裝作為編制編列依據，並概略擬定每年增長之額度。而中共對國防經費之定義與使用概念與多數國家不同，其係一專項經費，依據國家總體戰略目標、國防建設總任務向下指示，由旅團級逐次向上彙總數額與需求，經過各級黨委逐級審批後向下核定，包括預算經費、預算外經費、庫存物資、生產經營收益等集中安排使用，而形成人員維持費、作業維持費、裝備費（此三項再向下區分為 13 類 61 目）、中央軍委預備費等，惟此公布之數額並未包括中央預算專用科目，僅為維持日常所需，屬對軍隊之無償性投資。

一、逐年增編國防經費

　　中共中央每年經濟工作會議中均明確訂出年度經濟目標，其中於 2009 年訂出擴大內需、促進增長之目標，其核心在於「保八」（即保住國民生產總值 GDP 以 8%之速度增長），主要也在避免失業問題惡化危及社會穩定與穩定國防經費增長，顯示中共每年保持經濟增長率對挹注國防經費增長產生絕對影響。此期間係共軍開始吃皇糧、軍隊改革、強化戰訓開展之際，亦在國際經濟環境不佳、全球受金融風暴影響之情況下，中共仍持續大幅增編國防經費，對內及對外均不同之意義與影響。

　　中共國防經費自 1999 年迄 2018 年此 20 年間，於 1999 年突破千億人民幣、2010 年突破 5,000 億人民幣、2017 年突破兆億人民幣（表 6-2 為中共 1999~2018 年國防經費編列概況），根據中共歷次白皮書中對增加經費的說明，初期主要在貼補共軍因禁商之損失、提高現役官兵待遇、退役軍官之安置與給養、部隊戰訓所需、武器裝備採購與換裝、科研所需等，中期主要在提高部隊官兵待遇、完成多樣化軍事任務能力、推進有中國特色之軍事變革，而近幾年則主要在包括航母等新型武器裝備換裝與採購、提高武器研發能力及共軍戰鬥實力等。

▶ 表 6-2　中共 1999~2018 年國防經費編列概況

項目	人員維持費		活動作業維持費		裝備費		合計
年	額度	比例%	額度	比例%	額度	比例%	
1999	348.60	32.38	380.30	35.32	347.80	32.30	1,076.70
2000	405.50	38.58	412.74	34.18	389.30	32.24	1,207.54
2001	461.63	32.01	485.81	33.69	494.80	34.30	1,442.04
2002	540.43	31.89	581.23	34.31	572.78	33.80	1,694.44
2003							1,907.87
2004							2,200.01
2005	831.59	33.60	806.83	32.60	836.54	33.80	2,474.96
2006							2,979.38
2007							3,554.91
2008							4,117.69

▶ 表 6-2　中共 1999~2018 年國防經費編列概況（續）

項目	人員維持費		活動作業維持費		裝備費		合計
年	額度	比例%	額度	比例%	額度	比例%	
2009	1,685.28	34.04	1,669.95	33.73	1,595.87	32.23	4,951.10
2010	1,859.31	34.90	1,700.47	31.90	1,773.59	33.20	5,333.37
2011	2,065.06	34.30	1,899.43	31.50	2,063.42	34.20	6,027.91
2012	1,955.72	29.20	2,329.94	34.80	2,406.26	36.00	6,691.92
2013	2,002.31	27.00	2,699.71	36.40	2,708.60	36.60	7,410.62
2014	2,372.34	28.60	2,679.82	32.30	3,237.38	39.10	8,289.54
2015	2,818.63	31.00	2,615.38	28.80	3,653.83	40.20	9,087.84
2016	3,060.01	31.30	2,669.94	27.40	4,035.89	41.30	9,765.84
2017	3,210.52	30.80	2,933.50	28.10	4,288.35	41.10	10,432.37
2018							11,069.51
2019							11,898.76

資料來源：歷年中共國防白皮書與中華人民共和國國防部網站
※部分數據中共未透明公布

二、增編國防經費之意圖與影響

　　中共逐年持續增列國防經費，對內對外均已產生重大影響，其中主要包括透過增列與改革強化對國防費的控管、推動共軍從事新軍事變革、增加軍人待遇、強化國際合作等。

（一）強化對國防經費的控管

　　中共自 1954 年起仿效前蘇聯編列國防經費模式，開始第一個五年計畫對共軍經費的投入，惟共軍經費長期存在包括軍政二元領導體制問題、重複投資及重複建設、預算外收入及各級機關小金庫等問題，中共中央為改善相關問題，迄 2000 年止已進行 6 次國防經費編列改革，期漸次解決每年經費編列時由上而下及條塊間經費審批權爭奪的問題，只是改革難落實致成效有限。

　　2001 年 3 月 22 日中央軍委主席江澤民批准轉發全軍及武警部隊《軍隊預算編制改革實施方案》，主要針對現行經費編列係依照上一個年度編列之基礎，通常只增不減已無法適應現階段新形勢下的軍隊建設任務，故採取國際間通用的「零基預算」編列模式，以充分對國防經費產生宏觀調控之作用，並逐步建立中央軍委對共軍財權財力集中、軍費分配科學、專案具體透明、監督制約嚴密的共軍國防經費新體系；此次改革對中共及共軍而言，主要仍針對強化軍隊內部經費的審批與管理，以改善長期存在共軍內部擅立科目、違規立項、重複投資、貪汙及各級機關及部隊存在小金庫之怪現象。

（二）推動共軍從事新軍事變革

　　2000 年前後，共軍內部掀起一項重要學習活動「在新裝備未到位前，向舊裝備要戰力」，細究其意發現，美軍的軍事事務革命是以強大科技能量為基礎，運用新的科技來改變作戰模式及方法，在不同戰場條件使用不同裝備與戰法，而共軍在此一階段卻面臨受制俄羅斯軍事裝備武武器輸出，必須使用陳舊裝備等待新武器裝備換裝的窘境，也在新舊雜陳中提出「超限戰」等應急之觀念，然中共仍在幾場高科技條件下局部戰爭中借鑑新型態戰爭的經驗，開始發展其所謂有中國特色的軍事變革，即「共軍按照建設資訊化軍隊、打贏資訊化戰爭的目標，深化改革，銳意創新，加強品質建設，積極推進以資訊化為核心的中國特色軍事變革」。

　　對中共而言，美軍的軍事事務革命主要係「由科學技術進步而推動武器裝備的演進，進而引起軍隊編成、作戰方式、軍事理論等方面逐步發生根本性變化，最終導致整個軍事形態發生質變的特殊社會現象」。然中共的「有中國特色的軍事變革」則僅為短期內因應科技條件不足卻必須推動軍隊改革的一種圓融或託辭，以規避新舊裝備雜陳無法務實從事軍事變革的窘境。

　　而 1999 年後的近 20 年間，共軍挾快速的經濟成長，每年幾以兩位數字之成長增編國防經費，以大量資金投入軍事科技研發、新武器裝備採購、引進高新科技、改變因「六四事件」所造成的軍事禁運並對歐尋求解禁，以及大幅度調高共軍官兵待遇，使共軍得以快速進行新武器裝備換裝，從事「有中國特色的軍事變革」。

　　在武器裝備換裝方面，陸軍部隊換裝 99A 型主戰坦克、PLZ-05A 型自走火

炮、07 式 122mm 履帶自走榴彈炮及 09 式 122mm8 X 8 自走榴彈炮、射程達 140 公里 PHL-03 遠程多管火箭，陸航旅裝備的直 10H、直 10、直 19 等型武裝直升機。

海軍部隊將瓦雅哥號航母整建並命名為遼寧號列裝海軍艦隊、第二艘已進入海試階段、第三艘已在船廠建造中、第四艘已完成規劃並為核動力，海軍 9 個殲擊師及艦載機聯隊已換裝殲轟七機、蘇愷 27 及蘇愷 30 戰機、殲 11 及殲 15 戰機等第四代戰機；而各艦隊則換裝現代級、052B、052C、052D 等驅逐艦，以及換裝 093、094 型核潛艇與 039 型常規潛艇，登陸艦則已換裝新型登陸艦與船塢登陸艦；另海軍陸戰隊由 2 個陸戰旅增編為 6 個陸戰旅及 1 個特種作戰旅，成為正軍級部隊，裝備則已淘汰 63A 水陸坦克換裝 05 型兩棲突擊車，以及列裝水牛級氣墊登陸艇。

空軍部隊第四代戰機包括殲 10B、殲 11、殲 15、殲 16 等戰力基礎上近年並陸續換裝殲 20、殲 31 等新型戰機，由於第四代戰機航程及作戰半徑大、隱身性強，其任務包括遠程攔截、戰區監視與巡弋、空地攻擊、護航、電子作戰等多重任務，完全形成戰力後搭配航母戰鬥群，已對東亞及西太平洋地區的國家形成極大心理壓力，亦弱化美軍在空戰中之絕對優勢，包括威脅東亞各國空防系統，也強化共軍跨越第二島鏈及攻擊美軍基地之能力。

火箭軍部隊於 2015 年 12 月 31 日升格成為五大兵種，在「軍改」後配合大軍區改隸戰區，習近平2015 年 12 月 31 日在「陸軍領導機構、火箭軍、戰略支援部隊成立大會」表示「火箭軍是我國戰略威懾的核心力量，是我國大國地位的戰略支撐，是維護國家安全的重要基石」。而其現役裝備主要區分長程、中程、短程及巡弋導彈；其中洲際彈道導彈包括東風 5、東風 31、東風 41（約 200 枚），中程彈道導彈包括東風 21、東風 26（約 300 枚），短程彈道導彈包括東風 11、東風 15、東風 16（約 1150 枚），巡弋導彈則為長劍 10/東風 10（約 3000 枚）；其中東風 21D 型新型導彈在實彈戰術演習中完成驗證，似已成為反介入作戰中之「航母殺手」，對美軍航母戰鬥群已成為極大威脅；另其核常兼備之導彈體系中已具備有效、安全、可靠，對其提高近中遠程精確打擊能力、核反擊能力及戰略威懾能力具高度助益，結合各軍種聯合戰役部隊，對周邊國家及主要大國已形成強烈之嚇阻作用。

（三）增加軍人待遇

　　中共自改革開放之後經濟快速成長，但共軍的薪資待遇卻未與經濟發展速度等速發展，並不具備吸引城鎮青年、高學歷青年進入共軍服務，且共軍幹部係由表現優異士兵「提幹」，再由表現優異士官幹部挑選進入軍校，畢業後再以軍官任職，此種方式更加使城鎮及高學歷青年不願進入軍中，復以民族主義或愛國主義吸引青年從軍其效果更加侷限；而 1999 年後的禁商使共軍業外收入降低，更加劇人才流失的風險，為避免共軍青年人才流失、吸引高學歷青年從軍、提高部隊戰力及優化部隊人力素質，中共包括在 2000、2002、2004、2005、2006、2008、2010 等 7 次國防白皮書中（詳如表 6-3）揭櫫大幅增加年度國防經費支出主要均在調整軍隊人員工資及部隊生活條件，經過 10 餘年的調整薪資待遇，使共軍官兵薪資大幅提升、改善部隊生活條件，亦加速部隊武器裝備汰換，推進其所謂「有中國特色軍事變革」，以提高軍隊在現代技術特別是高技術條件下的防衛作戰能力。

▶ 表 6-3　歷次國防白皮書增加軍人待遇說明

年	說　　　明
2000	1.軍隊停止經商活動後，保障各項事業正常運轉增加的維持費用。2.退役軍官的安置和供養增加的支出。3.在社會經濟發展和城鄉居民人均收入提高的情況下，保證軍隊人員的生活水準能夠同步提高，調整軍隊人員的工資、津貼標準增加的支出。4.負擔駐澳門部隊開支增加的支出。
2002	1.增加軍隊人員生活支出。2.建立和逐步完善軍人社會保障制度。3.增加軍隊維持性支出。4.為配合國際社會打擊恐怖主義增加支出。5.為提高現代技術特別是高技術條件下的防衛作戰能力，適度增加部分裝備建設經費。
2004	1.提高軍隊人員工資待遇。2.進一步完善軍人社會保險制度。3.保障軍隊體制編制調整改革。4.加大軍隊人才建設投入。5.適度增加裝備經費。
2005	1.提高軍隊人員工資福利待遇。2.完善軍人社會保險制度。3.保障軍隊體制編制調整改革。4.加大軍隊人才建設投入。5.適度增加部分裝備建設經費，提高軍隊在現代技術特別是高技術條件下的防衛作戰能力。
2006	1.改善軍人工資待遇和部隊生活條件。2.加大武器裝備和基礎設施建設投入。3.支持軍事人才建設。4.平抑物價上漲因素。5.增加非傳統安全領域國際合作的費用。

▶ 表 6-3　歷次國防白皮書增加軍人待遇說明（續）

年	說　　　　明
2008	1.改善官兵待遇。2.應對物價上漲需要。3.推進軍事變革。
2010	1.改善部隊保障條件。2.完成多樣化軍事任務。3.推進中國特色軍事變革。

資料來源：綜整自歷年中共國防白皮書

（四）強化國際合作

　　美軍的安全合作計畫中心目標是避免戰爭，主要是藉由防止侵略手段的形成，因此此項作為相對的也排除受威脅的國家因為相關需求而為未來可能遇見的威脅做好反制的準備；因此，合作安全也就取代在面對預見的威脅從準備反制威脅到避免可能預見的威脅而出現安全計畫的核心，亦即從嚇阻侵略到意圖侵略的準備行動出現相對的困難。而近年來針對非傳統安全所出現的國與國間聯合搜救演習、反恐怖演練、聯合救災、協助醫療、排雷等等均是集體安全此一概念的延伸。

　　中國大陸自 1990 年 4 月針對聯合國停戰監督組織派遣 5 名軍事觀察員迄 2011 年 9 月，解放軍已參與聯合國維和行動 22 項。共軍透過維和部隊的組建、訓練、派遣及參與聯合國在世界各地區的任務，除有積極參與國際事務之意義外，共軍也藉與國際間主要國家的部隊交流、組訓、學習，使其戰力與任務經驗快速成長，使其應對突發事件能力快速提高。

　　統計 2004~2013 年間，共軍參與有代號之聯外軍演達 129 次（詳如表 6-1），演習類型包括聯合搜救、兩棲登陸、海空聯演、反恐、山地進攻作戰、海上聯合演練、摩托化步兵師進攻戰鬥實彈演練、合成營實彈戰術演練、人道醫療救援、邊境聯合巡邏等相關演習，除可相互理解參與國間之軍力建設、保護各國之國家利益、緩解周邊國家之緊張關係、合作應對非傳統安全威脅外，主要也在提高軍事透明度降低疑慮。

三、持續發酵的中國威脅論

中國大陸自 1999 年起，每年以兩位數字成長增編國防經費，並加大對國防投資、國防採購、武器裝備更新的費用，亦自 2000 年起大幅調高共軍官兵薪資待遇，並強調將進一步以高科技為中心的軍事現代化建設，此舉已引發周邊國家及主要大國之疑慮，其中美日等國持續要求中國大陸提高軍費的透明度。

2005 年時任中共外交部長李肇星曾表示，目前渲染「中國威脅論」主要包括中國大陸經濟發展太快威脅他國、中國大陸軍力強大威脅他國、中國大陸消耗能源過多威脅他國等因素，而散布及渲染主要是個別人士，此一人等已進入新時代，惟思想仍停留在冷戰時期。

惟中國大陸除透過官方表達對此一論調駁斥，亦在人民網成立專區「中國威脅了誰？解讀中國威脅論」，以降低此一論述對中國大陸之影響。另中共為回應提高透明度、消弭「中國威脅論」，亦自 2000 年起公布國防白皮書回應周邊及西方，其內容包括國際對中國大陸軍事透明化的要求、強調即使強大起來也絕不走對外侵略擴張的道路、公開國防政策及軍力情況消弭國際間對「中國威脅論」的疑慮。

日本開始對中共快速軍力發展產生疑慮後，開始降低對中國大陸從事經濟建設的貸款，其中 2003 年較 2002 年減少 20%，此係日本政府連續 3 年削減貸款額度，亦為給予中國大陸經濟建設貸款 14 年來，首度降至 1000 億日圓以下。相對而言，日本感受中國大陸與日俱增威脅之同時，防衛省 2014 年國防預算較 2013 年增加 490 億美金，增幅係自 1992 年以來增幅最大之一年，其中以 13 億日圓採購兩艘兩棲攻擊艦、成立特種兩棲作戰艦隊，以及投入 733 億日圓採購驅逐艦、513 日圓採購潛艦、508 億日圓採購潛艦救難艦、13 億日圓採購兩艘氣墊船及無人駕駛高空偵察機、採購魚鷹斜旋翼戰機，並強化與美國海軍之聯合作戰訓練，以此因應持續增溫的「中國威脅論」。

而日本產經新聞 2018 年 11 月 27 日報導，為因應中共與日俱增的軍事威脅，日本政府將追加 1 萬億日元預算向美國採購 100 架 F35 隱形戰機，以汰換現役 F15 戰機，加上目前計畫採購的 42 架戰機，未來新採購戰機將增加到 140 架，另亦回應美國總統川普要求日本向美擴大軍事採購。此係近 10 年來日本最大單一品項之軍事採購，突出周邊國家對「中國威脅論」發酵之憂慮所採取之實質作為。

◎ 第三節　共軍編制體制改革

　　共軍大軍區體制自成軍以來歷經四次大調整及一次小調整。首次係建政初期中共中央軍委對共軍實施整編，此次撤銷戰後的第一至四野戰軍及華北野戰軍及各兵團，依據行政區劃重新調整為西北、西南、中南、華東、華北、東北等六大軍區。第二次係 1955 年 2 月係將六大軍區進行擴編，並按城市及省區名稱命名為瀋陽、北京、濟南、南京、廣州、昆明、武漢、成都、蘭州、新疆、西藏、內蒙古等 12 個軍區，1956 年 4 月 22 日將南京軍區所轄福建、江西等 2 個省軍區編成福州軍區，大軍區增為 13 個。第三次係 1967 年 5 月將內蒙古軍區降編為省軍區並隸屬於北京軍區；另 1969 年 12 月將西藏軍區降編為省軍區，並隸屬成都軍區；1979 年 5 月新疆軍區更名為烏魯木齊軍區，此次降編改隸後共軍降低為 11 個大軍區。第四次係 1985 年 6 月由 11 個大軍區合併為瀋陽、北京、濟南、南京、廣州、成都、蘭州等七大軍區。

　　迄 2017 年 2 月解放軍歷經 10 餘年合成營試點、檢驗後，於正式將七大軍區整併改組為五大戰區（第五次），並將 18 個集團軍改制為 13 個集團軍（每個集團軍由 6 個合成旅及 6 個包括陸航、特戰、炮兵、防空、工化、勤支等專業部隊組成），師級部隊均減編為合成旅；其中兩棲機步第 1 及 124 師、兩棲機步 14 旅亦減編為合成旅，且精簡編之部隊及裝備改隸陸戰隊。另陸戰旅納編陸軍減編改隸之部隊，擴編為海軍陸戰隊之正軍級部隊，並增加包括反恐處突（海上）、海外基地守備、遠端投送等任務。

▶ 表 6-4　共軍七大軍區各軍種部署概況

區	軍種	所轄部隊
廣州軍區	陸軍	第 41、42 集團軍，駐港及駐澳部隊，湖南、廣東、海南、湖北等省軍區
	海軍	南海艦隊（驅支、潛支各 2；登支、作支各 1；海航 3 師及 8、9 旅；陸戰第 1、164 旅）
	空軍	廣州軍區空軍（空 2 師轄 4、5、6 旅，第 8 轟炸師轄 22、23、24 團，第 13 運輸師轄 37、38、39 團，南寧基地，武漢基地）

▶ 表 6-4 共軍七大軍區各軍種部署概況（續）

區	軍種	所轄部隊
南京軍區	陸軍	第 1、12、31 集團軍，江蘇、浙江、福建、安徽、江西等省軍區及上海警備區
	海軍	東海艦隊（驅支、潛支各 2；護衛艦大隊 4；登支、作支、導彈快艇大隊各 1；海航 4、6 旅）
	空軍	南京軍區空軍（第 10 轟炸師轄 28、29、30 團，第 26 特種師轄 76、77 團，上海基地，福州基地）
濟南軍區	陸軍	第 20、26、54 集團軍，山東、河南等省軍區
	海軍	北海艦隊轄青島、旅順、葫蘆島等基地，驅支 2、護支、核潛支、常潛隊、快支（導彈艇、掃雷艇、獵潛艇、魚雷艇）、登艦大隊各 1，海航戰機師 2，轟炸機師及訓練團、艦載直升機大隊各 1。
	空軍	濟南軍區空軍（空 15、34、44、55 旅，濟南基地）
北京軍區	陸軍	第 27、38、65 集團軍，衛戍第 1、3 師，空降 15 軍
	空軍	第 7、15、24 航空師，第 34 空運師轄 100、101、102 團，大同基地
瀋陽軍區	陸軍	第 16、39、40 集團軍，遼寧、吉林、黑龍江等省軍區
	空軍	瀋陽軍區空軍（空 1、2、3、31、61、63、88、89 旅，大連基地）
蘭州軍區	陸軍	第 21、47 集團軍，新疆省軍區
	空軍	蘭州軍區空軍（第 36 轟炸師轄 106、107、108 團，蘭州基地，烏魯木齊基地）
成都軍區	陸軍	第 13、14 集團軍，西藏軍區（副大軍區級）、重慶警備區，四川、貴州、雲南等省軍區
	空軍	成都軍區空軍（空 33 師轄 97、98 團及空 34 師，第 20 特種師轄 58、59、60 團，第 4 運輸師轄 10、11、12 團，昆明基地）

▶ 表 6-5 共軍五大戰區各軍種部署概況

區	軍種	所轄部隊
東部戰區	陸軍	71、72、73 集團軍（各轄 6 個作戰旅及 6 個作戰勤務支援旅）
	海軍	東海艦隊（驅支、潛支各 2；護衛艦大隊 4；登支、作支、導彈快艇大隊各 1；海航 4、6 旅；陸戰 3、4 旅 ）
	空軍	上海、福州基地
	火箭軍	61 基地（807、811、815、817、818、819、820 旅）
南部戰區	陸軍	74、75 集團軍（各轄 6 個作戰旅及 6 個作戰勤務支援旅）
	海軍	南海艦隊（驅支、潛支各 2；登支、作支各 1；海航 3 師及 8、9 旅；陸戰旅 1、2）
	空軍	南寧、昆明基地
	火箭軍	62 基地（802、808、821 旅）及 63 基地（803、805、814、824 旅）
西部戰區	陸軍	76、77 集團軍（各轄 6 個作戰旅及 6 個作戰勤務支援旅）
	空軍	拉薩、蘭州、烏魯木齊基地
	火箭軍	64 基地（809、812、823 旅）
北部戰區	陸軍	78、79、80 集團軍（各轄 6 個作戰旅及 6 個作戰勤務支援旅）
	海軍	北海艦隊（驅支、潛支各 2 ；作支及艦載機聯隊各 1；海航 2 師、5 旅、7 團；陸戰 5、6 旅）
	空軍	大連、濟南基地
	火箭軍	65 基地（806、810、816、822 旅）及火箭軍合同戰術訓練基地
中部戰區	陸軍	81、82、83 集團軍（各轄 6 個作戰旅及 6 個作戰勤務支援旅）
	海軍	航空兵訓練基地、海軍飛行學院、海軍飛行學院殲擊師分院
	空軍	大同、武漢基地
	火箭軍	66 基地（801、804、813）、67 基地（火箭軍倉庫基地） 68 基地（火箭軍倉庫基地）、69 基地（火箭軍綜合訓練基地）

資料來源：中華人民共和國國防部網站

◎ 第四節　結　論

　　中共在快速的國防現代化進程中，利用國際局勢刻正發生複雜變化、世界保持總體和平之穩定態勢、國際安全形勢複雜，以及各軍軍事競逐激烈之現勢，其運用高經濟發展之契機強化軍隊建設與投資，已將共軍建成現代化軍隊並形塑成為可保衛國家在全球的各種利益，亦展現共軍係文明之師、而中國大陸是負責任大國。

　　共軍經過 20 餘年快速現代化之過程，已成為世界上第二軍事大國，其陸海空、海軍陸戰隊及火箭軍部隊在「軍改」及武器裝備大量換裝、組織變革後，戰力已大幅成長，而共軍建立海外基地、海軍從事長航及亞丁灣護航、持續發射北斗衛星成為自主導航國家、海軍持續建造航母成為遠洋海軍，周邊國家與美國對其相關發展已成生莫大疑慮，且對其已成為區域大國後，開始漸次挑戰美國世界霸主地位。

📑 參考書目 References

. . . .

一、專書

1. 中共年報編輯委員會，1999-2018 年中共年報，台北：中共研究雜誌社。

2. 中共研究 VOL43-52，台北：中共研究雜誌社。

3. 中共國防白皮書，1998、2000、2002、2004、2006、2008、2010 年。

4. 中國的防擴散政策和措施，2003 年。

5. 中國的軍控、裁軍與防擴散努力，2005 年。

6. 國防白皮書：中國武裝力量的多樣化運用，2013 年。

二、網站

1. 中華民國國防部。https://www.mnd.gov.tw/。

2. 中華人民共和國國防部網站。http://www.mod.gov.cn/。

3. 中國軍網。http://www.81.cn/。

4. 新華網。http://www.xinhuanet.com/。

5. 人民網。http://www.people.com.cn/。

6. 中國新聞網。http://www.chinanews.com/。

7. 中央人民廣播電台。http://www.cnr.cn/。

8. 中華人民共和國中央人民政府。http://www.gov.cn/。

9. 全國徵兵網。https://www.gfbzb.gov.cn/。

10. 中共中央台灣工作辦公室。http://www.gwytb.gov.cn/。

11. 國際在線。http://www.cri.cn/。

12. 新華軍網。http://www.news.cn/mil/。

13. 中國軍視網。http://www.js7tv.cn/。

14. 鳳凰軍事。http://news.ifeng.com/。

15. 新浪軍事。https://mil.news.sina.com.cn/。

CH **7**

編著者　孫佳玲

中國大陸教育發展與現況

▶ 改革開放前後的教育政策
▶ 中國大陸義務教育的現況
▶ 中國大陸高等教育的特色

前言
FORWORD

　　本章共分三節，第一節介紹改革開放前後的教育政策，大陸教育在不同的時代背景之下，各有不同的發展，各個時期的教育發展都互相牽動與影響，故認識大陸過去的教育發展軌跡，方能理解現今的教育發展路線。

　　第二節介紹大陸義務教育，內容包括義務教育的制度、義務教育行政管理體制、課程內容與教科書、義務教育特色與問題等。大陸在 1986 年 7 月 1 日開始施行九年義務教育，具有中國特色的義務教育，迥異於台灣，不但強調愛國、愛黨、愛社會主義的思想教育，同時，義務教育普及化的過程中，出現的諸多問題，在本章節中都有詳細說明。

　　第三節介紹大陸的高等教育，內容包括高等教育學制、高等教育的特色與現況。探討大陸自改革開放後，藉由 211 工程、985 工程，打造一流大學，加上政策鬆綁，提升高等教育升學率後的就業與招生等問題，以及大陸高等教育面向世界發展的現況。

◎ 第一節　中國大陸的教育發展

　　中國大陸的教育發展可以分為兩個階段，第一個階段是改革開放前，第二個階段是改革該放後。改革開放前，大陸教育主要受到政治因素影響，教育發展嚴重落後；改革開放後，大陸教育儘管脫離不了政治因素，但是在配合經濟全面發展之下，大幅度改革教育並邁向現代化發展。茲將各個時間的教育政策介紹如下：

一、改革開放前的教育政策

（一）1949～1951 蘇化教育政策到毛澤東教育政策

　　建國後的大陸教育是以老解放區（指陝甘邊區等地，是中共發源與流亡的老革命區）的教育經驗為基礎，吸收舊教育某些有用的經驗，並借助蘇聯教育先進的經驗作為教育改革的方針，目的是要消除國民政府時期的教育體制，拔除所謂舊的政治意識形態對中國大陸教育的影響。

（二）1952～1957 向蘇聯學習的菁英教育

中共組織建設兩所學校，分別是中國人民大學和哈爾濱工業大學，做為推廣蘇聯教育模式的樣板和示範學校，積極翻譯蘇聯教育理論、著作和教材，並且邀請大批蘇聯專家來華工作，協助改造和重建新中國教育制度，同時，派遣大批留學生到蘇聯與東歐國家學習，其中 90%派往蘇聯。全面蘇化的高等教育政策，儘管培養許多大陸工業發展所需的人才，但也造成日後高等教育專業過於窄化，學生知識面窄，學校缺乏主動權、影響辦學積極性等問題。

（三）1966～1976 文化大革命時期的大陸教育

受到文化大革命的政治運動影響，此階段的大陸教育歷經劇烈的動盪。首先，小學學制由 6 年減為 5 年，並廢除政治、語文、歷史等全國統一使用的中小學教材，改用毛主席著作。第二，取消入學考試、入學學生的年齡限制、以及學費。第三，上大學不再經過考試，改為推薦制度，由生產單位根據政治標準和文化程度進行挑選和推薦，優先選擇貧困的農民、工人、士兵和基層幹部，青年必須在工廠或農村進行數年的生產勞動鍛鍊後，才有資格被推薦成為大學生。第四，大量裁撤、合併與搬遷各種高校，由工人群眾接管領導小學，組織「紅衛兵」，批判「學術權威」、「專家治校」，當時各級學校領導幹部和教師，特別是一些學術上有成就的專家、教授，都遭到殘酷鬥爭，身心受到很大的摧殘，有的被迫害致殘、致死，更多的知識分子被下放到農村參加體力勞動，社會科學和人文科學研究停擺。

文化大革命徹底實踐毛澤東的教育改革主張，也就是「教育必須為無產階級政治服務、必須同生產勞動相結合」、「實行無產階級教育革命，必須由工人階級領導」、「結束知識分子統治學校的現象」，結果卻使得大陸教育質量急劇下滑，教育體制受到嚴重破壞。

▌二、改革開放後至今的大陸教育發展

鄧小平復出後，第一步就是恢復文化大革命破壞最嚴重的教育事業，因「文革」癱瘓的「教育部」在 1975 年 1 月 17 日恢復，並在 1977 年恢復高考制度，重新建立教育制度。1985 年全國人大常委會通過議案，確定每年 9 月 10 日為教師節，藉以提升教師的社會地位，擺脫文化大革命「臭老九」的形象。

接著，鄧小平提出「三個面向」（面向現代化、面向世界、面向未來）作為大陸教育事業發展的新方向，達成社會主義的四的現代化（科學現代化、農業的現代化、工業現代化、國防現代化）。在這三個教育面向的目標下，大陸出台許多的教育法規，像是《中共中央關於教育體制改革的決定》、《中國教育改革和發展綱要》、《中共中央國務院關於深化教育改革全面推進素質教育的決定》、《國家中長期教育改革與發展規劃綱要(2010~2020)等，進一步完善大陸義務教育和高等教育制度，培養大陸經濟發展所需之人才，之後的領導人江澤民、胡錦濤、以及現任的國家主席習近平，都在此基礎上，繼續推展大陸的教育工作。

三、結語

歷經文化大革命對大陸教育的破壞後，大陸重新恢復教育制度，藉由義務教育的普及、以及高等教育的發展，培養經濟發展所需之人才。30 多年的發展過程中，取得一定的成果，卻也出現諸多的問題，值得關注。

◎ 第二節　中國大陸的義務教育

一、前言

1986 年 7 月 1 日中國大陸根據《中華人民共和國義務教育法》開始施行九年義務教育。時至今日，大陸義務教育普及率尚未達到百分之百，儘管大陸將義務教育的普及列為重點工作，並且以「兩基」（基本普及義務教育、基本掃除青壯年文盲）作為政府的主要政策，但是許多貧困地區義務教育落後的事實依舊存在，所以，中共中央在《十三五規劃》中，確定了未來 5 年將繼續實施 9 年義務教育，並逐步推動高中免費教育的規劃。

二、義務教育的制度

（一）學校制度

大陸九年義務教育分為小學和初中兩個階段。其制度分為「六三制」、「五四制」，「六三制」是六年小學教育，三年初中教育，目前大陸絕大多數的省市實行的義務教育都是「六三制」，而「五四制」是五年小學教育，四年初中教育，上海市、山東省等部分省市實行的是「五四制」，全大陸的義務教育制度並不統一。

小學畢業後，由區縣級教育委員會安排學生到初中就讀，主要劃分的方式有考試政策（一般限於民辦優質初中）、劃片入學（台灣說法是按區劃分，按照學生的戶籍地址來指派初中）、電腦派位（學生通過電腦隨機的方式指派到該小學所屬區域的初中）。學生在九年級（初三年級）將面臨初級中學升學考試，即中考。根據中考成績和填報的志願，升入高級中學、中等專科或職業高中。

（二）義務教育行政管理體制

大陸的教育行政制度分成中央、省（自治區、直轄市）、市（地區）、縣、鄉（鎮）五級，可以概分為中央與地方兩個層次。根據大陸教育法規定，大陸義務教育實行「地方負責、分級管理」體制。省級政府設有教育廳，負責制定地區基礎教育發展規劃和中小學教學計畫，進行地區義務教育的評估，並針對財政困難、學習弱勢地區及民族給與補助。縣（市、區）級政府設有教育局，主要負責統籌管理義務教育的經費，調配和管理中小學校長、教師，指導中小學教育教學工作等；鄉級政府則是負責本轄區義務教育的落實工作

（三）課程內容與教科書

大陸教科書制度，經過幾次修改後，現在實行的是中小學教科書審查、編寫、選用分級管理、各部門分工合作的方式。民間編輯出版教科書，經中央或地方教育行政部門依據政府頒發的課程標準或教學大綱審查合格後，即可提供各地學校使用。大陸中小學教科書內容多元，包括地區教材、民族教材、鄉土

教材等，每個地區中小學選用教材並沒有統一，小學教材一般由縣級教育行政部門負責選用，初中教材由省或地（市）教育行政部門負責選用。

　　大陸一般中小學都有「品德與生活」、「品德與社會」、「思想品德」、「思想政治」課程，除了教授生活中應有的品德之外，更強調的是對學生進行意識形態的教育，進而陪養學生愛國、愛黨、愛社會主義，其他課程，也會出現對共產黨的歌頌、對解放軍英勇事蹟的描述等，大陸教育政治性太強，往往也是台生無法適應的原因之一。

三、義務教育的特色與問題

（一）使用簡體字與漢語拼音

　　大陸的基礎教育全面使用漢語拼音，是一種以拉丁字母作為漢字標音的方式，和台灣的注音符號是不同的，同時，課本使用的是簡體字，有些用語也和台灣不一樣。

（二）少年先鋒隊

　　大陸小學的學生，幾乎都是「中國少年先鋒隊」的成員。他們上學時，都會配戴紅領巾，這紅領巾代表的是「紅旗的一角」、「是革命先烈的鮮血染成」，在他們加入「中國少年先鋒隊」時，由學校頒發的，象徵光榮的加入「中國少年先鋒隊」。

　　「中國少年先鋒隊」簡稱「少先隊」，有點類似台灣小學的童子軍，但是少先隊非常重視和強調意識型態和政治陶冶，目的是要培養共產主義的接班人，兩者的宗旨有著很大的不同。

　　這些少先隊小學畢業後，進入中學，就變成加入「共產主義青年團」，簡稱「共青團」，到了大學之後，就可以加入「共產黨」，成為共產黨黨員。

（三）神童早培班

　　大陸時興「超常兒童班」，很多中學都開設「早培班」，其中以北京人大附中「早培班」及北京八中的「少兒班」最具盛名。主要招收智力超常的小學 5

到 6 年級學生，透過學校專設的課程，在 5 年或更短時間，讓這些孩子完成高中以前的學業，直接報考大學，又被稱為神童教育。不過，因為競爭激烈，北京市教育委員會在 2016 年責令學校停止招生，讓孩子回歸正常求學管道。

（四）課業壓力重

「減負」（減輕學生負擔）在大陸的教育改革過程中，一直是長期被關注的問題，1998 年國家教委發布「關於推進素質教育，調整學校教學 內容，加強教學過程管理的意見」，透過調整中小學課程、教學及評量方式，進一步推動素質教育的實施，試圖減輕小學生過重的課業負擔。不過，實際情形是，大陸學童每天得上晚自習、加上寫不完的練習本，睡眠不足、課業壓力從來沒減輕過，究其原因如下：

1. 大陸在 2016 年前實行一胎化政策，家中只有一個獨生子女，家長對孩子的期望相當高，從「幼兒園、小學、初中、高中到大學」，都希望孩子能夠進入重點學校，在人口眾多的情況下，競爭壓力是台灣好幾倍。

2. 大陸教育體系仍舊以考試為主，升學壓力下，學生學習壓力自然無法減輕，加上學校過於重視升學率和考試成績，結果是學生為了考試而學習，教師則是為了考試而教，學習變成很不快樂的事情。

3. 大陸許多重點中小學為了維持學校的領先地位，都以班級的平均成績來決定老師的年終獎金，所以老師對學生的課業絲毫不敢怠慢，對學生的分數更是錙銖必較。

4. 大陸一些地方和縣市政治人物一說到辦人們滿意的教育，就看升學率，一說到評價和考核，還是看升學率，把教育事業等同於經濟發展，也是大陸素質教育推展了這麼多年，學生學習壓力不減反增的原因。

（五）教育產業化

根據中華人民共和國教育部的規定，中小學作為義務教育階段的學校，不能有重點學校和非重點學校，實際情形是，大陸教育資源分配不均，導致學校之間早已存在優劣差異，大陸家長又都認為，只有上好的小學、中學、才能上好的大學、未來才能找到好工作，因此，大陸出現許多特殊的入學管道，以滿

足家長送孩子進入為數不多的優質中小學的需要，這種教育產業化的結果也造成教育機會的不平等。茲將這些特殊入學管道說明如下：

1. 共建生

　　所謂共建生，是指一些強勢的政府機關和企事業單位，為了滿足員工子女入學，通過單位贊助錢或物的方式，與知名中小學建立共建關係，從而獲得學校每年一定的入學名額，實現雙方共贏。共建的雙方的確共贏了，但卻有許多學童因為他們的共建而痛失上好學校的資格，剝奪許多學童平等接受教育的權利。近 20 年來，北京共建有越演越烈之勢，參與共建的學校都是北京最好的中小學，諸如北京實驗二小、中關村三小、人大附中、四中、二中等，因此，北京已在 2014 年全面取消共建生，但全大陸尚未全面取消共建生模式。

2. 花大錢購買學區房

　　大陸的父母，為了不讓子女輸在起跑線上，在孩子將要入學前，選擇花大錢購買學區房，讓孩子在新學年入學時，可以如願進入一所優質的小學就讀，也因此造成學區房價的飆漲。

3. 贊助費

　　由於學生考試成績不理想，無法在滿意的學校學習，因此家長藉由繳交贊助費或寄讀費給優質學校，取得就讀機會。擇校通常集中在教育發達的地區，如南京、上海、北京等城市，每個學校收取的費用各不相同，有些知名學校，費用高到令人吃驚，例如北京部分四環附近邊上的小學，贊助費高達 40 萬人民幣。

（六）城鎮化後的中小學大班額問題

　　大陸教育部規定，城市學校國中每班不超過 50 人、國小每班不超過 45 人；56 人到 65 人是「大班額」，超過 66 人以上是「超大班額」。但是，近幾年，大陸快速的城鎮化，農村在「撤點併校」政策之下，中小學校逐漸消失，家長只好想方設法、不惜任何代價，讓孩子擠進城區稍有名氣的中小學，因此出現一個班級 70、80 人、上百人的「大班額」、「超大班額」的問題。其中，教育資源一向稀缺的山東、河南，「大班額」特別嚴重。

大班額現象，不但增加教師教學的負擔，同時學生也無法享有正常教學資源。例如山東規定國中每 900 人至少應有一套理化生物綜合實驗室，但有學校全校近 8000 名學生，只有 2 套實驗室；運動空間不足，體育課 3、5 個班共用一個場地；對學生心理健康也有不良影響。

此外，學校向鄉鎮、縣城集中後，村里孩子上學的交通費、食宿費、生活費等明顯增加，經濟條件不佳的農村學童，甚至輟學，變相剝奪大陸農村兒童的受教權。

（七）教師分級制

大陸中小學教師是採取分級制，分為高級、中級、初級。初級教師一般是大學本科生，畢業一年就可以成為初級教師。初級到中級要經過 5 年時間，這 5 年當中必須撰寫論文、有公開上課與 4 年的代班經驗，並且要通過專業科目的筆試，才可以升到中級教師，再經過 5 年，類似初級升中級的考核，升到高級教師。

此外，還有「特級教師」、「骨幹教師」、「學科帶頭人」等職稱。「特級教師」並不是大陸中小學教師分級制度的一環，是一種榮譽職銜，通常是經過評選的優秀教師。「骨幹教師」、「學科帶頭人」是一種專業上的認可，並非終身職，有一個評審的過程。教師在生涯發展上，可以朝教師升級或骨幹教師、學科帶頭人這兩條路同時發展。

（八）流動人口的教育問題

中國大陸城鄉二元制的戶籍制度，使得義務教育在城市和農村的實行情況也有很大區別。原本從事農業的農民進入城市，成為產業工人，往往他們的子女也隨著他們離鄉背井到了他們工作的地方，因為戶籍問題或交不起昂貴的借讀費，在城裡上不了學是常態。

另外，流動人口的流動性，造成居無定所，常常導致農民工子女無法在一個地方完整的接受教育，流入地的地方政府又對農民工子女的教育問題不重視，無法為他們創造一個良好的就學條件，農民工子女輟學的情況也相當嚴重。

（九）從「一費制」到「兩免一補」

　　儘管中華人民共和國憲法、教育法都明文規定，義務教育是民眾權利與義務，國家應對接受義務教育的學生免收學費，但實際情況是，大陸未能完全履行該項義務，中小學生還需繳納書本費、雜費等，而有些初中教育也不是完全免費，這些費用對於低收入的農村居民來說負擔很大，造成少部分農村學生在小學畢業之後被迫停止教育，轉而務農或進城打工，追究其原因，乃是地方政府缺乏稅收支持，加上上級政府財政撥款沒到位，使得大陸義務教育亂收費現象嚴重。

　　為了防止學校亂收費，增加學生家長經濟負擔，大陸在 2004 年全面實施中小學義務教育「一費制」收費辦法，嚴格核定雜費、課本和作業本的費用，確定一個收費總額，一次性向學生收取。

　　2007 年開始，免收大陸所有農村地區義務教育學雜費，隔年免除城市義務教育學雜費，2015 年國務院決定增加人民幣 150 多億元，從 2017 年春季學期開始，對城鄉義務教育學生（含民辦學校學生），實現「兩免一補」，也就是免除學雜費、免費提供教科書、補助家庭經濟困難寄宿生生活費，進一步保障學生平等的受教權。

四、結語

　　中國大陸義務教育實行至今已經 30 年了，雖然這幾年，將高中納入義務教育的呼聲不斷，不過，根據中共最新的《十三五規劃》，大陸未來 5 年暫不會實施十二年義務教育。學生初中畢業後必須參加「中考」，中考成績會決定學生進入什麼樣的高中，而高中辦學的質量將會進一步影響高考成績及未來就讀的大學。所以大陸的家長和老師都把中考視為學生人生中僅次於高考的重要考試。

　　此外，初中畢業後，也可以選擇進入中等職業學校就讀，中等職業學校又分為中等專門學校、技術勞動學校、職業中學，畢業後可以直接就業或參加高等職業學校考試。由於高中之後的大學教育學習費用較高，大部分貧困家庭會選擇讓孩子上職業學校，提早結束學業，投入工作，有獨立的經濟能力。

◎ 第三節　中國大陸高等教育的現況

▌一、前言

　　1978 年，大陸開始重建高等教育。重建之後的大學屬於國家或地方政府的事業單位，學校實施黨委領導下的校長負責制，大學生不但免繳學費，還可以領助學金，畢業時，工作由中央和地方統一分配。但隨著大陸的經濟發展，此等中央集權，菁英導向的高等教育發展模式，無法配合國家發展，故 1985 年，大陸頒布《中共關於教育體制改革決定》，將教育部提升到國家教育委員會（直到 1998 年才改回「教育部」），以培育應用型人才和理論型人才為目標，進行高等教育的改革。

▌二、高等教育學制

　　大陸高等教育分為普通高等教育和成人高等教育。成人高等教育是大陸地區對在職的成年人實施的高等專業（含職業和技術）教育，是成人教育中的最高層次。學校類型有：廣播電視大學、管理幹部學院、成人教育學院、職工大學、獨立設置的函授學院、全日制高等院校附設的函授部等。教學方式有面授、函授、廣播電視、錄音、錄像、自學等多種。

　　普通高等教育又可分為專科教育、本科教育和研究生教育。專科教育相當於台灣的技術學院或科技大學，大陸部分大學同時設有本科部、專科部，也有單獨設立「高等專科學校」。專科生畢業僅有畢業證書，沒有學士學位。但專科生取得專科畢業資格時，可以參加「專升本」（專科升本科）考試，通過後，完成兩年本科教育，也可以取得學士學位。

　　過去大陸專升本的難度極高，但近年來大陸教育主管機關陸續開放 211 工程及 985 工程等一流名校招收「專升本」學生，提升專升本的錄取機會。因此台灣藉由招收大陸專科生來台就讀二技，解決因為少子化的學校招生問題，恐怕效果不大。

　　本科教育相當於台灣的大學，大陸的本科生，就是台灣的「大學生」，一般就讀 4 年，有些工程、醫學的部分專業要求本科生就讀 5 年甚至更久，畢業後可以取得「學士學位」。另外，還有本科直升碩士的「本碩連讀」學制、本科直升碩士再直升博士的「本碩博連讀」學制、以及本科直升博士的「直博」學制等。

　　研究生教育就是台灣的研究所，有碩士研究生和博士研究生。大陸將碩士生稱為研究生，將博士畢業生稱為博士分別經過 3 年的碩博士學習和論文答辯，即可獲得碩博士學位。

三、高等教育的特色與問題

（一）高考制度

　　大陸高考，全名是「普通高等學校招生全國統一考試」，是大陸重要的全國性考試之一。雖然名義上是全國統一考試，但是北京、上海、天津等部分地區自 2001 年起全面或部分採用自主命題的試卷。至於考試科目，大部分地區必考科目有語文、數學、外語，至於選考的部分，每個地區略有不同，基本上分為文科綜合（政治、歷史、地理）、或理科綜合（生物、化學、物理），少數地區的考生選考單科或其他組合。

　　2014 年，中共教育部正式發布《關於深化考試招生制度改革的實施意見》，將高考考試制度改為「3+3」制，語文、數學、外語仍是共同考試科目，取消了文理分科考試制度，考生可以在 6 或 7 門的高中平時考試成績中，自選 3 門，計入高考成績。上海、浙江首先開始進行高考改革方案，截至 2016 年，包含北京、廣東、江蘇、湖南等 16 的省市，相繼進行高考改革，2020 年在全大陸推行，形成「中國特色招生考試體系」。

　　此外，目前大陸學生填志願是以學校為單位，學校在決定那些科系錄取那些學生，過程並不透明，因此，山東、浙江、西藏，將原來「學校+科系」改為「科系+學校」，加強學生的選擇權。

（二）大陸大學種類與錄取方式

　　大陸大學分為「一本大學」、「二本大學」、「三本大學」。「一本大學」有大陸教育部直屬大學、211 工程院校、部省共建的重點大學等；「二本大學」多數是普通的綜合性大學；「三本大學」多數是一些大學自主自辦的二級學院，而且不管是私立大學、普通大學或是重點大學，都可能自辦三本大學，並在名稱上自行做區隔，例如：合肥安徽大學屬於一本，該校的三本叫安徽大學江淮學院；安徽醫科大學屬於二本，該校的三本叫安徽醫科大學臨床學院。

　　一本大學和二本大學的學費差不多，根據各個學校略有差異，越是好的大學收費反而越低。三本大學屬於高價生，每年要多交約 1 萬元。錄取分數，一本大學最高，再來是二本大學，最後是三本大學。

　　大陸大學在錄取考生時，是分批進行，其順序依次是，第一批次本科、第二批次本科、第三批次本科、第四批次專科。有些省分人多，連專科也要分兩、三批次分發。通常第一批次是一本院校先挑學生、第二批次才輪到二本院校、最後是三本院校和專科。此等錄取方式，長期遭到詬病，因此 2016 年北京、遼寧、江西及海南等地將首推一本及二本合併錄取，河北則是合併二本、三本錄取批次。

　　每個批次由各省自行劃定一條分數線，到達某批次分數線才有資格填報該批次志願。所以有人又把批次分數線稱「生死線」。這條分數線是由全省填報該校第一志願的考生數量以及他們的分數決定的。有些搶手的二本學校，分數線甚至可以上一本大學　，這就像台灣常有考生「捨棄普通大學、選讀科技大學」一樣；而同一所學校在不同省市錄取的分數線也不同；反過來說，不同學校在同一省市錄取的分數線也不同。

（三）黨國體制的教育特色

　　目前大陸所有院校均設有中國共產黨的組織，高等院校都設有政治輔導員一職，絕大部分的政治輔導員由思想政治教育專業出身的老師擔任，負責指導學生思想政治教育工作。學校的一切學生社團必須在學校團委註冊成立，接受學校團委的領導和指導，而學校團委接受學校黨委的領導和指揮。

（四）學位制度與學歷證書電子化

大陸是在 1981 年實行學位制度，分為學士、碩士、博士三種。完成每個階段的學業，應該拿到兩張證書，一張是畢業證書，一張是學位證書。兩張證書同等重要，但如果從學習收穫來看，學歷代表著學習的經歷，僅僅證明一個人學習的時間和過程，但學位卻是代表著學習水準和層次、以及對這個人所學知識達到一定水準的認可，故學位的價值可能要超過學歷。

2001 年起開始大陸對高等教育學歷證書實行電子註冊制度。只要在大陸教育部的高等教育學生信息網上，通過姓名、畢業證編號就能查到畢業證信息，證明其學歷。

（五）取消公費、包分配，高等教育市場化

1977 年大陸恢復高考（全國大學統一招生考試）後，高等學校繼續採取過往的「公費」制度。大學生不但免繳學費，還可以領助學金，畢業時，工作由中央和地方統一分配。不過，隨著國家財政負擔加大，大陸開始招收「定向生」、「委託代培生」（通稱「委培生」）、以及自費生，改變過往公費、包分配的做法。

所謂的「定向生」從 1983 年開始試辦，即從各省、市、地區國家原定計畫招收的學生總額中抽出部分名額，適當降低分數，招收一部分志願去指定的地區和行業工作的大學新生，定向生的學雜等費用由需求的單位或地方政府提供，學習成績優秀的定向生，經定向地區和部門有關單位同意，可以報考研究生，畢業後仍回定向地區或部門就業。

「委託代培生」從 1984 年開始，即由用人單位委託高等院校培養的學生，一律採用合同制。所招收的學生不包含在各校原定招收人數之內。本科委託生可以報考研究生。

進入 90 年代後，大陸高等學校更往自費上學、自謀就業的制度發展。1997年大陸將自費、委陪、公費三類高考招生辦法合而為一，成為自費招生，結束長達半世紀之久的公費生制度，同時也廢止畢業生就業分配制度，大陸高等教育至此告別國家計畫招生時代，進入教育市場化。到現在，大陸大學不但自費，而且學費年年調漲，許多貧困學生的壓力相當大，同時，畢業後，不再分配就業，大學生畢業後就失業、在家待業的情況比比皆是。

（六）擴大招生，文憑貶值影響就業

　　大陸高等教育 1999 年擴大招生之後，民辦大學與地方大學高速發展、二級學院與國際合作辦學，大學增多的情況下，學生都能接受高等教育，造成學歷貶值，就業困難問題。大學生畢業後找不倒工作，選擇繼續升學，把研究所當成避風港，形成一股「考研熱」。根據大陸教育部統計，考研人數在 2013 年達到頂峰，吸引將近 180 萬人報考。眾多研究生畢業後，同樣碰到高學歷、高失業率的問題，甚至大陸一些經濟發達地區，出現研究生就業率不如本科生和專科生的現象，研究生應聘當城管、賣豬肉、種番薯等情形也所在多有。

（七）研究生量產，博士工廠出現

　　2003 年大陸研究生擴招的結果是大陸博士生產製速度驚人。2000 年僅畢業 1.1 萬人，到 2009 年已有 4.9 萬人，翻升近 5 倍；招生人數 2000 年僅 2.5 萬人，2009 年已有 6.2 萬人，翻升近 2.5 倍。其中，2009 年大陸博士學位授予數 4.7 萬人、在學博士生 24.6 萬人，兩者皆超越美國，使得大陸成為不折不扣的「博士工廠」。即便到了 2010 年，大陸仍未停止研究生招生數目，碩士研究生擴招 5%、博士生擴招 2.5%。

　　博士生擴招之後，最直接衝擊就是師資來不及擴增，師生比嚴重失衡，進而造成學術品質低落，博士生水準降低。因此，大陸在 2016 年撤銷 42 個大學的 50 個碩博士班，其中不少是 985 或 211 工程大學。

（八）繼續招收台灣學生

　　大陸高等學校招收台灣學生一直是重點工作，在政治上，可以達到中共對台統戰的目的，在教育功能上，可以讓兩岸學生互相學習，因此，中共提供許多優惠政策，多元的入學管道方便台生到大陸就讀。目前台生到大陸高校就讀可以透過港澳台聯招、大陸高考、大陸個別學校單獨招生、學測成績免試錄取、以及大學學歷申請試讀生等，儘管 2016 年中華民國再次政黨輪替，增加兩岸關係發展的不確定性，但大陸的高等教育仍然會像台灣青年學子招生，以達其統戰的目的。

（九）全球留學生輸出國到留學生輸入國

大陸從 1979 年派遣留學生到歐美學習後，隨著留學政策的鬆綁，留學人數不斷增加，每年有 20 萬名學生出國留學，多年來一直是全球最大的國際學生輸出國，各國也紛紛搶進大陸招收陸生，包括中華民國都在 2011 年陸續承認大陸大學學歷，進行陸生的招生工作，但是隨著大陸的崛起，高等教育的國際化，許多亞洲學生不再將美國作為留學的首選，轉而到大陸接受高等教育，形成了中國留學熱，這股中國留學熱也吹到的歐美，吸引眾多歐美學生到大陸留學。

（十）繼續推動世界一流大學，向外成立「孔子學院」

中共中央發布的《十三五規劃中》，未來 5 年繼續提升大陸大學素質，達到或接近世界一流，換言之，大陸將繼續推動「985 工程」及「211 工程」，建立一批能與世界一流大學相媲美的高等學校。

此外，隨著大陸國力的提升，大陸也開始輸出漢文化，目的是增進世界人民對中國語言和文化的瞭解，發展中國與外國的友好關係。因此，從 2004 年開始陸續在全球 130 多個國家和地區成立 500 多所孔子學院，孔子學院以非學歷教育為主，不是一般意義上的大學，主要是向社會各界人士開展漢語教學和傳播中華文化活動。唯 2009 以來孔子學院已遭到部分人士的反對或抵制，部分大學甚至關閉了其孔子學院。

四、結語

大陸高等教育歷經擴 30 多年的發展，已取得一定的成果，但在改革過程中教育資分配不均的問題依舊存在。依據大陸教育部公布 2016 年度各大學經費預算觀之，北京清華大學、北京大學、上海交通大學及浙江大學等 4 所大陸龍頭學校，編列的年度預算都超過百億元人民幣，但是大陸仍有過半數的教育部直屬大學，年度預算不滿 20 億元人民幣，故大學之間還是存在嚴重的「貧富差距」。

此外，隨著大陸適齡學生人口減少，不少省市報名高考的學生人數逐年下滑，大陸大學也出現招生問題，此等問題都值得後續關注。

參考書目 References

1. 吳榮鎮，**大陸教育行政與組織文化**，台北：行政院大陸委員會，1993 年。

2. 杜作潤、熊慶年，**中華人民共和國教育制度**，香港：三聯書局，1999 年。

3. 王英杰、曲恒昌、李家永(1999)。**亞洲發展中國家的義務教育**。北京市：人民教育出版社。

4. 王洪蘭(2009)。**毛澤東的教育思想**。載於李太平主編普及與提高－中國初等教育六十年。杭州：浙江大學出版社。

5. 李曉燕(2007)。**依法治校：義務教育新規範**。載於陳安麗、佐斌主編走進義務教育新時 代。武漢：華中師範大學出版社。

6. 朱榮彬、陳正騰著，**中國留學 ABC**，台北：時英出版社，2003 年

7. 周祝瑛，**留學大陸 Must Know**，台北：正中書局，2002 年。

8. 林福仙，**中國大陸普通高等教育成人高等教育之研究**，台北：五南，1993 年。

9. 范利民，**中共高等教育體制之取向**，台北：桂冠，1996。

10. 楊景堯，**中國大陸教育改革與實際問題**，台北：高等教育文化出版，2003 年。

11. 劉勝驥，**台灣學生在中國**，高雄：高雄復文，2002。

12. 顏慶祥，**中國大陸教育研究－政策與制度**，台北：五南，2004。

PERSPECTIVES OF MAINLAND CHINA

★ ★ ★ ★ ★

CH **8**　編著者　桂宏誠

中國大陸具黨國體制特色的公務員制度

▶ 「幹部」的涵義及與「公務員」的關係

▶ 公務員制度建立的緣由與歷程

▶ 公務員的範圍及參照管理的對象

▶ 黨管幹部原則的內涵與落實的方法

▶ 公務員主管機關為中共中央組織部

前言
FORWORD
中國大陸於 2006 年 1 月 1 日起開始實施全國人民代表大會常務委員會制定的《中華人民共和國公務員法》（以下簡稱《公務員法》），該法之實施既藉以表彰貫徹中共「依法治國」的治國方略，同時也是中共多年來進行「幹部人事制度」改革的重要成就。然而，對台灣的研究者來說，認識大陸的公務員制度時，不能立即以對台灣或其他國家公務員制度的認識來看待或比較，因為其稱之為「公務員」的範圍，並不僅限於在政府部門中任職者。

大陸的公務員制度係從其現有的「幹部人事制度」進行「分類管理」而來，形式上似乎另外建構了公務員體系；但事實上，「公務員」仍然屬於中共的「幹部」隊伍之一部分。為了突顯大陸公務員制度的「中國特色」所在，本文從以下幾項主要課題著手：第一，分析兩岸使用「幹部」一詞具有不同的涵義，並闡明大陸所稱「幹部」之指涉，其實係指所有擔任「公職」者；第二，為了進一步說明大陸公務員係從哪一類「幹部」中分解而來，概要介紹中共「幹部人事管理體制」中對於「幹部」的分類，並對照中共將哪些幹部納入公務員的範圍，進而指出「公務員」基本等同於「黨政幹部」。第三，強調《公務員法》第四條明定公務員制度應「堅持黨管幹部原則」的規定，使得擔任領導職務公務員的任免決定權，仍由中共各級黨委採「下管一級」的原則，並依據各級黨委管理的「幹部職務名稱表」來管理。第四，鑑於台灣若干研究文獻對大陸公務員主管機關的介紹有所誤解，本文對此亦另作了說明與釐清。

總之，本文認為由於中共黨國一體的政治體制若未改變，從現有的幹部人事制度改革所建立的公務員制度，註定在實質上僅是將一部分「幹部」的名稱改為「公務員」而已。易言之，即使大陸目前已實施了《公務員法》，但因該法「空白授權」中共擁有管理公務員的一切權限，使得從「幹部」改為「公務員」僅具有名詞改變的意義。

◎ 第一節　大陸的「幹部」涵義及其人事制度變遷

《公務員法》第四條明定:「公務員制度……貫徹中國共產黨的幹部路線和方針,堅持黨管幹部原則」,但在該法中並未對「幹部」及「黨管幹部」做出法律之定義。對大陸使用「幹部」一詞涵義的瞭解,須從大陸建立公務員制度有關的發展中來探究,因為大陸的公務員制度是幹部人事制度演變而來。同時,台灣也經常使用「幹部」一詞,但台灣使用該詞所表達的涵義是否與大陸相同?此為首先應釐清的課題。

台灣無論在公務部門或私人企業公司中所稱的「幹部」,通常是指擔任主管或領導職務者;即使在大學學生社團活動組織裡,「幹部」亦係指擔任社長、副社長及其他社團事務分工的負責人等。相對來說,在兩岸間尚處於敵對的時代,我們稱呼中共黨、政等「官方」人士為「匪幹」,其實是「共匪的幹部」之簡稱,故「幹部」在語境上應係指除一般老百姓外的「官員」。事實上,若以擔任領導或主管職務者來理解大陸所稱的「幹部」,則窄化了大陸所稱「幹部」之涵義,而這也是台灣研究者容易忽略之處。

大陸學者一般認為「幹部」一詞起源於拉丁文 Cadu,有「骨幹」的意思,後經俄語、日語傳入中國。中共中央組織部對「幹部」所下的定義為:「幹部是一個外來名詞。在中國,通常指在黨和國家機關、國有企事業單位、人民團體和軍隊中擔任公職或從事公務活動的人員」,根據此一定義,用台灣較易理解的詞彙來說,基本上凡是擔任公職者均可稱為「幹部」。只不過,在大陸黨國體制下所謂的「公職」,其範圍遠較台灣為廣泛。

中國共產黨首次使用「幹部」一詞,是在 1922 年 7 月第二屆全國代表大會制定的黨章中,而其在黨章中使用「幹部」一詞的涵義,則應屬擔任「領導」或「主管」職務者,但隨著中共勢力擴張乃至於建政後,「幹部」一詞的涵義便擴大為在中共整個政權體制中任職的人員。中共為了管理政權體制中的幹部,逐步建立了幹部人事管理體制,且「在傳統體制下,幹部管理是與工人管理相對而言的」,此亦說明了大陸所稱之「幹部」,並非僅指擔任主管或領導職務者。因此,薄熙來擔任的重慶市市委書記和王立軍擔任的重慶市副市長兼公安

局長，儘管分屬黨職和政府職，但皆仍屬於「幹部」，而且是相對於「非領導幹部」的「領導幹部」。

　　中國大陸除了軍人另有一套人事制度外，其他從事公職的幹部可分成「黨政幹部」、「國有企業幹部」和「事業單位幹部」三大類，而此一分類係基於2000 年 6 月中共中央辦公廳印發的「深化幹部人事制度改革綱要」中，並列了「黨政幹部制度改革」、「國有企業幹部人事制度改革」及「事業單位人事制度改革」三大改革項目。此外，另有非具中共黨員身分的「黨外幹部」，這類幹部仍屬於前述「從事公職人員」的範圍，並屬於「黨政幹部」的一部分，而其稱為「黨外幹部」只是強調非具有中共黨員身分而已；換言之，「黨外幹部」仍屬「黨和國家整個幹部隊伍的重要組成部分」。「黨外幹部」反映了中國大陸由中國共產黨領導的合作和政治協商制度之政治體制的特色，因而民主黨派機關成員及若干參與政治體制運作的無黨派代表人士，其雖不具中共黨員身分，但仍屬中共和國家建構整個幹部隊伍中的一分子。

　　同時，除了須留意「工會」、「共青團」及「婦女聯合會」等人民和群眾團體幹部亦歸於「黨政幹部」外，由於在「黨政幹部制度改革」項目之下列有「進一步完善國家公務員制度及法官、檢察官制度」的改革目標，也說明了後來建立之公務員制度中的「公務員」，即原為「黨政幹部」中的一部分。並且，在中國大陸具有特殊性的政治體制下，「幹部」既可以理解為擔任「公職」者，也可說是皆隸屬於中國共產黨管轄下的「幹部」。然而，既然所有的「幹部」均歸於中國共產黨管理，何以又另有建立公務員制度的需要？且公務員和「幹部」又有何關聯呢？此為需要進一步釐清的問題。

　　簡要來說，中共在革命時期對於參與革命的「幹部」，除軍人系統單獨管理外，其他所有幹部均由中央及各級黨委組織部門，適用同一套人事制度來管理，而被稱為「一攬子」式的幹部管理體制與方式。中共建政以後，幹部的範圍擴及了政府、企業和事業機構任職的人員，於是在 1953 年 11 月中共中央發出「關於加強幹部管理工作的決定」的規定中，採取了「分級分部」的管理體制，將「幹部」劃分為九類，並由中央及各級黨委的各部門分別管理。在十年文革期間，原已建立的制度盡遭破壞，幹部人事管理制度自不例外。文革後雖逐步恢復幹部人事管理制度，但隨著須容納大批受冤錯假案獲得平反而恢復原職的幹部，也導致原已建立之傳統幹部管理制度必須進行改革。

　　從 1980 年代初開始，首先是鄧小平提出幹部「革命化」、「年輕化」、「知識化」和「專業化」的「四化」改革目標。其後，1987 年總書記趙紫陽在中共十三大的報告中，進一步提出了幹部人事制度應進行「分類管理」的政策改革方向，並具體指出「幹部人事制度改革的重點，是建立國家公務員制度」。同時，十三大報告中亦指出，幹部人事管理制度在改革開放後需要改革的主要理由，係因為已顯現出：「『國家幹部』這個概念過於籠統，缺乏科學分類；管理許可權過分集中，管人與管事脫節；管理方式陳舊單一，阻礙人才成長；管理制度不健全，用人缺乏法治」的弊端與缺失，因而長期面臨「年輕優秀的人才難以脫穎而出」及「用人問題上的不正之風難以避免」的兩大問題。

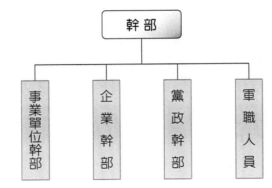

目前中共對「幹部」的基本分類。資料來源：作者自繪

◎ 第二節　公務員的範圍與參照管理的對象

　　中國大陸歷經了 1993 年實施國務院頒布的「國家公務員暫行條例」的「國家公務員」制度後，2006 年 1 月開始實施現行的《公務員法》，其目的即在於改革幹部人事制度之弊端與缺失，也是基於對原有幹部人事制度進行「分類管理」的重要作法。然而，「公務員制度」既是原有的幹部人事制度基於「分類管理」而來，那麼哪些類別的幹部被歸為適用《公務員法》的對象？亦即哪些類別的「幹部」被劃歸為「公務員」？

　　《公務員法》第二條規定：「本法所稱公務員，是指依法履行公職、納入國家行政編制、由國家財政負擔工資福利的工作人員」，亦即要同時符合條文所定三項要件者，始為《公務員法》所規範的「公務員」。然而，若從條文中所定的「公職」、「國家行政編制」及「由國家財政負擔工資福利」的三項要件來看，台灣的研究者仍不易瞭解大陸的「公務員」所指涉的範圍和特徵。事實上，「公務員」的範圍係規定在 2006 年 4 月中共中央和國務院共同印發的「中華人民共和國公務員法實施方案」中，其具體的範圍含括下列七大類機關中的工作人員：

1. 中國共產黨各級機關的工作人員

　　包括：(1)中央和地方各級黨委、紀律檢查委員會的領導人員；(2)中央和地方各級黨委工作部門、辦事機構和派出機構的工作人員；(3)中央和地方各級紀律檢查委員會機關和派出機構的工作人員；(4)街道、鄉、鎮黨委機關的工作人員。此外，中國共產黨的各級代表大會代表、委員會委員和紀律檢查委員會委員，則不列入公務員範圍。

2. 各級人民代表大會及其常務委員會機關的工作人員

　　包括：(1)縣級以上各級人民代表大會常務委員會領導人員，鄉、鎮人民代表大會主席、副主席；(2)縣級以上各級人民代表大會常務委員會工作機構和辦事機構的工作人員；(3)各級人民代表大會專門委員會辦事機構的工作人員。除上述人員外，各級人民代表大會代表、常務委員會組成人員、專門委員會成員，均不列入公務員範圍。

3. 各級行政機關的工作人員

　　包括：(1)各級人民政府的領導人員；(2)縣級以上各級人民政府工作部門和派出機構的工作人員；(3)鄉鎮人民政府機關的工作人員。

4. 中國人民政治協商會議各級委員會機關的工作人員

　　除了中國人民政治協商會議各級委員會常務委員和委員外，包括：(1)中國人民政治協商會議各級委員會的領導人員；(2)中國人民政治協商會議各級委員會工作機構的工作人員。

5. 審判機關的工作人員

包括最高人民法院及地方各級人民法院的法官、審判輔助人員和行政管理人員。

6. 檢察機關的工作人員

包括：(1)最高人民檢察院和地方各級人民檢察院的檢察官、檢察輔助人員；(2)最高人民檢察院和地方各級人民檢察院的司法行政人員。

7. 各民主黨派和工商聯的各級機關的工作人員

民主黨派機關是指「中國國民黨革命委員會」、「中國民主同盟」、「中國民主建國會」、「中國民主促進會」、「中國農工民主黨」、「中國致公黨」、「九三學社」及「台灣民主自治同盟」八個民主黨派；而在這八個民主黨派機關中屬於公務員者，包括中央和地方各級委員會的領導人員，以及其工作機構的工作人員。其次，中華全國工商業聯合會和地方各級工商聯的領導人員及工作機構的工作人員，均列入公務員範圍。至於不列入公務員範圍者，包括各民主黨派中央和地方各級委員會委員、常委和專門委員會成員，以及中華全國工商業聯合會和地方工商聯執行委員、常務委員會成員和專門委員會成員。

在 1993 年實施的「國家公務員暫行條例」第三條規定中，對「國家公務員」定義為「各級國家行政機關中除工勤人員以外的工作人員」；亦即，僅限於行政體系機關中除了類似台灣「工友」之外的工作人員，皆屬於「幹部」之中被區分出來的「國家公務員」。相對來說，現行《公務員法》含括公務員的範圍較「國家公務員」更為廣泛，尤其將中國共產黨機關及民主黨派機關的工作人員亦納入，益加突顯了其公務員體制構成的獨特性。

此外，就立法技術而言，公務員的範圍得以兼採概括職務性質及列舉適用機關的方式做出規定，當是最為符合法律明確性的標準，但何以《公務員法》捨棄了列舉方式，而僅做出了概括性的規定呢？其理由恰是為了隱諱中國大陸公務員制度中具有「中國特色」之處，亦即「公務員」並非僅指在政府部門裡工作的「公職」人員。也因此，在《公務員法》研擬過程中的草案，原本係依據明確性原則而採取列舉七類機關工作人員的立法方式，但因相關部門和若干

法律專家認為，不宜在法律條文中直接對黨的機關做出規定，於是對「公務員」的範圍改採取概括性的定義。

　　事實上，在實施「國家公務員暫行條例」時期，中國共產黨機關、民主黨派中央機關、全國工商聯機關及中國人民政治協商會議全國委員會等機關，以及工會、共青團及婦女聯合會等群眾及人民團體機關，已是列入參照試行「國家公務員暫行條例」的對象。在實施《公務員法》後，「工青婦」等群眾及人民團體機關雖未納入公務員的範圍，2006 年 8 月 22 日中共中央組織部和人事部即共同印發了「工會、共青團、婦聯等人民團體和群眾團體機關參照《中華人民共和國公務員法》管理的意見」的法規，明確規定中華全國總工會等 21 個人民團體和群眾團體機關中，除工勤人員以外的工作人員均列為「參照」《公務員法》管理的對象。大陸法律術語上使用「參照」一詞的意義，類似台灣法律中的「準用」，因而人民團體及群眾團體機關除工勤人員以外的工作人員，在身分的本質上雖非「公務員」，但實質上卻仍「準用」了《公務員法》的規定。因此，上述機關裡的工作人員，在中共的幹部人事管理體制中均屬「黨政幹部」，故而可謂公務員的範圍趨近等同於「黨政幹部」。

　　此外，《公務員法》第一○六條規定：「法律、法規授權的具有公共事務管理職能的事業單位中除工勤人員以外的工作人員，經批准參照本法進行管理」，亦即事業單位機關人員身分上雖非「公務員」，但亦得參照《公務員法》管理。依據 2005 年 4 月由大陸國家事業單位登記管理局制訂的「事業單位登記管理暫行條例實施細則」第四條規定，「事業單位」係指「國家為了社會公益目的，由國家機關舉辦或者其他組織利用國有資產舉辦的，從事教育、科研、文化、衛生、體育、新聞出版、廣播電視、社會福利、救助減災、統計調查、技術推廣與實驗、公用設施管理、物資倉儲、監測、勘探與勘察、測繪、檢驗檢測與鑒定、法律服務、資源管理事務、質量技術監督事務、經濟監督事務、知識產權事務、公證與認證、信息與諮詢、人才交流、就業服務、機關後勤服務等活動的社會服務組織」，故「事業單位幹部」雖和「黨政幹部」有所區別，但有些事業單位幹部得參照《公務員法》管理，而仍與「黨政幹部」適用相同的人事制度。

　　為什麼大陸適用及參照《公務員法》管理的各類「公職人員」範圍廣泛？其主要的理由之一，在於幹部人事制度進行「分類管理」的改革過程中，並無法擺脫「官本位」的文化，而這是因為象徵具有官員權力地位的「職務級別」，係專屬公務員的制度。因此，不僅中國共產黨機關納入公務員的範圍，即使如事業單位機關的大學校長或校務主管，亦因參照《公務員法》管理而定有諸如「廳局級正職」（正局級）或「省部級副職」（副部級）的級別。大陸公務員的職務級別概況，如表 8-1。

▶ 表 8-1　大陸公務員職務級別對應及與台灣官職對等表

職務層次				對應級別範圍
領導職務	代表性職務	與台灣對等的職務	綜合管理類非領導職務	
國家級正職	總書記、中央政治局常委、國務院總理、全國人大常委會委員長、全國政協主席	五院院長（特任）		1
國家級副職	中央政治局委員、全國人大常委會副委員長、國務院副總理、國務委員	五院副院長（特任）		4-2
省部級正職	省、自治區及直轄市黨委書記、常委會委員、省長、自治區政府主席、直轄市長、國務院各部委部長或主任	・中央部會首長（特任） ・直轄市市長		9-4
省部級副職	除上列職務的副職外，較重要者為「副省級市」的黨委書記及市長等	・中央部會副首長 ・縣市長 ・職務比照簡任第14職等政務職務或列簡任第14職等常任文官職務		10-6

▶ 表 8-1　大陸公務員職務級別對應及與台灣官職對等表（續）

職務層次			綜合管理類非領導職務	對應級別範圍
領導職務	代表性職務	與台灣對等的職務		
廳局級正職	· 國務院各部委及省、直轄市、自治區的局長或廳長等職務 · 地級市黨委書記及市長	· 中央部會司處長 · 直轄市政府一級機關首長 · 比照簡任第 12 或 13 職等政務職務，列簡任第 12 或第 13 職等常任文官職務	巡視員	13-8
廳局級副職	上述職務的副職	· 中央部會副司處長 · 縣市政府一級單位主管或一級機關首長 · 職務列簡任第 10 或第 11 職等常任文官職務	副巡視員	15-10
縣處級正職	· 地級市政府構成機構的局長、下設行政分區的區長 · 縣黨委書記和縣長	· 中央部會科長、專門委員 · 職務列薦任第 9 職等或列簡任第 10 至 11 職等常任文官職務	調研員	18-12
縣處級副職	上述職務的副職	· 中央部會專員 · 職務列薦任第 8 或第 9 職等常任文官職務	副調研員	20-14
鄉科級正職	· 鄉長 · 地級市局下屬處的處長 · 縣級市政府構成機構的局長	· 中央部會專員 · 地方政府課、股長 · 職務列第 7 或 8 職等常任文官職務	主任科員	22-16

▶ 表 8-1　大陸公務員職務級別對應及與台灣官職對等表（續）

職務層次			綜合管理類非領導職務	對應級別範圍
領導職務	代表性職務	與台灣對等的職務		
鄉科級副職	上述職務的副職	· 中央部會科員 · 職務列薦任第 6 至 7 職等常任文官職務	副主任科員	24-27
		職務列委任第 5 職等或列薦任第 6 至 7 職等之科員或課員	科員	26-18
		職稱為書記、助理員或辦事員等職務列委任第 1 到第 5 職等之間的職務	辦事員	27-19

資料來源：作者自製。

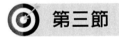

第三節　「黨管幹部」包括「黨管公務員」

　　《公務員法》第四條：「公務員制度堅持以馬克思列寧主義、毛澤東思想、鄧小平理論和『三個代表』重要思想為指導，貫徹社會主義初級階段的基本路線，貫徹中國共產黨的幹部路線和方針，堅持黨管幹部原則」之規定，過去未在「國家公務員暫行條例」中明定，但此一「堅持黨管幹部原則」被視為是《憲法》在序言中強調「中國各族人民將繼續在中國共產黨領導下」及「中國共產黨領導的多黨合作和政治協商制度將長期存在和發展」的當然結果，不需要明定亦是如此。但依本文作者之推斷，由於「國家公務員」的範圍僅限於國家行政機關之工作人員，不若目前「公務員」的範圍幾近等於「黨政幹部」，且還包括「黨外幹幹」，因而才在《公務員法》第四條特別揭示「堅持黨管幹部原則」，用以強調「黨管幹部」的「黨」僅係指「中國共產黨」，以及「公務員」仍為「幹部」隊伍中的一個分支。

　　事實上，從上開條文「貫徹中國共產黨的幹部路線和方針，堅持黨管幹部原則」的文字中，亦可瞭解公務員仍屬於中國共產黨的「幹部人事管理體制」之一部分，何況建立公務員制度的根本目的，本是基於對「幹部」進行「分類管理」而已。另外，中國共產黨自建黨、建政及實行改革開放以來，即使自詡從「一黨專政」轉型至「一黨執政、多黨合作」的政治體制，但為了貫徹及確保中國共產黨領導的地位，「黨管幹部」的原則始終不能動搖。此一情形，也突顯了大陸公務員制度不講「政治中立」的「中國特色」所在，但究其成就該一「中國特色」的根本原因，其實還是根源於中共黨國體制的特性。

　　概要來說，中共建政前之戰爭時期所講的「黨管幹部原則」，主要特徵在於前述提及的「一攬子」式幹部管理方式，亦即黨的幹部由中央及各級黨委的組織部門統一管理。中共建政後的「黨管幹部原則」，則主要表現在一定程度的授權，亦即在中央及各級黨委的組織部統一管理下的「分部分級」管理。此外，「黨管幹部原則」在中共建政前後的差異，除了管理權責上一元化領導與分部分級授權外，受到管理的「幹部」也已不再僅限於中國共產黨的幹部，還包括其他「民主黨派」機關中除工勤人員以外的工作人員，亦即「黨外幹部」。然而，無論幹部從「分部分級」發展成「分級分類」管理，乃至於建立了公務員制度，如何「分級管理」才是彰顯「黨管幹部」的關鍵。基本上，在中共「黨管幹部原則」下的大陸公務員制度，有兩個層面的特色須在研究時多加留意：

1. 基於公務員制度須「貫徹中國共產黨的幹部路線和方針」的法律規定，猶如廣泛授權中國共產黨得另外制定建構公務員制度的規範，因而研究大陸的公務員制度時，對《公務員法》文本研究的重要性，遠低於中共中央組織部單獨或與國務院共同印發的文件。例如，「公務員職務與級別管理規定」、「黨政領導幹部選拔任用工作條例」、「2010～2020 年深化幹部人事制度改革規劃綱要」及「黨政領導幹部交流工作規定」等。

2. 從公務員的任免等管理權的歸屬，來認識黨管幹部原則的具體作法。《公務員法》第四十條規定：「委任制公務員……，應當按照管理權限和規定的程序任免其職務」，此條所謂的「按照管理權限」係為何指？應先從「幹部管理權限」的意義來加以瞭解。按「幹部管理權限」係中共組織工作的術語，其意義是指「幹部管理的職權範圍。根據黨管幹部原則和中央確定的幹部管理體

制，實行分級管理、層層負責的辦法，分別由黨中央以及各地區、各部門、各單位的黨組織按照幹部管理權限對幹部進行管理。主要通過其管理的幹部職務名稱表來明確」。前文已提及，「公務員」是基於幹部分類管理的結果，但其仍是「幹部」中的一支隊伍，且其範圍約略等於「黨政幹部」。因此，「公務員」的任免基本上仍適用「幹部管理權限」的規定，而「幹部職務名稱表」係用來明確幹部管理權限的依據，尤其應該受到關注。

在中共中央組織部 2009 年 10 月出版的《中國共產黨組織工作辭典（修訂本）》一書中，對於「幹部分級管理」的說明為：「中央和各級黨委按照幹部管理權限，實行逐級分工管理幹部的制度。凡是在各級黨政機關和企業、事業單位中擔任領導職務的幹部，都應明確職務名稱表，分別由中央和各級黨委分級管理」，指出了「幹部分級管理」係藉由「幹部職務名稱表」制度來確立。由於該書係在實施《公務員法》後出版，且公務員制度亦屬幹部人事制度之一環，故本文認為「凡是在各級黨政機關和企業、事業單位中擔任領導職務的幹部，都應明確職務名稱表，分別由中央和各級黨委分級管理」的情形，亦仍適用於雖另歸為公務員範圍的黨政幹部。因此，在《公務員法》第 33、40、57……等條文中有諸如「按照管理權限」的文字，即應該與「幹部職務名稱表」制度具有密切關係。

目前透過網路的搜尋得知，中共陝西省咸陽市武功縣委在 2008 年 8 月 26 日重新修訂印發了「中共武功縣委託管理的幹部職務名稱表」及與其有關的幾項文件，規定了縣委常委會和縣委委託縣委財經領導小組、縣委組織部審批的職務範圍。該文件載明「縣委管理幹部的範圍，原則仍按下管一級掌握，縣委直接管理鄉（鎮）、部、委、辦、局及其所屬二級單位的科級領導幹部」，並明列了屬於「公務員」身分的各項應由縣委常委會審批的領導職務名稱，可確知「幹部職務名稱表」制度並未因實施了公務員制度而廢止。然而，目前從網路搜尋中，只能查詢到無法確知印發日期的「中共中央管理的幹部職務名稱表」，以及再經由和學者的研究論文比對，得知該表最近一次的修正時間可能是 1998 年。本文作者曾就目前適用的「中共中央管理的幹部職務名稱表」請教大陸學者及請其洽詢中共中央組織部，得到的回覆為《公務員法》實施後便依該法的規定，但仍說明該文件屬組織內部文件，涉及組織紀律問題不便提供等云。

　　本文認為,「公務員」中擔任領導職務者的任免權,仍應屬於中央及各級黨委的幹部管理權限內。然而,依據大陸「官方」對《公務員法》中關於任免權規定的解釋,強調若簡單地認為都是由各級黨委任免,就混淆了任免與管理的關係,也不符合中共對幹部人事管理的現狀;因為,黨管幹部的重要內容是「黨對重要幹部進行管理,包括選拔、考核、教育、監督等,有關黨內文件有明確規定。同時,黨的文件強調,國家機關幹部的任免,要嚴格按照法律規定辦理,保證國家機關依法履行人事任免職權」。儘管如此,本文仍認為上述的說法不甚精確,至多只能說明國家機關幹部的任免,「形式上」由國家機關發布人事任免命令,但在國家機關中擔任領導職務的公務員,仍係按照「幹部職務名稱表」由各級黨委實質上審批任免的決定。

◎ 第四節　公務員主管機關的釐清

　　研究或介紹各國政府人事制度或公務員體制時,職掌公務員政策及法制規劃和制定的公務員主管機關,一般來說是個重要的課題。就大陸而言,一般介紹的是「公務員管理機構」,但須留意其所謂的「機構」,則包括了台灣所講的「機關」和「單位」兩者。

　　大陸的「公務員管理機構」,若相較於台灣的政府人事管理體制來說明,包括了全國公務人員人事法制主管機關的考試院、行政院人事行政總處、直轄市政府人事處等「機關」,以及中央和地方政府各機關內部所設的人事「單位」。然而,在台灣的公務人員管理體制中,中央政府的考試院可謂是公務人員最高主管機關,具有公務人員制度方面的政策權及若干人事管理權;至於中央及各級地方政府機關對本機關公務人員之任免、考核和升遷等主要人事管理事項,基本上各機關在符合法規的範圍內擁有自主決定權。在簡介台灣公務人員主管機關職權作為參照類比後,以下先分析大陸「公務員管理機構」的意義,並進而指出何者機關為大陸的「公務員主管機關」。

　　依據《公務員法》第十條之規定:「中央公務員主管部門負責全國公務員的綜合管理工作。縣級以上地方各級公務員主管部門負責本轄區內公務員的綜合

管理工作。上級公務員主管部門指導下級公務員主管部門的公務員管理工作。各級公務員主管部門指導同級各機關的公務員管理工作」，可知「中央公務員主管部門負責全國公務員的綜合管理工作」所稱的「中央公務員主管部門」，當指至少具有相當於台灣職掌公務人員人事法制及政策的最高主管機關，亦即五權分立架構下的考試院。然而，大陸此一「中央公務員主管部門」究係指哪一機關？由於在上開條文中並未具體指明，且即使大陸學者的介紹亦不盡相同，故實有進一步加以探究的需要。

根據行政院人事行政局（現為行政院人事行政總處）編譯之《世界各國及大陸地區人事制度簡介》中的介紹，其謂大陸的人事行政機關之設置係依據《公務員法》，且「2008 年 3 迄今中央人事行政機關為人力資源和社會保障部」，意指國務院所屬的人力資源和社會保障部，即為大陸的「中央公務員主管部門」。大陸學者較為簡潔的介紹，係認為「人力資源和社會保障部下設的公務員局、縣以上地方各級公務員主管部門，均為中國公務員綜合管理機構」。大多數大陸學者做出較為詳細的解釋者，多係縱向與橫向兩個層面來說明公務員管理機構。從縱向來看可分為兩類，一類是中央政府設立的，即國務院人事部門（現國家公務員局），以及國務院各部門設立的公務員管理機構；另一類是地方政府設立的，即縣級以上各級人民政府的人事部門。從橫向來看，公務員管理機構也可分成兩類，一類是各級人民政府設立的，即各級人民政府的人事部門；另一類是各級人民政府的各個工作部門設立的執行性的公務員管理機構。根據這些說明，可知亦有大陸學者認為「國家公務員局」才是「中央公務員主管部門」。

國家公務員局雖隸屬於人力資源和社會保障部下的副部級機關，其業務職掌並受該部的監督，但由於局長係由人力資源和社會保障部部長尹蔚民兼任，且尹蔚民同時也是該部的黨組書記，因而國家公務員局相對於其上級機關來說，應具有較為自主性的權限，可視之為政府體系裡的最高人事主管機關。然而，我們再從尹蔚民身兼中共中央組織部副部長來看，此應為有利於落實「黨管幹部原則」的人事安排，由此當可推知大陸最高人事行政或公務員主管機關，應該不是國務院體系的政府部門。因此，若謂國家公務員局是「中央公務員主管部門」，實有進一步釐清與認識的需要。

　　根據大陸「官方」出版之專書介紹：「公務員主管部門是黨委組織部門和政府人事部門，按照分工共同負責公務員綜合管理工作。公務員主管部門分為中央一級、省一級、市（地）一級、縣一級。鄉一級不設公務員主管部門，有些省則有副省級的公務員主管部門」，在這段說明中，指出了「黨委組織部門」和「政府人事部門」皆是公務員主管部門。事實上，在台灣的政府部門中所稱的「人事行政」或「公務員管理」之工作，相對於大陸的情形來說，較為精確的理解方式則要包括在中共黨內運作的「組織」工作，以及在政府內部運作的「人事」工作。簡言之，大陸的人事行政或公務員管理之工作在「黨管幹部」的原則下，即使由政府部門負責的「人事」工作，權限上仍應屬於中共黨的「組織」工作之一環。

　　事實上，中共中央和國務院共同印發的「《中華人民共和國公務員法》實施方案」中，於「附件二：公務員登記實施辦法」的第七條第（一）項文字為：「各級黨委組織部門和政府人事部門作為公務員主管部門，按照職責分工負責公務員登記的審核、審批、備案工作。領導成員的公務員登記按照幹部管理許可權進行」，其實已表明各級黨委組織部門亦是「公務員主管部門」。因此，《公務員法》第十條規定「中央公務員主管部門負責全國公務員的綜合管理工作」中之「中央」的公務員主管部門，在黨管幹部原則下其實應係指「黨中央」的組織部較符合真實情形。至於在公務員綜合管理上，黨的「組織」工作和政府的「人事」工作間無論如何區分，在《公務員法》中就此完全未為著墨的情形下，政府人事工作的內涵或權限，其實都是黨從組織工作中分出與授權。基於此，《公務員法》第十條中所稱的「中央公務員主管部門」，認為其係「中共中央組織部」其實更為精確，同時也符合《公務員法》第四條明定「黨管幹部原則」之旨意。

◎ 第五節　結　論

　　「公務員」在中文世界裡所表達的涵義，包括以「公務員」一詞翻譯西方國家政治體制中的 Civil Service 時，最具有共同特徵之處便是用來指稱在政府部門中工作的人員。然而，儘管「政府」構成的型態因各國憲政體制不同而有

所差異，但並無將本應係人民自由組成之「政黨」或「人民和群眾團體」，亦視為政府部門之一部分的情形，除非實施的是黨國一體的政治體制。中國大陸雖然已經建立了「公務員體制」，但由於政治體制仍為中國共產黨一黨專政的黨國體制，因而大陸學者認為其「政府」不但包括狹義政府所指的國務院及地方各級人民政府，還包括中國共產黨組織、各級人民代表大會、司法及擔負政治任務的人民群眾團體，這也無怪乎西方觀察者會做出「黨不僅控制政府，它本身其實就是政府」的評價。也正是基於這個理由，大陸可稱為「公務員」者的範圍廣大，且其地位和管理體制，相對世界各國來說的確具有「中國特色」。

　　儘管大陸於 1993 年試行了「國家公務員」制度，2006 年開始施行《公務員法》建構的公務員制度，但由於「公務員」制度係從原本的「幹部人事管理體制」基於「幹部分類管理」而來，「公務員」仍屬中共管理之「幹部」隊伍的一部分。因此，我們不僅可發現大陸對「官員」仍習稱「幹部」遠甚於「公務員」，甚至於在《公務員法》第四條中還明定了「堅持黨管幹部原則」。由於台灣使用「幹部」一詞所代表的涵義與大陸不同，經由本文的分析可知，大陸所稱的「幹部」係指所有職業上為「從事公職之人員」，並非僅指擔任主管或首長之領導職務者。同時，經由本文的歸納與分析，說明了「公務員」的範圍約等於中共的「黨政幹部」，且在「堅持黨管幹部原則」的法律規定下，即使不具共產黨員身分的「公務員」，仍然屬於中國共產黨管理的「黨政幹部」。

　　事實上，大陸雖制定《公務員法》建立了公務員制度，在相當程度上意味了立法機關以法律來間接管理公務員，但由於《公務員法》中又明定了「黨管幹部原則」，使得中國共產黨取得了可以直接管理公務員的合法權力。同時，大陸的政治體制既不講三權分立，且在憲法序言中又有「中國各族人民將繼續在中國共產黨領導下」的文字，這就表示即使立法機關所制定的法律，也不能違背「在中國共產黨領導下」的根本原則。事實上，中國大陸的立法機關是在中國共產黨的領導下制定法律，《公務員法》建構的公務員制度實質上也是由中國共產黨所決定，且公務員的管理必須依據法定的「黨管幹部原則」，由中共中央印發的黨內法規或章程等文件，或間接由政府主管機構頒布行政規章來管理，因而難以彰顯以法律形式建立公務員制度的意義。易言之，就法制層面而言，由於公務員仍屬可由中國共產黨直接或間接管理的「黨政幹部」，故而公務員制度若不以法律形式來規範，其實也並不影響公務員制度的運作。

　　最後，有關公務員人事管理的事項繁多，究竟哪些事項應明定在《公務員法》中？哪些事項可由政府主管機關單獨訂定行政命令規範？乃至於哪些事項由中共中央（或即中央組織部）做出規定？似乎並無規則可尋。畢竟，中國大陸無論就立法或行政間的職權分工，或是就公務員人事政策之決定、執行及公務員的實際管理，最高權力來源均一元化地統歸於中國共產黨。也因此，在「中國共產黨的領導」及「黨管幹部原則」的支配下，應該不會發生中共中央所頒發有關幹部人事管理規章牴觸《公務員法》的問題，從而說明了「公務員」的身分和地位與「黨政幹部」並無差異。總之，中國大陸以法律形式建立「公務員制度」之目的，除了係基於對幹部人事制度進行分類管理外，並可藉使用「公務員」一詞，在形式上減少和其他國家公務員制度之差異。

■ 參考書目 References

1. 中共中央組織部編（2009 年）。**中國共產黨組織工作辭典（修訂版）**。北京：黨建讀物。

2. 行政院人事行政局編印（2011 年）。**世界各國及大陸地區人事制度簡介**。台北：行政院人事行政局。

3. 李建鐘（2010 年）。**公共人事變革－幹部人事制度改革論綱**。北京：中國人事。

4. 吳春華、溫志強主編（2008 年）。**中國公務員制度**。天津：南開大學。

5. 林學啟（2011 年）。黨管幹部 90 年：模式演變與價值追求。**理論學刊（山東）**。總第 206 期，頁 44-47。

6. 侯建良（2007 年）。**公務員制度發展紀實**。北京：中國人事。

7. 范義。**黨管幹部的歷史考察及其向路**。中國社會科學網。http://www.cssn.cn/news/416727.htm。

8. 馬利德(Richard McGregor)，樂為良譯（2011 年）。**中國共產黨不可說的秘密**。台北：聯經。

9. 張柏林主編（2007 年）。**中華人民共和國公務員法釋義（修訂本）**。北京：中國人事、黨建讀物。

10. 張景虎（2006 年）。公務員範圍研究。輯於林弋主編，**公務員法立法研究**。北京：中國人事、黨建讀物，頁 39-57。

11. 梁妍慧（2005 年）。黨管幹部原則內涵探析。**中國黨政幹部論壇（北京）**。第 7 期，頁 17-18, 21。

12. 舒放、王克良主編（2011 年）。**公務員制度教程學習指導書**。北京：中國人民大學。

13. 楊光斌（2003 年）。**中國政府與政治導論**。北京：中國人民大學。

14. 薛立強、楊書文編著（2009 年）。**當代中國公務員制度**。天津：天津大學。

15. Chan, Hon S. (2004). Cadre Personnel Management in China: The Nomenklatura System, 1990-1998. *The China Quarterly*, No.179, pp.703-734.

PERSPECTIVES OF MAINLAND CHINA

★ ★ ★ ★ ★

CH **9**　編著者　林威志

中國大陸經濟體制改革

▶ 中國大陸優先發展重工業的原因和限制

▶ 計畫經濟體制的特徵

▶ 推動重工業優先的政策效果

▶ 經濟改革的內容

▶ 改革開放後的經濟成果

▶ 經濟改革成功的原因

▶ 當前經濟問題與未來改革方向

從 1970 年代後期，中共開始改革開放以後，中國這個龐大的新興經濟體，逐漸在世界嶄露頭角，不論在政治、經濟、軍事等各方面都開始找到了自己的地位，且其一舉一動也都牽動著世界的政局。而近期針對中共經濟的研究，大多在討論鄉鎮企業、產權改革、政企分離、股份制、三農問題及區域經濟等議題，而區域經濟更是牽涉到政府間的互動關係影響著中國的穩定。如果從宏觀層次來看中共的穩定發展，區域經濟的發展可說是影響中共未來存亡焦點所在。

中共在改革開放過程中採用了許多財政政策，讓中央和地方政府、地方政府和地方政府之間有更多機會產生互動，而政府間的競合使經濟發展程度產生差異，也使區域經濟逐漸形成。區域經濟的研究課題是一項近期又重新被注重課題，早在國民政府時期便有學者探討中國產業發展應該如何進行區域布局，而近期主要是在 1978 年以後，中共中央政府不再堅持「計畫經濟」，而採用「分權改革」，並積極推行「完善社會主義市場經濟」的改革政策。希望透過堅持改革開放來調動地方積極性，而為中共帶來經濟繁榮發展。

因為當中共地方政府的積極性被引起時，各省的經濟發展程度便產生差異，甚至還有些許省分組成同盟，而後區域經濟的情況才更加明顯。接下來本文將透過討論中共的發展過程，瞭解中共在改革開放後的經濟成長是如何影響大陸政治、社會等傳統運行的方式，以及區域經濟對未來的影響。

中共在 1978 年的十一屆三中全會後，由鄧小平掌握主導權並展開一連串的經濟改革後，歷經快三十年的發展，已經在 2000 年的時候成為世界上第六大經濟體。其廣大的內在市場和便宜的勞動力，也逐漸吸引許多外資流入，希望能在這片經濟新市場中搶占先機，獲得更大的利潤。在 1992 年的「十四大」政治報告中，中共希望在大陸建立社會主義的市場經濟體制，而到了「十六大」更清楚的在江澤民的報告書中，看到江氏推動「全面建設小康社會，開創中國特色社會主義事業的新局面」的企圖。另外大陸新聞報導，胡錦濤在上任後便下鄉瞭解貧富差距的問題，從以上的證據我們可以發現中共關注的重點已經從傳統的政治領導，轉而開始注重到經

濟的發展，以設法解決在 1949 年建政後，錯誤政策所導致的經濟蕭條問題。

　　1978 年以前，中共採用蘇聯模式的計畫經濟來管理大陸，採用高度集中、無所不包，以公有制為基礎的方式來進行「行政管理」。這種反市場經濟的經濟政策，導致國內國民經濟失衡，人民的生活也每下愈況。此種經濟發展模式的施行，使大陸經濟面臨了嚴重比例失調和效率低落的成長瓶頸。檢視此種經濟的主要癥結在於經濟體制過度於中央集權化；經濟計畫的制定與執行脫離現實，並未受客觀實際的檢驗；強制性的指標束縛了經濟發展；以及勞動群眾缺乏積極性。中共的改革不同於蘇聯漸進模式的改革策略[1]，而是採用「摸石過河」的漸進方式進行改革。且東歐是從城市經濟開始改革，中共則是由農村進行。另外中共也學習台、港的經貿策略，採用對外開放、引進外資、積極發展出口。整體來說，中共體制模式的轉換是採用雙重體制，容許新舊兩種制度並存。在雙軌制下，一方面擴大國有企業經營自主權，使市場調節部分逐步擴大，同時另一方面也讓非國有經濟迅速成長。在這種漸進改革式的政策底下，使中共產生很多潛在的難題，這也造成研究者對中共未來穩定抱持不同意見的因素。

　　中國大陸擁有超過 13 億的人口，又因種族、居住地域、方言及文化風俗的不同，而在經濟生產與消費的行為與形態上有眾多的差異。中共在經濟發展後也看到這樣子的差異會對其政權產生挑戰，所以想盡辦法要增加共產黨領導的合法性。例如在「十六大」的政治報告中對三個代表下定調，一般認為這標示著中國共產黨本質的轉變，以及民營資本家在中國經濟體制中的地位正式獲得確立。另外，中共為了完善以「公有制為主、多種所有制經濟為輔」的共同發展經濟制度，也逐步採取了不少放權、開放的政策。

　　目前可看到的現象是，當中共中央逐漸放寬對地方經濟事權的控制後，市場機能將導引社會上的所有經濟活動趨向建立較低交易成本的產業

---

[1] 蘇聯的改革模式一般稱為「休克療法」，希望快速的推翻傳統的經濟制度來重新建立一套經濟行為。而中共所採取的改革模式稱為「摸石過河」的漸進改革，邊改革邊調整，所以才會有「試點」的制度存在。

與市場結構，進而加強經濟競爭與成長。而經濟競爭加強的結果，會使中共各省之間開始爭奪資源，並結合成小聯盟掌控資源。在這種情況下，區域間合作關係的互替性將遠大於互餘性，各區為爭奪資源與市場而產生的經濟摩擦與矛盾，很可能成為全國社會及政治不穩的導火線（例如市場封鎖、諸侯經際等），而這種潛在的危機更是值得研究者深刻注意。因此本文將先從介紹中共「經改」的背景開始，進而論述「區域經濟」形成的原因。

◎ 第一節　中共經改的背景

　　早期中共實行中央集權的計畫式經濟體制，生產和生活資源都根據計畫分配，其結果是消費者產品缺乏，民眾必須以配給票換取某些必須商品，這時期由於中共的封閉政策導致與外國接觸不多，外事法律和規範也無從建立。然而在 1978 年十一屆三中全會後，中共開始採行「對內活化經濟、對外開放」的改革政策，使中共停滯的經濟開始活絡起來。且為了因應外資進入，所以改革開放後便積極對現行所有涉外經濟法律、法規進行全面清理，按法律程序修改和補充，加快建立和完備與國際常規接軌的對外經濟管理體制。同時，中國亦大力普及世貿組織的知識和規定，加速人才訓練，不斷提高政府宏觀調控能力和國際競爭力，隨時迎接更激烈的國際競爭。

　　中共的改革政策在十一屆三中全會後，全黨的工作便轉移到「社會主義現代化」建設上來。在經濟問題上，打破以往指令性經濟行為，採取權力下放，讓地方和工農企業在國家統一計畫的指導下有更多的經營管理自主權；並且大力精簡各級經濟行政機構；同時堅決實行按經濟規律辦事，重視價值規律的作用，認真解決黨企不分、以黨代政、以政代企現象。整個中國發展目標由「社會主義階段」到「社會主義初級階段」，又到「社會主義市場經濟」的演變，其實就是在修正執行鄧小平所主張的「把馬克斯主義的普遍真理同我國（大陸）的具體實際結合起來，走自己的道路，建設有中國特色的社會主義」。

　　中共經改的原因有特殊的背景存在，主要的因素有：

1. 文革所帶來的經濟災難：文革使中國經濟扭曲發展，國防工業投入多，輕工業、民生工業落後，此經濟體制在蘇聯和美國競爭時就出現制度上的缺陷。因為所有國防工業由國家投入，國家便剝削工農業，才能專注資源在國防工業發展上。另外在人才供應上也出現斷層，民間沒有足夠人才可以配合國家發展政策，而政府國防工業的人才也無法和社會、國外層面做交流。所以國家整體的國防工業發展緩慢，雖然有進步的成果展現，但是並沒有獲得社會民間的支持，完全是仰賴國家資源的投入和支持。

2. 在華國鋒擔任國家領導人時，提出宏偉的現代化計畫，把中共不到 30 億的外匯存款花了 20 多億，讓當時的中共經濟陷入破產邊緣。此現象代表華國鋒的經濟政策錯誤需要改進調整。

　　上述兩個原因顯示中共經濟政策發展的錯誤，其中文革更是突顯經濟思想的錯誤。所以當開始進行經濟改革時，必須要把錯誤的思想、制度、政策還有價值觀等都作全面的調整和改變。

　　自從改革開放以來，中國在 1978～2000 年間的發展 GDP 增長了 9.5%，這個速度是同期世界經濟成長的三倍，創造了世界經濟發展史上的奇蹟，中國同時也打敗義大利成為世界第六大的經濟大國。中國的百姓已經從大陸建政後那種物質短缺、需領票購物的年代走了出來，現在取而代之的是名牌商品和促銷打折的資本主義生活，這種生活方式的改變，已經跳脫出政治意識型態的束縛。另外加上生產勞動力上的比較優勢以及需要外資進入協助發展，許多外資在關稅優惠的引誘下相繼進入大陸投資，中國因此也興起一波投資熱。總結來講，在歷經二十多年來的改革，強調「政治防右，經濟防左」且要建設有「中國特色的社會主義市場經濟」的堅持下，現在大陸上的物質生活已經有明顯的改善，這也代表當初鄧小平的改革路線大方向的選擇是正確的。

◎ 第二節　中共經改之做法

　　中共推動經濟改革以來，通過一系列制度變革和資源重新配置，帶動產品和生產要素市場的發展，並促進非國有經濟的發展，明顯的改進國內投資結構及引進外資擴大對外貿易。但中共的經改並非一步到位，而是逐步開放調整的。

　　在「社會主義現代化」的主張下，改革涉及所有制及生活形態的選擇。「社會主義現代化」最典型的模式是「蘇維埃模式」，或「史達林模式」，其具體內容是「農業集體化」加「工業國有化」。「蘇維埃模式」就是建立在社會主義公有制上的社會主義現代化發展模式。中共早在 1950 年代即開始以學習「蘇維埃模式」為基礎進行社會主義現代化。

　　在 1949～1957 年間，這是中國工商業經濟進行大改組的時期，中共開始對資本主義工商業進行社會主義的改造。第一個五年計畫便詳定對資本主義工商業進行改造的具體任務，即在五年內「把資本主義工商業分別納入各種形式的國家資本主義的軌道，建立對私營工商業的社會主義改造的基礎」。而「國家對資本主義工業的改造，第一步是把資本主義轉變成為各種形式的國家資本主義，第二步是把國家資本主義轉變為社會主義」。而 1958～1978 年之間中國發生大躍進、文化大革命等運動，中國大陸社會所有制的結構伴隨這些多次的政治運動，呈現「左」傾失誤盲目過度的情況。

　　1978 年後，中國經濟體制發生了變化：一為指令性經濟計畫的消失，二是非國有部門的擴張。大陸各種經濟成分的發展狀況是，全民所有制企業大量發展，並形成了國營企業單一的固定工資制度，公私合營企業也轉入全民所有制企業，集體經濟有所增強，個體、私營企業以及其他經濟成分幾乎全部消失。

　　另外，在 1980 年代以來實行各種財政包乾體制，助長地區經濟主義，削弱中央的宏觀調控能力。包乾制的著眼點是向地方財政讓利，導致中央財政收入萎縮，以致連年出現巨額赤字。大致說來，中央一系列權力下放的政策，包括財政方面的「包乾政策」（「分灶吃飯」且「減稅讓利」）以及其他經濟面的管理、審批與人事權等，結果創造出相互競賽、爭相發展「地方」或「區域」（或稱為「發展型地方主義」）。

◎ 第三節　中共經改後的現象

　　改革開放後，中國打破以往吃大鍋飯的傳統，個體經濟及市場經濟的經濟模式逐漸興盛。率先開放的沿海地區吸引大量三資[2]進入，另外鄉鎮企業崛起、基礎設施改善以及人民物質生活改善也都是中國經濟發展進步的表現。

　　改革開放後的中國使城市和鄉村的居民收入大幅提升，中國人開始有自己的個人資產，這是之前所不能想像的，貧窮的減少也間接促進生活品質要求的提高，大陸人民在住房消費、汽車消費、通訊及電子產品的消費、文化教育的消費、節假日及旅遊消費和服務性消費的成長，都明顯的顯示出中國經濟發展的成果。隨著經濟的發展，中國人民也逐漸開始注重生活品質。許多證據都顯示大陸人民漸漸地在懂得吃飽穿暖外，也注意到休閒旅遊的重要性以及名牌的使用。另外中國人民也學習到西方式的信用消費的模式，不再死守著現金和祖產，而轉為開始利用信用擴張去投資和消費，由以上的種種改變，可說中國在近期受到經濟發展的影響，已對其內在結構產生了衝擊，促使原本社會的一體結構逐漸產生分化，增加更多動員和參與的機會。

　　昔日在計畫經濟、「全國一盤棋」的政策發展下，很難發生區域間的「分化」與「分工」，既然不彰顯各區域的「特色」與「功能」，「區域經濟」的研究就不明顯重要。當改革開放後中國逐步實踐「市場體制」，也代表著「市場時代」的來臨，各省各區也都按著自己的優勢或策略發展經濟，爭奪有限資源。中國近年來的區域差距越來越大，沿海和內陸省分的經濟差距非常明顯，且貧困縣絕大多數位處內陸地區。另外各省之間的對立與摩擦，造成各地各地互相封鎖與重複建設的「諸侯經濟」產生，區域經濟所產生的難題已挑戰到中共政權維持的穩定。

　　總結來看，中共在 1978 年開始經濟改革後，經濟方面有明顯的發展進步，而經濟層面的改變對中國的政治、社會和經濟都產生嚴重的衝擊，舊有的傳統不斷的受到挑戰，而新的政治社會運作模式也重新建構中。而 1990 年代中、後期以降，市場經濟的成熟與擴張，使「區域特色」乃被凸顯與重視，「區域差距」也因而得到強化與關注，因此「區域經濟」的研究議題更為人所重視。

---

[2]　所謂三資即為中外合資、中外合作、外商獨資。

◎ 第四節　中共經改後區域經濟差異的情況

　　如果中國視為一個單一的經濟體（市場）來敘述或研究，所得的結論是無法提供工商業個體與投資單位在大陸從事商務活動的實質規劃與評估。因為中國地域遼闊、自然資源分布不均衡、各地區經濟及技術發展程度差距過大。且人民商業意識淡薄，及市場機制不健全等客觀事實，中國自古至今很難形成一個同質劃一的經濟體（市場）。學界對中國區域經濟的研究興趣根源於「市場經濟」所導致的區域「特色」與「差距」。昔日在計畫經濟、「全國一盤棋」的格局下，很難發生區域間的「分化」與「分工」。而對「區域特色」或「區域差距」的探討，均因「中央」對「地方」放權讓利的結果，以往中央高度集權、計畫列管各區域的發展格局，將不容易產生任何有意義的「特色」，當然也不致發生明顯的「差距」，甚至根本難以意識到「區域」的存在。中國在 1978 年開始改革開放推動市場經濟時，基本上是由小、且又分散的集市所集結成的、具有強烈區域特性、且區域間相互關聯性不大的農業經濟圈，但隨著經濟發展，區域之間的經濟差異便逐漸產生。

　　在區域經濟發展過程中，特定區域經濟範圍內負責管理、協調經濟運行的主體通常不是個別之政府，而是由若干地方政府組合成的政府群。各地政府在促進區域經濟發展運作特質是：既有分工又有合作，也存在行政區化與經濟利益矛盾和衝突。區域範圍內各級政府要為區域經濟發展提供良好之投資與公平競爭環境、維護市場秩序、培育和發展市場體系、完善社會保障制度、強化資訊提供與服務。而一個地區的經濟會因某些原因或優勢開始較其他地區呈現較高速的成長，而該地區快速經濟成長就會創造種種經濟誘因，而吸引其他地區甚至國外的各種經濟資源向該地區集中。

　　1980 年以前中共中央政府擁有全部資源配置與經濟利益分配的權力，地方政府及各種企業僅是中央政府的派出機構或附屬單位。而改革後，宏觀政策的調控促進了大陸沿海地區經濟的快速發展，經濟決策權的下放，及地方政府政策利益的爭取對中國經濟發展產生實質影響。中央政府注重整體且長期的發展，而地方政府往往偏好硬體建設與短期化行為，所以往往造成地方政府對教

育、科學、文化和社會保障職能的削弱，各地方政府為了促進各自發展所推動的短視政策，在日後將對區域經濟的發展產生制約。

中國的經濟成長和繁榮是有目共睹的，但經濟繁榮的背後，各類社會的問題也逐漸浮出檯面，尤其分配不均的現象更是近來常被提起的議題，尤其以沿海、內陸省分間的所得差距惡化變快更顯棘手，對中共政權的穩定產生莫大的挑戰。中國各省區間因各自發展之實際需要，使地方政府的經濟自主意識抬頭，造成了各省區之間經濟發展差距日益擴大，使中國大陸整體的經濟發展，面臨更大的困境。

中國區域經濟的發展策略早在 1956 年毛澤東的〈論十大關係〉中便可發現。毛澤東在文中提出「沿海工業與內地工業的關係」以及「漢族與少數民族間的關係」，一方面企圖利用與發展沿海工業以支持內地工業，另一方面則將新的工業建設大部分擺在內地，使工業布局逐步平衡，並進一步減輕民族矛盾。而到了鄧小平主政時期，整個區域發展策略從毛澤東時期的「平均主義」演變成「讓一部分人、一部分地區富起來」。由此中國的區域經濟部局便從「均衡」發展變成「傾斜」發展。中共希望透過國家力量的施予把經濟發展的重心作由沿海向內陸進行的「梯度轉移」政策。此政策的安排雖使東部沿海地區迅速發展，但也使得東、中、西部間的區域差距急遽擴大，逐漸變成挑戰中共政權穩定的潛在不安因素。

中國東部地區靠近沿海，由於地理和歷史的原因，這一地區有較優越的社會經濟條件，長期以來都是中國比較富裕的地帶；西部地區地處內陸，長期以來，這一地區的經濟處於相對不發達的狀態；而中部地區的地理位置和經濟發展水平都處於東部和西部之間。中部地區發揮區位優勢和綜合資源優勢，以主要水陸交通幹線地區為重點，發揮中心城市作用，積極培育新的經濟增長點和經濟帶。沿海地區則面向國內外市場，加快科技進步和創新，著力發展高新科技產業和外向型經濟，提高經濟的綜合素質和國際競爭力。中國改革後讓有條件的地區率先實現代化，並採取多種形式加強各地區的經濟技術合作，利用沿海的發達支持和帶動中西部經濟的發展。

中共當局提出西北大開發的策略，希望透過開發幅員廣大的西北地區經濟來維護總體區域均衡發展。西北大開發的策略除了要積極發展該地區落後的經

濟外，還希望能透過國家力量來保護該地區的自然生態，以保全未來中國，中部與東部的生態環境。這是因為中國絕大部分主要河流發源於西北地區，而水資源的運用將深刻的影響未來中國的經濟發展。

總言之，中國的東部地區因位於沿海地帶，對外開放程度較高，因此成為大陸經濟較發達地區。中部因有廣大的大陸腹地，經濟基礎雄厚，但發展水平仍不如東部。至於西部則因地處邊遠，自然條件惡劣，是經濟發展較低的地區。中國地域的廣大使其境內產生許多不同經濟和社會的區域現象，這些現象成為大陸經濟和社會發展進程中的重大難題。

在計畫經濟向市場經濟轉軌的過程中，地方政府越趨為一個具有相對獨立性的行為主體和利益主體，因此不少的地方政府也開始學習採用管理公司的方式來管理區域或城市。在這種多重競爭的環境下，地方政府也積極主動的爭奪資金、人才和技術等資源，並且盡可能吸引投資者和瓜分市場分額，所以區域和城市之間的競爭是不可避免的。而中共在改革開放後所採放權讓利的政策造成地方分權化，許多地方政府在規劃自身之經濟發展時，多以地方之實際需要為主要考量，因此各省區在經濟發展過程中所顯現出的特色，便難免與中央政府之整體規劃政策有所歧異，進而造成中央調控能力的大為減弱。未來大陸區域經濟發展的秩序，將會受大陸正在變革的財稅制度、銀行制度、及各種全國性財貨市場的健全程度及效率所影響。

◎ 第五節　中共區域經濟發展之探討

中國經濟的發展使各類的社會問題逐漸浮上檯面，而分配不均所造成區域差距的問題更是不容易解決。區域差距的問題，尤以沿海和內陸省分的所得差距最大，影響最廣且不易解決，對中共政權造成很嚴重的挑戰。中國的改革是採取漸進式和「雙軌」的主導方式推進。雙軌改革的運作，可以使主體經濟增長和使國有企業主導向市場主導漸進過渡，但改革過程所累積的深層矛盾仍困擾中國經濟的整體發展，也就是說，中共連年高速經濟增長的亮麗成績背後，存在許多黑幕，因為大陸經濟的騰飛是在外企資金和技術引導下，是依賴廉價

勞動力發展起來，因此城市失業問題日益顯著，鄉村赴城市打工的流民也加速增多。中國隨著國內生產總值的提高，城鄉差距也越拉越大。

　　中國是幅員廣闊、人口眾多的發展中國家，早期國家政策採用社會主義，但現已逐漸向資本市場轉型。但中國不論在自然地理、人力素質、經濟社會發展皆存在著巨大的差異，所以在經濟轉型過程中，區域發展不平衡便是明顯的現象。為了解決區域差距的現象，中共目前規劃擴大內需及做重點投資來均衡水平，主要工作在於投入推進城鎮化建設、提高城鄉居民家庭耐用品消費，促進城鄉居民住房消費，以及擴大基礎建設投資。

　　而經濟改革對外開放的經濟格局是從經濟特區開始，到沿海開放城市，再到沿海經濟開放區，最後延伸到內地，中共也依此布局全力向外發展外向型經濟。中共在 1980 年代初開始實施「分灶吃飯制」，已經讓地方擁有相當程度的財經自主，但後來更進一步的把經濟決策權下放，就形成地方政府在財政和經濟上握有主導的權力。由於中央政府的財政投資已不再是主宰區域發展的主要力量，地方政府也逐漸有力量來推動本地的經濟發展，扭轉了以往區域經濟發展和結構調整完全取決於中央計畫和政府投資的被動局面，地方政府便成實質具有調控資源與經濟利益主體追求者的雙重身分，也從以往被動式的全國利益執行者轉向主動式的地方利益追求者。地方政府為了追求更多的經濟成長會設立經濟技術開發區，藉此吸引外國資金，並調整工業結構及促進高新科技的發展。這裡指的經濟技術開發區的功能類似英國的「企業區」，提供特別的政策以刺激當地衰萎的經濟發展。在經濟技術開發區內，市政府不僅提供優惠課稅、勞動管理、土地使用和開發區運用上的特殊政策，而且重視基礎設施的綜合開發。市政當局常常挑選了一大片土地，框定邊界，得到市人大的批准，然後申請「優惠政策」。簡單的說，經濟技術開發區的設立就是想藉由外資的進駐而帶動整體地方上的發展。中國大陸陸續在大陸沿海各個地方開辦經濟技術開發區，其目的是為了利用這些城市現有的優勢，形成吸引外商的環境，以加速改進大陸的技術與管理，並著重引進高新技術，加速中國的產業升級。

　　總之，中國經濟表現出強烈的區域差異。這種區域經濟的差異，特別是地區之間收入的差距，是與政府所實行的經濟發展戰略有直接相關。而 1970 年代末的經濟改革也使區域經濟上的問題逐漸顯現出來，區域經濟的差異有可能會

造成中共政權的不穩定，如果無法解決區域差異所帶來的區域異化，將使中國崩解為若干區域，此時所帶來的糧食、流民等問題將對亞洲甚至全球都帶來挑戰，是吾人所必須時時關注的焦點。

◎ 第六節 結 論

「鄧」後的中國讓外界對其充滿希望，希望中共政治能因其經濟上的發展和與世界的接軌能開創出不同的面貌，從而改造中共的黨國體制。而 1978 年改革開放後，中央政府厲行「分權改革」，對地方「放權讓利」的結果，更凸顯出中國「區域經濟」的輪廓。中國「區域經濟」的差距，也隨著改革開放的經濟快速成長，讓沿海城市跟內陸城市之間的不均程度更加擴大。

中國過去三十年來經濟成長所產生的區域化趨勢，早期是受政府所採行的梯度區域發展策略（例如沿海傾斜策略、經濟特區政策）影響。但近來有很大部分是因為逐漸茁壯的市場力量，引導各種經濟行為向高度開發地區集中的結果。而引導這種經濟資源向高度開發的地區集中的現象的原動力，應該是各種經濟單位在市場運作下對自身經濟效益追逐的結果。所以在政府政策以及經濟資源聚合的情況下，中國「區域經濟」的發展注定是會拉大區域彼此間的經濟程度。

中共為了促進經濟發展，達到實現現代化的目標，推動了幾項戰略任務，也就是由傳統計畫經濟向市場經濟轉變、由政府主導的社會向法制主導的社會轉型、從鄉村社會向城市社會轉型、由較低收入水平向較高收入水平過渡。中共積極對內繼續深化改革，希望建立高效且活潑的經濟與管理體制，並完善法制建設，並且希望透過 WTO 組織加快與世界經濟的融合。自「十五計畫」後，中國對外資的政策也逐漸改變，從以多種優惠政策盡量吸引任何項目的外資，變成了對外商投資的行業實行限制、引導外資到大陸當局急需發展的產業，試圖把新的外資誘導到經濟落後的內地省分，同時逐漸取消優惠政策，強調國內企業和外商企業的公平競爭。

　　到了 2004 年中國開始執行 WTO 的協約後，中國將進入經濟結構變動劇烈、各種矛盾突出的時期。當前存在的諸多問題，包括計畫及行政色彩濃厚阻礙市場經濟發展；內需市場持續疲弱，國有企業改革停滯；產業結構改變、失業人口增加；農業、農民、農村問題依舊，地區差距和城鄉發展失衡；貧富差距擴大，社會保障面過窄；銀行壞帳、不良資產比例高，外債內債問題多，資金外流嚴重，政治體制改革落後等問題，都將構成阻礙經濟發展的不利因素。但如同其他國家，中國中央政府，無論在創造「區域優勢」（例如設立經濟特區、引入高新技術等）、調節「區域差距」（例如規劃基礎建設、提供移轉支付等）、或節制「區域分割」（例如消弭「羊毛大戰」之類地方保護主義做法）等方面，必須要扮演主動而關鍵的角色。在處理中央和地方關係上，「中央政府必須具有無可爭議的主導地位」，唯有如此才能有效消除地方壁壘，整合全國資源，均衡區域發展經際、確保各民族區域的共存共榮。

　　中國在經濟成長後，舊有的政治、社會等制度會受到相當程度的影響，而中國經濟發展所引出的「區域差異」及「區域競爭」更是挑戰中共政權的穩定。區域間欠缺合作和平衡的機制以及中央政令無法落實到基礎政權，無疑是嚴峻的現實考驗。區域內基礎設施的重複建設，不僅是資源浪費，更嚴重的後果是導致城市間惡性競爭，影響區域一體化進程，制約經濟發展和水平的提升。可預見的是，未來中國中央政府主管的經濟事權將限於全國性或跨區域性，而區域性經濟事權完全授與區域政府掌理。總之中國如要維持永續、有效的快速經濟發展，中國政府必須面對經濟結構轉型的問題、並設法維持經濟的均衡發展，同時繼續擴大貿易與利用外資促進中國經濟發展，以維持中共政權的穩定發展。

參考書目 References

1. 丁樹範主編（2002 年）。**胡錦濤時代的挑戰**。台北：新新聞。

2. 中國大陸問題研究所（2002 年）。**中共建政五十年**。台北：正中書局。

3. 中國社科院青年人文社會科學研究中心主編（2003 年）。**國情報告－中國現況藍皮書**。台北：達觀。

4. 黃中天、潘錫堂（1993 年）。**中國大陸研究**。台北：五南。

5. 何清漣（2003 年）。**中國的陷阱**。台北：台灣英文新聞。

6. 史景遷著、溫洽溢譯（2001 年）。**追尋現代－從共產主義到市場經濟**。台北：時報。

7. 林佳龍主編（2003 年）。**未來中國**。台北：時報。

8. 龍安志編著、劉世平譯（2002 年）。**中國的世紀**。台北：商周。

9. 何清漣（2003 年）。**中國的陷阱**。台北：台灣英文新聞。

10. 鄭竹園（2000 年）。**大陸經濟改革與兩岸關係**。台北：聯經。

11. 高長（2002 年）。**大陸經改與兩岸經貿關係**。台北：五南。

12. 行政院大陸委員會編（2002 年）。**中國大陸研究基本手冊（下）**。台北：行政院陸委會。

13. 何思因等編（2003 年）。**中國大陸研究方法與成果**。台北：政大國關中心。

14. 陳德昇主編（2003 年）。**中國大陸區域經濟發展**。台北：五南。

15. 蔡昉、林毅夫（2003 年）。**中國經濟**。台北：美商麥格羅希爾國際股份有限公司。

16. 魏艾主編（2003 年）。**中國大陸經濟發展與市場轉型**。台北：揚智。

17. 趙甦成（2000 年）。中國大陸外貿與外資發展模式：省區與區域層面之比較。**中國大陸研究**，43，8：69-99。

18. 耿慶武（2000 年）。中國大陸的區域經濟發展。**中國大陸研究**，43，8：47-67。

19. 陶儀芬（2003 年）。十六大後大陸的經濟改革與政治繼承。**中國大陸研究**，46，2：27-40。

20. 吳玉山（2003 年）。探入中國大陸經改策略之研究：一個比較的途徑。**中國大陸研究**，46，3：1-29。

21. 方孝謙（2003 年）。關係、制度與中國政企研究。**中國大陸研究**，46，4：2-24。

22. 耿曙（2003 年）。中國大陸的區域經濟動態：問題意識與研究成果的回顧。**中國大陸研究**，46，4：2-24。

23. 邱宏輝（2002 年）。十六大後經濟發展策略及經濟改革發展困境探討。**中共研究**，36，12：60-75。

24. 邱宏輝（2004 年）。2003 中共經濟。**中共研究**，38，1：63-84。

25. 王太（2004 年）。探討中共經濟和社會發展計畫報告。**中共研究**，38，4：65-79。

26. 張家銘、邱釋龍（2002 年）。蘇州外向型經濟發展與地方政府：以四個經濟技術開發區為例的分析。**東吳社會學報**，13：27-75。

PERSPECTIVES OF MAINLAND CHINA

★ ★ ★ ★ ★

CH **10** 編著者 吳建忠

中國大陸財政體制與政策

▶ 何謂「財政包幹制度」

▶ 何謂「分稅制」

▶ 認識地方債與土地財政問題

▶ 錢荒問題與影子銀行

第一節　前　言

　　中國大陸現行制度內財政收入是經由稅金依靠行政強制力量無償籌集，但在現實的經濟運行中，制度外的財政收入仍存在統籌款、集資、攤派、強制性捐款等項目。陳雲維持中國經濟封閉運行 30 年，1980 年代的價格雙軌制，試圖跨出一腳，但隨即出現「一放就亂，一收就死」的怪圈，於是鄧小平把創造新經濟模式的重任交給了朱鎔基，1993 年出任國務院第一副總理，主抓國務院經濟工作，1998 年接替李鵬成為總理，2003 年卸任國務院總理職務。對於朱鎔基施行分稅制的功過，爭議最大的無疑是分稅制改革。贊同者認為分稅制改革不僅奠定了中央與地方近 20 年的新關係，更為重要的是促成了地方政府間為了財稅收入而展開經濟競賽，從而推動中國經濟近二十年平均 9%的增速。而反對者則認為當今房價高漲、非法強拆、惡化教育、衛生、環境投入等社會問題都可上溯至分稅制改革。

　　當下學術界對於財政體制改革的討論，主要集中在兩個方面：一是中央和地方的財權和事權的重新劃分；另一個是改革和調整稅種，加快稅收體制改革。這些固然重要，但不是改革的關鍵所在，皆因這兩項都是技術性的問題。學界反覆討論中國財政體制如何處理集權－分權關係，回顧總結已有的改革，應特別注重由「行政性分權」轉為「經濟性分權」所內含的制度變革邏輯。分析 1994 年以後深化財政體制改革的問題，不可陷入似是而非的因地制宜論和簡單看待中央、地方收入占比高低，而應牢牢把握市場經濟大局對財政制度規範的客觀要求和中央、地方事權合理化這一源頭問題，適當合理的中央、地方收入占比，主要應是在制度建設、機制變革中自然生成的，因此解決當今中國大陸的財政體制特別是地方財政面臨的根本問題，必須要有新的思路。

第二節　中國財政體制改革：從「財政包幹制度」走向「分稅制」

　　1993 年 6 月份的中央 6 號文《中共中央、國務院關於當前經濟情況和加強宏觀調控的意見》，即著名的以整頓財經秩序為核心的 16 條，文件頒布的背景

主要針對當時中國經濟出現的過熱勢頭，按照當時官方的說法，當時中國經濟運行有六大矛盾：金融秩序混亂、投資和消費需求膨脹、財政困難、工業增速過快、外貿惡化、通貨膨脹加速。

　　在制度原理上，分稅制是一項聯邦財稅制度，世界上大多數市場經濟國家均採用不同形式的分稅制，但這一制度在中國卻發生「變異」。改革以來中國財政體制改革回顧 1978 年中國進行經濟體制改革以來，中央和地方政府的財政分配關係經歷了 1980 年、1985 年、1988 年和 1994 年四次重大改革。其中前三次體制改革具有一定的共性，就是實行對地方政府放權讓利的財政包幹體制；後一次則是適應市場經濟機制的財政分稅體制改革，儘管其中還存在很多缺陷，因此從財政包幹制度走向分稅制：

一、財政包幹體制的沿革

1. 1980 年中國全面的經濟體制改革以財政體制改革作為突破口率先進行。為了改革過去中央政府統收統支的集中財政管理體制，在中央和各省之間的財政分配關係方面，對大多數省分實行了「劃分收支，分級包幹」的預算管理體制，建立了財政包幹體制的基礎。從 1982 年開始逐步改為「總額分成，比例包幹」的包幹辦法。

2. 1985 年實行「劃分稅種，核定收支，分級包幹」的預算管理體制，以適應 1984 年兩步利改稅改革的需要。

3. 1988 年為了配合國有企業普遍推行的承包經營責任制，開始實行 6 種形式的財政包幹，包括「收入遞增包幹」、「總額分成」、「總額分成加增長分成」、「上解遞增包幹」、「定額上解」和「定額補助」。

二、財政包幹體制的制度缺陷

　　實行財政包幹體制改變了計畫經濟體制下財政統收統支的過度集中管理模式，中央各職能部門不再下達指標，地方政府由原來被動安排財政收支轉變為主動參與經濟管理，體現了「統一領導、分級管理」的原則。其次，歷次的財政體制改革都是對原有體制某種程度的完善，在經濟持續穩定發展方面顯示出

一定作用。地方政府財力的不斷增強使其有能力增加對本地區的重點建設專案，以及教育、科學、衛生等各項事業的投入，促進了地方經濟建設和社會事業的發展。第三，財政體制改革支持和配合了其他領域的體制改革。財政體制改革激發出地方政府的經濟活力，帶動財政收入增長，為其他改革提供了財力支持。包幹體制注重政府間收入在所有制關係下的劃分，缺乏合理依據，是政府間財政分配關係不穩定的重要原因，其餘還包括三個原因：

第一，一對一討價還價的財政包幹體制缺乏必要的公開性。1980～1993 年間，中央與省政府的財政分配關係同時並存多種體制形式。不同體制形式對地方財政收入的增長彈性不一致，體制形式的選擇也存在機會不均等，以及資訊不對稱和決策不透明等因素，都導致財力分配不合理。更重要的是財政體制的決策程序採用一對一談判方式，中央政府對地方的財政收支行為也缺乏監督和控制手段。

第二，基數核定方法不科學。基數核定指每一次體制調整都用地方政府以往的既得財力為基數。由於不同的財政體制形式對既得利益的形成作用程度存在差別，因此既得利益並非公正。同時，在稅法相對統一，稅收徵管權力相對集中的背景下，經濟發展水準差異決定著各地方政府的稅基規模，因此，既得利益中含有非主觀努力的成分。保既得利益的做法將這些因素固定化、合法化了。

第三，注重既得利益導致財政包幹體制缺乏橫向公平性。保證既得利益一直是貫穿財政體制改革的主線，使政府間財政分配關係始終圍繞財力的切割、財權的集散而展開，較少考慮橫向財政分配關係，沒有完整的橫向財政調節機制，調節地區間不平等和實現公共服務均等化的功能沒有成為體制設計的政策目標。

第四，財力分散，中央政府缺乏必要的宏觀調節能力。財政包幹體制包死了上交中央的數額，導致中央財政在新增收入中的份額逐步下降，宏觀調控能力弱化。同時財政包幹體制還對產業政策產生逆向調節，地方政府受利益驅動支持高稅率產業發展，導致長線更長、短線瓶頸制約更明顯、地區間產業結構趨同。

三、分稅制財政體制改革

1. 提高中央財政收入占全國財政收入的比重，成為分稅財政體制改革的首要目標。實現政府間財政分配關係的規範化是分稅體制改革的另一個重要目標。通過調節地區間分配格局，促進地區經濟和社會均衡發展，實現基本公共服務水準均等化，實現橫向財政公平是政府的重要施政目標，也是分稅體制的預想目標之一，但這一目標學界普遍認為未能實現。

2. 1994 年分稅體制改革的主要內容，首先是中央與地方政府的收入劃分。結合 1994 年的稅制改革，中央與地方的收入劃分作了較大調整：將同經濟發展直接相關的主要稅種劃為中央稅，或中央和地方共用稅，將適合地方征管的稅種劃為地方稅。其次，在政府支出方面，由於政府間事權劃分沒有新的實質性變化，因此，1994 年的分稅制財政體制改革，維持原有的中央和地方的支出劃分格局。第三，建立稅收返還制度。為保證舊體制的地方既得利益格局，中央對地方淨上劃收入以 1993 年為基數給予地方政府稅收返還；在此之後，稅收返還在 1993 年的基數上逐年遞增。如果 1994 年以後地方淨上劃收入達不到 1993 年的基數，則相應扣減稅收返還。第四，保留原體制的上解與補助辦法，並在 1995 年建立了過渡期轉移支付制度。

3. 分稅體制改革的成效評價與以往歷次財政體制改革不同，1994 年的財政分稅體制改革，是中共建政以來調整利益格局最為影響最為深遠的一次。首先，分稅體制改革使政府間財政分配關係相對規範化。分稅體制改變了原來的財政包幹下多種體制形式並存的格局，使得中央和省級政府間的財政分配關係相對規範化。其次，中央政府財政收入比重明顯提高。新體制對各級政府組織財政收入的激勵作用較為明顯。全國財政收入增長較快，特別是中央收入比重，以及中央在新增收入中所得份額都有明顯提高，形成了較為合理的縱向財力分配機制。第三，形成了普遍補助格局，初步建立了過渡期轉移支付辦法，為建立較為規範的橫向財力均衡制度打下了基礎。

四、財政分稅制的制度缺陷

（一）中央與地方權責劃分模糊

　　財政分稅體制已經實行了數年，除了當時設計時即已存在的缺陷外，在運行中也不斷產生一些問題，此外還有一些外部環境尚待完善，需要配套改革才能加以解決。

1. 分稅體制改革沒有涉及政府間支出劃分，現行的政府間支出劃分格局與市場經濟體制的要求還存在差距。既有中央事務要求地方政府負擔或部分負擔支出的現象，又有地方事務中央安排支出的情況。中央政府在為委託性事務或共同負擔事務提供資金方面沒有形成規範、統一的辦法，撥款的確定存在隨意性，對其使用效果沒有監督機制，資金使用效益低下。

2. 收入劃分仍不盡合理，地區間受益狀況苦樂不均。因此，在財政縱向不公平和橫向不公平兩方面都存在問題。政府間轉移支付制度尚需完善一方面是轉移支付的構成不合理，另一方面轉移支付數額的確定也存在問題，因此，地區均衡效果（財政橫向不公平）不理想。中國大陸財政體制的進一步改革分稅制財政體制改革只是財政改革的一個起點，它的意義在於改變了財政在整個國民經濟分配中的機制，相對穩定了財政分配在 GDP 中的份額，同時改革了中央財政在整個財政中的地位。但是從制度上講，財政中的問題並沒有根本解決。

　　所以，中國財政體制不僅需要在政府間財政關係方面進行規範，還要進行預算管理體制和稅收制度的進一步改革，才能有效地適應市場機制的運行。從某種意義上看，建立法制化和公開化的財政支出管理是財政管理中最重要的核心問題。目前在中國，政府、財政與市場的關係並未理順，以下我們將分別討論之：

　　第一，預算管理的進一步改革中國財政管理制度是在計畫經濟體制的基礎上建立和發展起來的，預算編制制度從未作過根本性改革。在經濟體制已經逐步市場化的今天，整個政府預算的程序和方法，以及預算科目的設置，還是傳統計畫經濟體制下的模式。這種預算很難達到預算依法執行的目的，預算不具

有約束性。因此，預算制度不改革，就不可能建立起現代財政管理制度，政府職能的調整，政府管理的公開和透明也不可能實現。

　　中共的十八屆三中全會和《中共中央關於全面深化改革若干重大問題的決定》提出要深化財稅體制改革。習近平預計從嚴控制一般性支出，深化部門預算著手，積極穩妥推進稅收制度改革，逐步建立和完善地方稅體系。

（二）進一步推進國庫集中管理制度

　　分稅體制改革部分地解決了縱向財權分散問題，國庫管理制度改革的目的則是要解決橫向財權分散。橫向財權分散表現在政府財力及其分配沒有統一集中在財政部門，政府資金游離於財政統一管理之外，各部門的各種預算外資金規模巨大，導致部門權力得不到有效監督，濫用政府資金現象屢禁不止。這是長期落後的國庫收付管理制度導致的直接結果。

　　自 2001 年開始的財政國庫管理制度改革，目的是建立一種高效率的財政資金運行機制，以保證預算收支嚴格按預算執行的，避免挪用財政資金的機會。這是規範政府收支行為，從源頭上防範腐敗的根本性措施。按照現代國庫管理制度的基本要求，這一改革主要包括三個方面：建立國庫單一帳戶體系，將所有財政性資金都納入國庫單一帳戶體系管理；規範收入收繳程序，所有財政收入直接繳入財政國庫或財政專戶；規範支出支付程序，財政資金統一通過國庫單一帳戶體系支付到商品和勞務供應者或用款單位。

　　這一改革使中國國庫資金收付方式向國際慣例前進了一大步。但改革試點僅在為數不多的中央部門展開，還沒有覆蓋全國。同時，改革所需的各種配套措施還不能完全到位。

（三）盡快完善轉移支付制度

　　為解決地區間存在差異，且不平衡差距不斷擴大的趨勢，實行行之有效的政府間轉移支付制度是十分必要的。為使轉移支付制度能夠有效地發揮橫向均衡作用，必須對現行轉移支付制度作較大調整。

1. 進一步改革的目標是建立促進地區公平的轉移支付制度。

   首先要強調公共服務均等化，以保證各地區基本公共服務提供能力的大體一致，淡化並逐步調整地方政府的既得利益。其次在收入劃分上適度集權，在政府支出上適度分權。在明確政府與市場作用的範圍，界定各級政府的事權的基礎上，遵循資訊和成本優先的原則，明確劃分各級政府的支出責任。凡是地方政府能有效提供的公共服務，即作為地方政府的事權，中央只承擔地方政府難以有效行使或不宜由地方政府行使的事務。對於共同事務，明確規定各級政府應承擔或分擔的比例。

   第三，在支出責任界定清楚的前提下，合理配置各級政府的財力，以保證其政府職能的順利履行。收入的劃分應考慮總體經濟和社會的需要，和徵收成本的效率。同時注重省對以下政府的轉移政府制度的完善，逐步縮小轄區內地區間財力差距，確保從根本上縮小全國地區間差距。

2. 調整現行轉移支付的結構，加大均等化轉移支付的數量，發揮其縮小地區間差距的作用力度。

   首先是簡化轉移支付的基本形式。將現行的多種轉移支付統一為兩種，均等化轉移支付和專項轉移支付。中國現行轉移支付制度形式過於繁雜，不夠規範，且存在資金雙向流動，既有自上而下的各項補助，又有自下而上的各種上解。通過簡化轉移支付形式，中央政府可以減少稅收的增量返還，特別是對富裕地區的稅收增量返還，增加對貧困地區的補貼數額，規範均等化轉移支付的制度體系。

   其次，壓縮專項撥款規模，精簡當前的繁雜的專項撥款項目，建立專項撥款專案的嚴格的專案准入機制，減少專項撥款專案設立的隨意性和盲目性。規範資金分配的原則和程序，加強監管，提高鄉專項資金使用效益。第三，擴大均等化轉移支付的規模，使轉移支付資金真正能發揮均等地區公共服務水準的作用，提高宏觀調控能力，加大地區間財力均衡的力度。

3. 完善均等化轉移支付的計算公式均等化轉移支付採用統一標準進行測算，做到公正、公開、公平。盡快改變現行的基數法，通過規範收支評估，分專案測算各地區標準化支出需要，同時考慮各地區收入能力，據此決定一般性轉移支付數額。地方政府財政收入水準不僅包括地方稅收入，也包括地方應從共用稅中獲得的收入。用現有資料可以估算地方稅基，測算部分稅種的理論

收入，將其與實際收入的差距定為該地區稅收努力程度，同時分析稅收支出、征管和財務制度等因素。標準支出需要的測算先選擇對成本影響較大的重要因素，分教育、衛生、社會福利、公檢法、城市建設維護、行政管理等大項，估算各地的標準化支出。

與地區間差距擴大問題並存的是地方政府，特別是縣鄉財政困難的問題。轉移支付制度改革應該與解決地方財政困難的問題結合起來。在均等化轉移支付尚未全面引入因素法的情況下，要將地方政府的基本行政經費、教育經費和公共衛生經費作為基本因素引入均等化轉移支付，以保證地方政府職能的順利履行。

◎ 第三節　分稅制衍生的地方財政問題

理想主義認為當中央政府權力下放，地方經濟才能活絡，中央才有錢，中央本身就是地方經濟的累加，但不應該直接干預和過問地方經濟，中國大陸分稅制施行後卻讓更多的錢給了中央。可是分稅制之後，中央政府在以往收入分配上的被動局面被打破，中央對財權和事權進行了新的配置，有了經濟主導和行政權威，中央將稅源穩定、稅基廣、易徵收的稅種大部分上劃，消費稅、關稅劃為中央固定收入，企業所得稅按納稅人隸屬關係分別劃歸中央和地方；增值稅在中央與地方之間按 75：25 的比例分成。分稅制把原屬於地方政府的收入抽調集中以後，中央把錢的使用權放在了發改委和各部，在中央政策倒逼之下，地方政府只得作惡，衍生問題如後：

一、土地財政的問題嚴重

為說服各省施行分稅制，其間頗多拉鋸妥協，例如在在財政大包幹制度下得益最大的廣東省，朱鎔基同意將土地出讓收入部分歸於地方政府，這為日後的「土地財政」埋下伏筆，其他省市開始學習模仿。朱鎔基主導的所謂分稅制改革，與安徽鳳陽土地承包制引發的自下而上的改革不同，它是自上而下進行的，結果中央把更多的錢留給了自己。

（一）地王現象頻現

2003 至 2013 年，朱鎔基卸任後的溫家寶時代，土地財政幾乎占了地方財政收入的一半，這就是朱鎔基時代的惡果。吳曉波在《歷代經濟變革得失》一書中揭示，2005 年全國地方財政收入 1.44 萬億元，但作為地方政府預算外收入的土地出讓金收入高達 5,500 億，約為三分之一，2012 年，各地土地出讓金收入已達到 2.68 萬億元，占地方財政收入的 48%，加上 1.8 萬億的土地相關稅收收入，地方政府對土地形成嚴重的依賴，這樣的嚴重依賴也造就了城市擴張。

這樣的城市擴張也帶來了地王的出現，2013 年大陸房市高燒不斷，上海、杭州、蘇州、北京等四處土地接連拍出新地王。9 月 4 日北京也出現「單價地王」，融創中國以 43.24 億元人民幣拍得北京農展館土地，每平方米逾 7.3 萬元，未來建成樓房，要每平方米出售 15 萬元人民幣才能獲利。其中閒置了 18 年之久，有「上海市中心最後一塊黃金地」之稱的徐家匯中心，9 月 5 日由香港新鴻基地產集團以人民幣 217.7 億元拍出，土地總面積約為 9.9 萬平方米，溢價率為 24.2%，以總價計，可能成為 2013 年「中國地王」。

（二）城市擴張永無止盡

地方政府為什麼會熱衷於搞城市擴張呢？主要原因是它可以使地方政府財政稅收最大化。發達地區政府財政的基本格局是，預算內靠城市擴張帶來的產業稅收效應，預算外靠土地出讓收入。城市擴張主要依託於與土地緊密相關的建築業和房地產業的發展，發達地區的政府財政就是一個土地財政。

從土地稅收的徵收來看，土地直接稅收額小、名目繁雜、且徵稅成本高，地方政府當前過日子、謀發展，還無法依靠。從發達國家和其他發展中國家的經驗來看，隨著經濟的分權化，土地稅及土地相關的財產稅成為地方財政收入的重要來源。在中國大陸，目前土地直接稅收卻難當此任。地方政府卻無法得到能夠自由支配的充足財力，兩個後果隨之生根發芽：一是地方政府無法履行公共服務支出責任；二是土地財政的收入在地方政府的收入比重越來越高，從而間接推高了地價和房價。城市化導致的房地產價高不下、難以為繼，政府對土地財政的依賴更加嚴重，經營城市、地皮就值錢，但政府權力就越加囂張和霸道，城市化和房地產市場繁榮的背後，則是拆遷、徵地的群體性事件從此就一發而不可收拾。房地產市場泡沫出現，背後是實體經濟則難以發展。

由於中共法律上「土地屬於國有」的規定，即便是商業用途的需求，政府也有權以最高不過原用途年產值 30 倍的價格，從農村強制性拿走土地。因此，長期以來，農村建設用地價值長期被低估，中共地方政府通過獨家售賣土地所獲高額利潤則催生了「以地生財」的發展模式，「土地財政」越演越烈。土地財政成了中共地方政府應對地方債的救命稻草，由此也使得房價居高不下、泡沫難破，地方債危機爆發風險日益加劇，而一旦中共政府不能根本解決債務問題，那麼債務危機的爆發恐將不再是一句空話了。

■ 二、地方債與融資平台無序

中國大陸《預算法》修正第二十八條：「政府性基金預算、國有資本經營預算和社會保險基金預算的收支範圍，按照法律、行政法規和國務院的規定執行」。中國大陸實施了 20 年不允許地方各級預算列赤字的規定，在 2015 年退出歷史。國務院總理李克強在 2015 年政府工作報告中提出，2015 年擬安排財政赤字 1.62 萬億元，其中，地方財政赤字 5,000 億元，增加 1,000 億元。在經濟增速、財政收入增速雙雙創下 20 多年新低的背景下，地方財政赤字表述的出現釋放出哪些重要信號、折射出哪些深層次問題？為何地方政府會藐視中央法令肆意作為？這恐怕不是一個 GDP 政績考核模式所能解釋的，恐怕必須套用中國大陸政治潛規則，只有大規模投資搞建設，地方政府才有可能支配大把錢，也才可能有機會腐敗。雖然分稅後中央和地方的稅收比例在整體上基本到位，但是各地財政收入仍然存在嚴重的不均衡現象。地方政府之所以要發債，歸根結底就是錢不夠花，地方政府缺錢的原因有很多，譬如一些欠發達地區沒有穩定的財政來源，要發展就得開支，中央財政轉移支付不能完全彌補資金缺口。資金不足，發展卻不能滯後。

（一）錢荒與地方債現象

2013 年 11 月 9 日起舉行眾所矚目的《十八屆三中全會》前，地方政府債務問題再度成為國內外媒體關注的焦點。地方債的問題曾於 2013 年 6 月間引爆銀行體系的「錢荒」，拉出第一聲資金緊縮的警報，隨後大陸國務院總理李克強在 8 月下令，由審計部對全國四級地方政府債務進行地毯式的審計，地方債到底會不會成為大陸經濟發展的地雷，全世界都在關注中。

過去幾年地方政府債務以驚人的速度增長，中國大陸《財經》雜誌披露，各省、市、縣、鄉鎮四級政府的負債，推估或超過人民幣 14 兆元，這已經成為

大陸現今經濟發展最大的泡沫隱憂。而且地方政府除了傳統的銀行借貸，還發展出多種衍生性的融資架構，諸如城市投資公司企業債、地方政府信託融資平台、BOT 融資等，未來可能為銀行體系帶來鉅額的不良放款，危及金融體系的安全。因此，地方債務的規模、政府償債能力以及如何逐漸消化龐大的債務，成了李克強總理最具挑戰性的工作之一。

2013 年 11 月由北京清大公共管理學院教授俞喬主持研究計畫案《中國地方政府債務問題研究》，該報告針對銀行貸款、地方政府債、融資平台債券、地方政府信託投資、BOT 融資等進行仔細評估，認為總額在 19.41 兆元，每年利息負擔約一兆元人民幣。

跨國投資銀行也陸續發布了地方債務的估算金額。高盛證券在 2013 年 9 月 9 日發布報告，估計規模在 15 兆元，里昂證券估算金額為 18 兆元。而早在 2013 年 4 月中旬，摩根大通核算出地方債務總量為 14 兆元，但是再加上 11 兆元的「隱性負債」，總額衝上 25 兆元，換算約為美金 4 兆元，是美國所有地方政府債務的兩倍。剛剛在 2013 年 10 月 15 日公布的渣打銀行研究報告，也認為地方政府債務已經暴增到 2010 年的兩倍，達到 24 兆元；渣打銀行更大膽預估，地方債將導致部分城市商業銀行倒閉。

官方的《人民日報》也以「20 兆元」來估算，強調目前地方債的風險總體可控，但不能掉以輕心，並需要增加地方債的透明度。《人民日報》認為 20 兆元的地方債，占 GDP 的比例為 54%，如果加計 2013 年經濟增長 7.5%，比例將會降至 50%以下，總體上風險仍然可以控制，以目前地方政府 31.7 兆元資產計算，20 兆元的債務規模仍相對安全。

不過，不論是投資銀行，或是大陸官方的人民日報，一致認為地方政府債務必須加以管控，「三年增長一倍」的暴衝速度必須加以抑制，地方債務的總量不能夠再增加，而潛藏的風險必須設法化解。對於「有個別地方出現問題」的危機處理，人民日報強調中央已經做好準備。可以確定的是，中央對於地方債務「不會大包大攬」，將會釐清真實債務、責成地方政府全力償債，並且建立「償債基金」作為地方債的後盾。

在全力管控地方政府債務的基調下，幾乎可以確定，從 2008 年金融海嘯之後，大陸地方政府吹起的土地開發狂潮，將無法繼續膨脹，沒有後續資金支應，土地炒作熱潮將會逐漸冷卻。還有，國務院與中央銀行明確表態，不能再

通過超發貨幣、用隱性通貨膨脹來化解債務風險，發行規模已經超越美元的人民幣貨幣供給量，增長率將會回落；這個政策已經在 6 月的銀行錢荒初步體現，10 月下旬再度出現資金收緊、銀行間拆借資金利率上揚的警報，未來中央銀行將會透過動態的操作，具體實踐控制貨幣總量的政策。

但是，需錢孔急的各地方政府，仍然會以彈性的手法來避開中央的總量管制。例如四川省在 2013 年 10 月 26 日公布總金額高達 4.26 兆人民幣的 2013～2014 年重大投資計畫，金額相當於四川省 2012 年 GDP 的 1.8 倍，更是 2012 年地方財政收入的 17 倍，四川省高居全國地方債的舉債冠軍，如今再提出巨額的公共建設計畫，財源何處而來，中央又如何加以管控，必將成為李克強管理地方債的指標。

（二）鬼城現象

新城建設中，賣地建城成為一種常見的開發模式。為了建設新城，不少地方不惜承擔債務。地方利益和以 GDP 為導向的發展思路是「造城」的重要動機，借新城建設推動土地升值，地方政府獲得高額土地出讓金，大規模的基礎設施建設帶動投資，拉動 GDP 增長，也是漂亮的政績。對地方官員來說，建新城的資金來自財政收入、銀行貸款等，不是自己的錢；而且現在出口低迷，消費不可能在短時間內有大的增長，投資拉動 GDP 增長的作用比較關鍵，所以地方政府對投資的衝動就更大一些。至於決策方面，一些政府官員不懂投資，專案不經過科學論證就進行，造就了不少令人匪夷所思的「鬼城」新區，「鬼城」現象已到處蔓延，由最早的內蒙鄂爾多斯開始，陸續還有江蘇常州、河南鶴壁和湖北十堰等。

◎ 第四節　結　論

中國大陸的財政體制沿襲了過去中央集權制的權力結構，中央政府不僅掌控了大部分財稅資源的分配權，而且壟斷了幾乎全部的財稅規則制定權，因而可以隨時全面調整中央和地方的財權分配。中央為了達到將財權重新分配的可能性，不惜利用土地財政作為交換，地方為了籌措財源，更大規模集中推出土地和利用土地大量融資，積累了財政金融風險。

　　財稅體制改革是土地財政越演越烈的主要原因，1998 年至今，是中國城鎮化進程最快速的階段，城鎮化率從 28%飆升到目前的 51%。「鬼城現象」不過是各地「圈地」惡果的一個縮影。而中國影子銀行體系所配置的金融資源，並非都浪費在包括鬼城在內的無效項目之上。事實上，影子銀行運作的資源配置，大部分都是有效的，因為其中大部分資金都流到一二線城市的基礎建設專案和房地產項目，而這又恰恰是資金效率較高的地方。

　　地方城市的基礎建設項目，通常能有效提升當地經濟效率，最終體現為企業盈利和財政增長。而目前的「鬼城現象」，很少發生在一二線城市，因為這些城市是中國城鎮化加速的焦點，也是對房地產需求最迫切的地方。隨著一二線城市城際鐵路等基建設施的完善，人財物的集聚效應自然會提升其經濟價值，但對於三四線城市來說並非如此。

　　「鬼城現象」和地方融資平台天量債務，以及不斷膨脹的影子銀行體系，都與財政分稅制有關。1993 年財稅改革，使得中央財政掌控了經濟中穩定、大額的財稅根源，而行政級別越低，財稅來源就越不穩定且萎縮。財權上收，事權下放，導致事權與財權的嚴重不對稱。在 2001 年中國城鎮化進程加速之前，市縣一級政府財政困窘不堪，至於鄉鎮財政，早已處於破產狀態。2001 年之後，城鎮化加速帶來的城郊土地升值，讓市縣財政頓時活力四射。

　　中國大陸三四線城市的土地拍賣，對於當地政府而言，當然不見得是賺錢，一級土地市場的整合成本，往往遠高於土地招拍掛價格，隨後而來的房地產開發以及招商引資項目所提供的財稅，成為當地政府的主要收入。當前的地方政府對於資產負債和利潤並不產生興趣，卻對現金流非常關注，因為這關係到地方領導的 GDP 政績考核，以及其任期內的政府運營。基礎建設和房地產項目則為地方政府提供了一個從銀行套現的工具，銀行提供給基礎建設和房地產項目的資金，一部分通過營業稅等方式回到地方政府手中，成為三四線城市政府熱衷於「鬼城現象」的根源所在。未來一旦土地財政枯竭，或者是房地產泡沫影響到地方政府賣地收入，那麼地方債危機就會全面引爆。

參考書目 References

1. 王嘉州（2003 年）。財政制度變遷時中央與地方策略互動之分析－以分稅制與廣東省為例。**中國大陸研究**，第 46 卷 5 期，頁 81-103。

2. 吳國光、鄭永年（1995 年）。**論中央與地方關係：中國制度轉型中的一個軸心問題**。香港：牛津大學。

3. 徐斯勤（2004 年）。改革開放時期中國大陸的財政制度與政策：財政單一議題範圍內相關研究之評析。**中國大陸研究**，第 47 卷第 2 期，頁 1-31。

4. 徐斯勤（2004 年）。改革開放時期中國大陸的財政問題：政治學視角下議題聯結層面的相關研究評析。**中國大陸研究**，第 47 卷第 3 期，頁 59-84。

5. 陳華昇。**中共分稅制改革對中央與地方關係及地方財政經濟影響之分析－國家政策研究基金會**。http://www.npf.org.tw/post/2/5694。

6. 陳瑩、張安錄（2007 年）。農地轉用過程中農民的認知與福利變化分析－基於武漢市城鄉結合部農戶與村級問卷調查。**中國農村觀察**，第 5 期，頁 11-21, 37。

7. 陶然、汪暉（2010 年）。中國尚未完成之轉型中的土地制度改革：挑戰與出路。**國際經濟評論（北京）**，第 2 期，頁 93-123。

8. 賈康（2008 年）。中國財稅改革 30 年：簡要回顧與評述。**財稅研究（北京）**，第 10 期，頁 2-20。

9. 靳濤（2008 年）。引資競爭、地租扭曲與地方政府行為。**學術月刊**，第 40 卷第 3 期，頁 83-88。

PERSPECTIVES OF MAINLAND CHINA

★ ★ ★ ★ ★

CH **11** 編著者　張玉漢

中共信訪制度

▶ 信訪的功能、類型與案例

▶ 信訪的意義與當代中國社會變遷

▶ 大規模群體性事件

▶ 維穩的經費與社會意義

前言
FORWORD
中國大陸的發展在 1990 年代後步入了一個經濟迅速發展及社會體制轉軌的複雜過程中，這類的變化促使社會各類矛盾和衝突有逐漸增多的跡象。而隨著這個跡象的展現，人民的政治參與、意見表達等行為也隨著社會的逐漸開化變的越來越主動，部分人民也越來越敢進行維權的活動，這些行為表現的一大部分便成為日趨增多的各類「信訪」活動。近年來逐漸增多的信訪人潮也匯聚成了一波波的信訪洪流，衝擊著中共的政治穩定。自 1993 年中國人民來信來訪總量出現回升以來，已經持續上升了 10 年。2003 年以來，群眾信訪總量仍呈現上升趨勢。據統計，第一季度全國 31 個省、自治區、直轄市縣以上三級黨政機關共受理群眾來信來訪量比去年同期增加 6.5%。其中接待群眾集體訪批次、人次，同比分別上升 9.9%和 5.1%。第二季度，受 SARS 疫情因素影響，國家信訪局和 31 個省級信訪部門接待的群眾來訪量有所下降。但隨著 SARS 疫情的解除，各級信訪部門接待的群眾來訪量又迅速回升。

中國人民「信訪」次數的增長，大多是因為社會體制轉軌時所產生的矛盾現象。如果進一步的研究信訪案件可發現內容是五花八門，但占大多數的是反應土地侵占及官僚貪汙等問題，還有部分是因為民眾的素質水準不瞭解既有的救濟制度，以及在實踐救濟的過程中，可能存在救濟制度缺陷的所引起。另外長久以來中國人依靠「青天大老爺」為民作主的社會傳統也是促成人民「信訪」的重要因素之一。所以這種艱辛困苦的「信訪」路便成為人民遇到問題，需要追求正義、真理的重要表達途徑。

◎ 第一節　信訪制度

一、1949 年以來中共「信訪制度」之沿革

「人民向官員反應意見」或是「民告官」的這類活動在中國已有長久的歷史，從《史記》、《戰國策》等史書中都可尋獲歷代皇朝設立讓百姓直接向皇帝訴訟冤屈、廣納諫言的管道。雖然歷代制度的發展不同，但這種透過直接對統

治者反應意見、提出訴求的行為卻一直事實的存在。而以今日中共的「信訪制度」來看，確實是延續著部分歷史傳統的因素。

要研究中華人民共和國的「信訪制度」必須要追溯到共產黨成立的初期，毛澤東，周恩來等中央領導人對人民反應意見的重視情況，例如在 1921 年的安源礦工給毛澤東寫信，獲得毛澤東親自到安源與礦工會談；1938 年，毛澤東親自處理傷殘病員集體到延安上訪的事件等案例，都可看出共產黨對人民信訪的重視。而除了領導人對人民信訪的重視，在當時的百姓也相信在毛澤東及共產黨的領導下，人民對黨和政府及其工作人員的監督和要求是天經地義的事情，很多人民反應幹部作風的問題也都透過信訪獲得處理，所以在這種歷史背景下，人民便願意向各級領導機關提出自己的意見和建議，或者尋求領導的協助。

在 1949 年中華人民共和國成立後，人民直接向黨和國家機關及其領導人寫信、走訪、反應民意的現象也與日俱增。毛澤東等中央領導不僅親自閱批大量信件，也多次強調「各級組織對群眾來信要認真負責地加以處理，必須重視人民的來信，要給人民來信以恰當的處理，滿足群眾的正當要求，要把這看成是共產黨和人民政府加強和人民聯繫的一種方法」。並且也希望利用人民信訪的力量來對官員進行監督，並且對抗官僚主義的蔓延。

中共中央對於人民信訪相當重視，在初期毛澤東或周恩來等領導都會親自審批人民來信，並且在中央書記處設有專人處理這些來信。1949 年 8 月中共中央正式成立了書記處政治秘書室負責處理人民群眾的來信來訪，而在 1950 年初中央書記處政治秘書室裁撤，改成立中共中央辦公廳秘書室來負責人民來信來訪，並且必須每日選出具代表性的信件做成摘要送各領導批閱，並定期將群眾來信來訪情況作成匯報，提供上級領導瞭解民情。

而配合中華人民共和國的成立，中央人民政府也成立了相關機構來處理人民的來信來訪。在 1949 年初期，中央人民政府系統就有三個單位能受理群眾來信來訪，即中央人民政府委員會辦公廳、中央人民政府政務院秘書廳和總理辦公室。在 1950 年 12 月，中央人民政府委員會辦公廳和政務院秘書廳合署辦公，並以政務院秘書廳的名義統一處理案件。到 1951 年總理辦公室的業務也轉交政務院秘書廳統一辦理，並且政務院秘書廳也成立了「群眾信件組」的專職

信訪機構，至此可說確立了信訪機構的雛形，也就是中共中央辦公廳和政務院秘書廳。

而相較於信訪機構的變遷，現行人民信訪活動的法規依據「信訪條例」的沿革也是應當重視的面向，「信訪條例」的發展追溯起來，應該可從 1951 年政務院關於《關於處理人民來信和接見人民工作決定》及政協通過的《關於處理人民意見的試行辦法》開始，經歷 1957 年《國務院關於加強處理人民來信和接待人民來訪工作的指示》；1963 年《關於加強人民來信來訪工作的通知》、《國家機關處理人民來信和接待人民來訪工作條例草稿》；1982 年國務院起草的《關於黨政機關信訪工作暫行條例草案》；1984 年中共中央辦公廳、全國人大常委辦公廳及國務院辦公廳印發《中央各部門歸口分工接待群眾來訪辦法》通知；到 1995 年國務院正式出台《信訪條例》才算正式有了正式的法規依據。而在 2005 年國務院又總結過去的信訪工作經驗，頒布了修正過的《信訪條例》，內容相對於 1995 年的《信訪條例》做了大幅的改變，在增加信訪渠道、保護信訪人合法權利、信訪工作問責制及維護社會秩序等方面都做出相關的規定，希望能用此來規範信訪活動，減少信訪案件，建構和諧社會。

二、中國大陸人民信訪的週期和現況

新中國成立後，幾次的政治運動，造成了部分冤假錯案。而中共的 60 年的統治，也產生了幾次信訪的高潮。第一次信訪高潮是在反右運動結束後，有大量的人到北京或是到各地政府去反應情況去申訴自己的冤情。雖然在反右運動前就有很多運動造成不少冤案，但總的來說這是第一次上訪的高潮。第二次上訪高潮是文化大革命之後，由於文革中大量的人受到迫害，所以文革結束大批的上訪者也紛紛湧向北京尋求平反，此次的上訪高潮也著實對當時的社會秩序產生撼動。第三次的上訪高潮大致起始於 1990 年代左右，因為在 1992 年鄧小平南巡以後，大陸各地開始搞開發區，四處進行圈地占地的經濟掠奪，這樣的掠奪到 1995 年、1997 年可說是極盛，造成了許多農民失房、失地及權益受損。所以上訪人潮在 1998 年後又開始往北京聚集，這次的高潮在 2003 年更形成了一股信訪洪峰，挑戰著社會和諧及中共政權的穩定，這股信訪洪峰所反應問題的面向及廣度都複雜於前兩次的規模。所以在 2004 年末，國務院信訪局為了消解這波信訪洪峰才對原本的信訪條例進行了修改，希望能由此尋求解決之道。

　　雖然由許多報導文獻可看到高層領導對人民來信來訪的重視，但實際上信訪人獲得高層首長親自接待或直接批示的機會是微乎其微，這種偶然性的救濟機會給信訪人帶來一線希望，也因為這種希望使「信訪」逐漸擔負起社會安全閥的作用。但是當來自人民的矛盾壓力持續無法獲得解決時，便會造成人民對政府的絕望，所以很多信訪人到最後都會有想要攻擊政府機關或者拿自己生命跟政府拼搏的想法，所以人民信訪這個問題如果不能得到妥善的解決，這將可能是另外一個滋生恐怖主義的土壤，因為很多信訪人基本上是以畢生精力來討公道，以生命來進行維權，所以在反應的問題長期的得不到解決後，便可能會不惜一切代價去攻擊政府機關，希望將事情鬧大來引起中央重視，以求問題獲得解決。

三、信訪功能、類型與案例介紹

　　「信訪制度」對中共來說是一種統治技巧，這種技巧能把民眾「信訪」的問題個人化，減低壓力，並且也可以用「信訪」案例來做宣傳、塑造政府威望。中共中央政治局候補委員、中央書記處書記、中央辦公廳主任王剛在 2004 年 5 月的「全國信訪工作座談會」中指出，「信訪工作是黨和政府體察社情民意，聽取群眾呼聲的重要渠道，是幫助群眾解決實際問題，對群眾進行教育引導的重要手段」。由此可看到「信訪制度」對中共來說是體察民情民心，觀察民意的窗口，也是廣納賢言，為民遂願，做好群眾工作的重要渠道。而當百姓透過「信訪」來表達自己意見時，正代表著「信訪人」正在被組織進政府制度裡面，使用政府認可的管道來表達意見、爭取權益，這都能減緩政府所遭受的民間衝擊，並且有助繼續維持中國共產黨的執政。

　　但事實上這些信訪機構的運作暴露出這些信訪機構實際上是一個空的機構，沒有實權的機構，其職權只能做接辦、轉案的動作，並沒有真正的權責能處理老百姓的冤情。但由於信訪機構「為民做主」的形象導致了人民給予信訪機構過多的冀望，結果是給信訪機構遞交了各種冤狀和檢舉信，這些材料又被轉到地方領導手中，使當事人更是遭受打擊迫害，造成案子更不可能解決，矛盾更加嚴重，當事人也因此無法回到家鄉，最後只好被迫繼續上訪。信訪制度這樣的運作狀況確實使中共政治體制的功能產生錯位，肇使中央權威逐漸流失，且未來可能會動搖國家治理基礎 並誘發不可預測之衝突事件。

目前中國的「信訪」活動大致可以分為三種類型：參與類信訪；求決類信訪及訴訟類信訪。而這些「信訪」類型的背後也代表著其所發揮的不同功能。從政治功能來看，信訪制度至少發揮著「參與的功能」、「溝通的功能」及「監督的功能」，而從社會的功能來看，信訪制度也確實擔負著「紓壓的功能」及「救濟的功能」。

在電影《秋菊打官司》一片，充分的表現出中國農村傳統純樸的性格以及農民遭受欺負後的維權思維。這樣的故事不僅讓人體會到農民純樸的可愛，另一方面也對其法律常識之薄弱感到心酸。實際上，在中國現今的社會中仍處處上演著秋菊打官司的戲碼，只要能進一步的去瞭解中國社會，便能看到許多這些弱勢人物的無奈。以下所舉的兩個例子，在中國是非常典型的上訪案例，值得用來作為研究「信訪」的基礎素材。例如 1986 年家住安徽省的王清俠因與鄰居之小衝突，被法官枉法裁判致冤案，導致當事人變成神經病。其姐王鳳枝從那時起便放棄婚約，持續的上訪 20 多年要幫妹妹平反冤案及求取賠償。最後於1997 年，才取得重新終審判決，認為當時的證據並「無直接因果關係」而宣判王清俠無罪，至今王鳳枝仍在為所應得的補償持續的奔波上訪中。

而在 1993 年的經濟建設熱潮中，四川自貢市市政府也以準備建立「高新技術開發區」的名義向農民進行徵地，使三萬多人失去土地，大量房子被拆除，且開發後的收入不知流入何處。代表當地農民打官司的劉正有更是從 1995 年起不斷的到北京上訪，希望能得到相關單位的正視和回覆，並希望能依法處理當地的徵地案。劉正有的學歷為初中畢業，在四川的工作為包工頭，因為抗爭市政府的徵地行為，導致三層住家樓房被炸毀，父母親被氣死，目前劉正有仍持續在北京進行上訪，並努力的將自己的案件提供給有興趣的媒體及研究者。

◎ 第二節　信訪背後之運作邏輯

世界上不同國家的人民都會寫信或者利用各種機會與所選出來的代表反應意見，但類似中國這樣利用來信來訪進行維權的似乎不多見，所以在此將討論為何中國百姓的來信來訪會參雜著維權救濟的部分，作者認為可從歷史文化、政治制度以及經濟成本三個方向來進行探索。

　　歷史脈絡發展下的文化將會影響人民的活動習慣。「包公鍘美案」的故事反應出千百年來,中國人民仰仗「青天大老爺」為民作主,主持正義的心態和傳統。這種「攔轎喊冤、擊鼓鳴冤」的文化沿襲發展至今,便體現為大量的「人民信訪」活動,所以現代的信訪跟古代的告御狀是一個文化脈絡下的產物,只是人民以前是向皇帝告狀,現在是向黨告狀,以前告御狀沒有制度化,現在的信訪不但制度化更是現代化,不只規模更大了,人民反應的意見也是更極端。告御狀的文化是人治的文化傳統所造成,而這樣的文化傳統導致中國幾千年來司法都不獨立,皆是行政部門或者是官場的附屬品,且人民對於興訟也是非常忌諱的,法律實際上是很少被人使用和重視的,所以在這種背景下人民通常是不會去寄信於法律的公正。當人民有了冤屈,忍耐了一陣子不能解決後,最後只能選擇往上去告,希望能遇到公正的清官、包公來給他解決,但實際上這樣的機會是微乎其微的,但這在人民在走投無路時,往往只能走這種沒有辦法的辦法,因為在中國傳統的歷史文化中,不斷的有這類上訪後遇到清官做主的故事能支撐這些上訪人的信念。

　　制度的設計與人類的活動是交互影響改變的。而中國共產黨強調「人民當家做主」、「為人民服務」的傳統,影響了中華人民共和國不少的制度設立,信訪機構也是因應此需求才設立的機構。由於毛澤東等領導人的重視人民來信來訪,中共建國後便設立了這樣的信訪部門來處理人民來信來訪,這樣的信訪部門設計確立了人民可以藉此管道表達自己意見的管道。但由於中共建國後有太多的政治運動,例如三反、五反、反右派及文化大革命等引起了大量的冤假錯案產生,人民無法從法律系統來進行維權,只能透過信訪機構這種政治維權的方式來尋求權益。信訪的確在第二次信訪高潮時,解決了部分人民的難題,為不少人取得平反,但也因此導致人民心中對信訪制度功能認知的錯位,人民不再將信訪當成是政治參與的一個管道,而是將其視為權力救濟的重要方式。所以導致在 90 年代後,很多失地糾紛及反貪肅腐的案件,人民並不信任現有制度的解決方式,而是選擇進行上訪。

　　很多上訪人其實都是抱著一種希望,一種比較直率的想法,認為地方官都是黑的,往上走可能就會遇到好的官員,越往上越有正義,認為中央都是好的,上面有很多主持正義的人,所以在這種思想的驅使下,他們才開始進行上

訪。可是上訪後，上訪人才會逐漸發現他們的想法錯了，事實根本不是這樣一回事，問題反應到信訪機構也根本解決不了，因為信訪部門沒有任何權力，有時信訪人的問題不但解決不了甚至連告狀的信也沒地方送。而信訪機構收到案件後，只能把信件轉回地方部門手中，由地方部門自行調查，而地方部門一看到檢舉揭發他的信，肯定又對陳情人進行打擊報復，一打擊報復陳情人就嚇得更不敢回去，只好繼續留在北京靠乞討或其他方式維持在北京的上訪。信訪制度最初的立意是單純的，是中共政權用來打擊官僚主義，蒐集民情輿論，監督行政官員以及拉近與人民之間的關係的一種作法。但無奈最後信訪制度的施行卻面臨了重大的危機挑戰，人民對信訪制度的高度期待導致信訪部門發揮權力救濟的角色功能甚過於政治參與的角色功能。現在許多民怨不斷的湧進信訪部門，對於信訪部門來說已經是變成直接承受社會壓力的第一條防線。所以總的來說，信訪部門責重權輕、信訪程序缺失、信訪制度人治色彩濃厚在長期上撼動著中共政權治理的穩定基礎及和諧社會的建構問題，是值得進一步探討的問題。

　　最後研究信訪必須要注重到的是經濟成本的面向，因為對信訪人來說，使用信訪來進行維權的成本比打官司低的很多，利用信訪不用花錢、不用訴訟費，只要寫個信就好，這是一項非常低門檻的投資。但是信訪對於社會成本來說是相當高的，因為人民在進行信訪以後，國家機構要派出大量的人力和財力去進行接訪，這都是需要花費人事成本、資源成本的開銷。實際上信訪是一種低進入門檻，高綜合成本的活動，因為目前信訪並沒有權利能解決他們自身的檢舉和冤屈，只能做立案和轉辦的動作，這些案子通常只能轉到被檢舉的地方官員手中要求他們進行提交調查報告，這樣的動作反而造成當事人更受迫害無法回鄉，有的甚至被勞教、關進精神病院，導致家破人亡等種種悲劇，且最重要的是個人幾十年的青春歲月也被耽擱無法用來生產，所以到頭來可看到信訪最後的綜合成本可說是最高的一種維權行為。但是信訪的綜合成本很高卻沒有人能告訴一般民眾，電視媒體也無法告訴他們實況，反而人民透過媒體所看到的是大部分的事情都能透過信訪受到解決，這樣反而造成人民錯覺，所以在遇到冤案時就往北京跑，以為能在北京求到解決，這也是近年來信訪洪峰形成的因素之一。

　　信訪最大的危機產生就是這些人到了北京後通常會四處碰壁，找不到可以解決的機關，即便行政機關受理了也只是填張簡單的表格後，就將其打發走。所以長期下來，人民會因為進行信訪這個活動後，在國家認同上的產生動搖，認為整個國家都是不好的，且透過信訪也將所有領導人推到第一線直接面對群眾的壓力和質問，因為人民可以直接寫信要求領導人限時內給予回答，這更容易導致領導人權威的流失，人民會因為自己主觀願望的不滿足而對領導人的誠信有所打折。所以長久下來看，信訪將使國家因此必須付出更大的統治成本。

◎ 第三節　信訪制度功能之演變

　　一個政權的穩定必須要有一套溝通的制度來和人民互動，這套制度最終的目標是在建立一套直接或間接的方式，來取得人民的意見，舒緩社會的壓力，政府也可透過這種溝通的方式來穩定政權，延長執政。所以中共藉著「信訪制度」的存在，給予人民揭露各種不同層次的矛盾，尋求維護自己權利的管道，並且藉由人民向各級黨和政府的來信來訪，讓各級領導機關及其領導人員能有觀察社會動態，瞭解群眾情緒、傾聽群眾呼聲的窗口。「信訪」在中國是一種非常具有歷史特色的活動，且在中華人民共和國成立後，中共黨和政府機關也十分重視信訪工作，重視經由信訪渠道所反應的問題，並且希望透過信訪工作能來維護人民群眾的合法權益，希望把人民對政府的矛盾化解在初期，把問題解決在基層。然而現今龐大的信訪機構和眾多的信訪工作人員不但沒有減少不斷湧現的社會矛盾，反而人民對信訪功能的依賴可能會變成抵銷中國統治權威的消解力量。

　　中國的信訪制度現在陷入了執行的困境，也就是施行的狀況跟當初設立的宗旨之間產生了變化。這個困境就是一方面政府把信訪當成響應民情、解決問題的途徑，因信訪在民眾的期望價值很高，但另一方面，它越是有作為，在無形中便會破壞了司法、行政的程序。總結來講，目前信訪最大的問題就是信訪的功能從政治參與突變成權利救濟。而信訪制度作為歷史產物已經無法適用於當前，相反地已是弊端叢生，如果不能正式信訪所帶來的問題，將會產生十分嚴重的政治後果。在面對大量的群體信訪或矛盾激化的各類個體信訪，信訪部

門在解決信訪事項的過程中是處於上級領導及人民群眾兩難壓力的境地。因接訪官員為了向上級交代，減低信訪率，通常會採用法治以外的方式來擺平信訪人，強壓或哄騙等手段也都成了許多基層信訪工作人員無奈的選擇，這樣持續的發展都將是衝擊中共基礎政權穩定的挑戰。

一、「權力救濟」勝於「參與溝通」

「信訪」現階段最大的問題就是百姓重視其權力救濟的功能勝過於參與溝通的功能。中國社科學院農發所于建嶸教授認為「信訪制度」的本質應該是蒐集和傳達老百姓民意的一種制度設計，相當於一個秘書的角色，但現在卻成了老百姓最後一種救濟方式，而且被視為優於其他行政救濟甚至國家司法救濟的最後一根救命稻草，這是中國「信訪」制度存在最大的危機和挑戰。于建嶸在2004 年 5 月至 10 月曾率領研究小組對中國的信訪制度進行了大規模的專題調查研究，得到結論認為「信訪制度作為歷史產物已經無法適用於當前，相反已是弊端叢生，這種制度如果不進行徹底改革，將會產生十分嚴重的政治後果」，因為現在的信訪實況不是在減壓，而是在持續加壓、積壓民怨。

于建嶸教授認為整體的起因在於目前中國的司法救濟體系仍非常薄弱，且有大量行政力量介入的痕跡，使許多矛盾無法在司法機關獲得解決，法治權威還未樹立，老百姓也不願意相信法律，只好去尋求人治，導致大量的群眾到省城、北京進行「信訪」，這是中國的老百姓幾千年來的習慣。老百姓在權利被侵害後習慣找領導，而領導也喜歡批示，加上媒體的渲染，更強化了老百姓相信「信訪」而不相信法院的觀念，而「信訪」實際上會涉及許多公民權利救濟的問題，目前的「信訪」是過去長期以來以行政方式治理國家的一種非常救濟手段，是不符合法治的作為。所以越來越多的信訪案件，將使信訪部門和信訪人之間產生越來越大的矛盾。信訪工作帶有明顯的人治色彩，單靠它自身的作用，根本無法解決錯綜複雜的社會矛盾，所以必須對「信訪制度」進行檢討，降低人民對其權利救濟的需求，才能真正的解決人民的矛盾問題。

二、「信訪辦」其實是「信轉辦」

信訪的另一個棘手的問題就是責重權輕的問題。信訪機構沒有解決問題的能力，但很多人仍把信訪當做解決問題的最有效的途徑，且藉由取得領導的批條，信訪人便認為自己是有道理的，上面也承認信訪人這個道理，所以問題應該可以獲得解決。但信訪部門實在沒有可以替代地方司法機關的人力和職權，不可能專門調查每一個上訪者所反應的冤屈是否屬實，所以在工作流程上還是必須把問題轉回當地政府部門處理，於是問題又回到最初的起點，並且還可能造成更多的冤假錯案產生。雖然目前的信訪條例確定屬地管理、分級負責的原則，但對於各級信訪部門的職責卻沒有詳細的規範，人民的陳情只能到處看領導臉色，互相被踢皮球，這樣導致信訪人從心理面更恨接訪官員，更對國家體制失去信心。而另一個轉辦可見的缺點就是叫地方官員自己調查自己的缺失，導致信訪人因此更擔心遭受迫害，反而更是聚集北京不願回鄉，但這樣長期上訪、重覆上訪的結果，更產生了大量的社會問題。由此可知，信訪在人民心中功能錯位的結果根本無法協助人民解決問題，只會增加更多的民怨，弱化統治基礎，更容易使有心人士藉用信訪人的無奈進行不可預測的抗爭，這都是值得去深省信訪最後到底是解決了何種事情。

◎ 第四節　大規模群體性事件與維穩經費

最近中國各地出現了許多大規模的群體性事件，有些還極為嚴重。和過去相比，大規模群體性事件的數量不斷增加，而不是減少。這種群體性事件已經變成幾乎在中國到處都可以見到的現象，人民群眾對於政府的不滿在上升中，這已經是一個事實，且無法漠視不見的。在社會矛盾日益激化的當今，中共政府把維持專制政權，當作了治國之本。維穩費增幅已經超過了國防開支。作者質疑「穩定壓倒一切」究竟壓倒了甚麼，並認為所展現出來的是政府權力肆虐與民眾權利被剝奪的強權姿態。彭思舟教授指出中共的「維穩」才是社會不穩定的根源。

一、維穩費增幅超國防開支

自 2007 年以來，中國每年發生的大規模抗議活動超過 9 萬起。特大群體性事件一直在增加。2009 年的維穩經費高達 5,140 億元人民幣，增幅超過了國防開支預算。全國約有 2,000 萬公安及 100 萬武警，此外，還有約 400 萬名各類保安。

著名維權律師金光鴻在接受《大紀元》記者採訪說：「中共之所以把維穩作為一個治國方略，實際上還是中共建國以來沒有改變的一個方略，就是建立一個全民控制性的社會，不能讓任何事情超出共產黨是掌握和控制。他寧可犧牲人權，犧牲民生；寧可把警察變培養成土匪，寧可縱容地方政府為惡，只要不出亂子，不管用甚麼手段，包括用黑社會手段能擺平就行了。」

中國社會科學院于建嶸教授質疑，穩定壓倒一切，它究竟壓倒了甚麼？壓倒了民生，壓倒了人權，壓倒了法治，壓倒了改革。他指出：「而穩定卻壓不倒腐敗，壓不倒礦難，壓不倒違法拆遷。為了穩定，不惜犧牲民生；為了穩定，有些地方竟然把文革時遊街批鬥的一套都拿出來了；為了穩定，不惜濫用警力。」

中國行政體制改革研究會秘書長汪玉凱則向《南方周末》記者表示，其實，很多社會群體性事件發生的根源，是政策的不公平、不公正。他說：「如果頒布的政策越來越有利於富人，越來越有利於壟斷行業，那麼弱勢群體在政策中的博弈能力就會越來越弱。這些占社會人口絕大多數的弱勢群體如果沒有話語權，沒有利益表達的途徑，我們的社會怎麼可能穩定？」

二、借「維穩」栽贓陷害

中國(93.94.95)年超千億的偷稅漏稅第一走私案，執法人員夥同黑惡勢力造假犯罪證據，杭州地方公安為了趕盡殺絕，把舉報人列入重點控制黑名單，栽贓六條大罪陷害和殘酷鎮壓舉報人裘金友，手段無所不用其極。也美其名曰「維穩」。河北張家口塞北管理區 7 名村民，因不斷爭取協商，獲得了比一般村民要多的拆遷補償款。事後被指向政府施壓，被判「敲詐勒索政府」罪入獄。

2010 年 11 月 7 日，湖南省永州市農民唐封銀被關進拘留所。永州市公安局冷水灘分局出具的行政處罰決定書稱，唐封銀夫婦「準備上訪」，其行為「擾亂了公共場所秩序」，因此給予拘留 10 天的行政處罰。《南方周末報》記者提到，公民唐封銀還沒有上訪，只是準備上訪，就無辜惹上個「準備上訪罪」，陡然讓上訪的風險加倍提高。

政府的維穩是在維護他們自己的權益，不管民生也不管老百姓的死活。徵地、拆遷、強拆到現在還是這樣。而社會的穩定他們根本不管。外面搶劫、殺人這些真正的違法行為的事多的很，為甚麼不多管一管。北京維權人士王學琴說：「現在是你打壓越利害，逆反的心越強。訪民一定是要維護自己的權益得。所以我覺得不論他們用甚麼非法手段，是打不垮的，對這些冤民來說肯定是要勇猛直前的。」《南都週刊》曾發表一篇〈房產局長日記：拆遷戶上訪按『敵對勢力辦』〉。日記的內容可以幫助人們理解地方政府在拆遷中是如何視法規、法律於無物，進而瞭解中國的維穩經費為何越來越高，敵人為何越來越多。

三、社會成高壓鍋

《南方周末》評論指出：「對於一些人來說，過正常的日子不再可能，只能走上職業化的上訪或維權道路。還有一些人在上訪或維權過程中受到了各種打擊迫害，這些又成為上訪或維權的新事。由此使他們成為終生的職業上訪者或維權者。不難看到，本意是要防止不穩定事件發生的維穩，由於政府的不作為或亂作為，反而成為促成不穩定事件發生的機制。」

「社會不穩定的因素。都是他們自己搞起來的，如果沒有強制拆遷的話，能避免很多矛盾。你強拆人家房屋，別人不讓你拆，你就說是不安定因素嗎？！」金光鴻認為，就是古代最愚蠢的皇帝都知道「防民如防川」。民眾就是洪水，你不能堵要引導，讓他把冤屈發洩出去，不滿就洩掉了。他指出：「政府打壓律師是錯的，其實律師是對社會非常有利的，律師、民間組織是能幫他洩洪的。他們現在是對誰都不相信。」

現在中國的問題恐怕也不是依法治國，制度轉型能解決的這麼簡單的事，因為再好的體制、再好的法律，也需要人。他強調：「現在中國還有多少人有

正氣，有這個道德底線。我除了看到一些宗教人士、法輪功、基督徒，還有普通的老百姓有一些正義外，越是上層越沒有道德。」

■ 四、為何會出現大規模群體性事件？

中國為甚麼會走入這種越「維穩」越不穩的怪圈？產生這些衝突的原因有很多，但是主要在於政府和人民群眾的關係不斷惡化。

壓制維穩不能服眾，一些地方政府或者是為了推動經濟增長，強拆老百姓的房子，強行徵收土地，盡量少給或者不給被拆遷戶或被徵收土地人群的賠付。他們利用手中的政府權力，強行執行這些利益偏向的政策，逼得地方老百姓進行不得已的維權活動，甚至出現流血事件。

面對著社會越來越多的不滿和不斷增加的群體性事件，我們可以看到目前政府採用的辦法基本上是用維穩來解決，也就是用壓制，利用警察、武警和其他的強勢力量壓服老百姓。從表面上看，這種辦法可以解決一時問題，但是無法解決長遠問題。而且會增加中國政府的維穩經費，在經濟不斷上升的時候，或許這種辦法還可以用，但在經濟面臨調整的時候，將會給帶來非常沉重的負擔。

其實從結果來看，用壓制來解決和社會的衝突，並不能使群眾屈服，社會反而會在公平和正義的召喚下，用更加激烈方式去尋求問題的解決，反而會越壓越勇，越戰越強，為公平和自身利益的實現而表現得無所畏懼。實際上，這些年來，我們看到在這種壓制的辦法不斷運用的同時，群體性事件仍不斷增加，社會的矛盾越來越大。

在一些地方，地方政府感覺到社會的壓力後，開始改革，用面對面和群眾對話的方式來處理公共利益和社會衝突。雖然這些辦法所見到的並不多，但是影響力很大，也受到社會和地方政府的歡迎，取得了社會公眾的讚揚。例如浙江溫嶺採用民主懇談，用開放社會讓公眾參與政府的決策過程；再例如廣東烏坎事件，廣東政府用和社會直接對話的方式解決當地的衝突。這些辦法可以讓社會和政府坐在一起，找到一個解決社會公共利益問題的方式。這就是政府用改革的辦法、開放的辦法、對話的辦法、談判的方法甚至是妥協的方法來解決

和社會之間的衝突。在這些實行了政治改革的地方，我們看到大規模群體性事件在減少，有的甚至沒有發生。

讓公眾有機會參與，那麼，中國目前的情況，從哪裡入手推動政治改革可以很好地、有效地解決政府和人民之間的衝突呢？從這些年來的民主實踐看，比較好的辦法應該是從人民與政府面對面相遇的地方入手，也就是從有關政府和公眾交接的制度入手處，進行制度改革來推動政治改革。

近年來，一些試圖建立政府和社會對話制度的改革已經出現了一些，在有些地方也進行得不錯。它們包括啟動地方政府預算改革，讓公眾參與政策決策過程，或者讓政府更加透明化；把政策和財政開支全部公布給社會公眾，也能起到政府和社會建立對話機制的作用。由於網路的發展，給了社會公眾批評和監督政府的工具，一些地方政府利用網路接受群眾的批評，改變政府行為與政策，也在對話方面取得了一些成績。一些地方政府啟動了社會管理體制的改革，簡化了社會組織的註冊、登記程序，讓廣泛存在的社會組織從後台走向前台，賦予他們合法性，參與社會發展，也參與公共政策的過程。這些對於中國公民社會的發展也可以起到作用，也在客觀上讓公眾有了更多參與的機會，這也是一種建立社會對話機制的有效辦法。

中國這種在政府和社會之間建立對話的辦法再不推動的話，將會失去所有改革的機會，一定會出現劇烈的政治動盪。

◎ 第五節　結　論

人民信訪是為了突顯自己的困境，希望更高層的領導可以聽見自己的委屈及困難，並進一步的向下解決，此優點為：向上表達意見，使領導者可以聽取下層民意；缺點為：長期依靠此法維護權利，會造成司法公正、行政權威備受挑戰，容易導致國家體系失焦，國家社會關係失衡。一般來說，會進行上訪的人大多屬於弱勢團體或者是中低階層的人民，因為擁有一定社會地位的人在受到權益損害時，通常會動用自己的人際脈絡，尋求關係或者是聘用高級律師來作維權的動作，根本不會去考慮這種不具任何效用的維權方式。這些比較低階

的民眾在中國社會並沒有豐沛的社會關係網絡可以動用，所以一旦在地方遭受委屈時，便只能寄望於上級領導的批示來維護權益。然而可悲的是，這些希望透過上訪進行維權的人，通常很少能利用這種信訪渠道來維護自己的合法權益，反而會因此變成上訪老戶，導致家破人亡，有些甚至生命安全遭受到威脅。長期身心煎熬的後果，便導致很多在北京的老上訪戶對行政機關的信任度都是非常的低，甚至還有人提出要犧牲自己與貪官共死的言論，這樣的怨氣已經足以構成挑戰社會穩定的潛在威脅。

面對信訪洪峰所造成的社會變動，「信訪制度」在中國引起了一番論戰，而信訪研究自 2004 年以後更為學者所注意。在這波論戰中，有人主張取消「人治的信訪」，因為信訪主要還是依靠領導人的批示來解決問題，是一種人治思想的表現，隱含了「清官情結」的封建思想，不利於法治建設，並且會對當前的訴訟法律制度和司法制度產生衝擊，所以應該弱化甚至於廢除當前的信訪制度。當然也有人主張賦予「信訪」職權，強化「信訪」作用，這是針對信訪部門責重權輕所提出來的解決之道。認為現在信訪部門無法解決問題的原因就是沒有相關的權力，所以如果要信訪能真正解決民眾的問題就必須給予信訪適當的權力，以便有權去調查或者是監督其他部門。這樣看法的提出，大多是站在部門機關的立場來思索解決信訪洪峰的結論，但忽略了部門利益有可能會導致國家機關權力運作的混亂。最後一種折衷的說法是在目前中國法治還不完善的情況下，信訪救濟仍是一種替代性的糾紛解決方式，應當予以保留。這樣的論點大多認為中國目前仍處於轉型期中，現代化的政治制度建設並未完善，在這樣的情況下並不能貿然的放棄現有的處理機制，否則將會引起社會動盪。但總的來說，仍認為中國未來應該走向法治社會，透過法制建設來建立民眾的維權機制。

總結本文來看，研究信訪制度並不能單從官方的文本來看，因為所看到的大都是從自身部門利益所表現出來的數字及說辭觀點，實際探訪上訪人便會感受到他們對於這些數據的忿怒，及對政府單位的不信任。所以如要真正化解信訪洪峰就必須要從信訪人的角度來看信訪，傾聽信訪人的需求，分析信訪的理由，如此才能歸納出目前信訪制度真正出現問題的所在，化解官民認知上的差距，真誠的尋求解決之道。

參考書目 References

1. 刁杰成（1996 年）。**人民信訪史略**。北京：北京經濟學院。

2. 浦興祖（1999 年）。**中華人民共和國政治制度**。上海：人民。

3. 農婦伸冤 20 年兩代記者關注─上訪成本何其昂貴。來源：新華網。2005/08/03。
   網址：http://news.xinhuanet.com/focus/2005-08/03/content_3299946.htm。

4. 循制度化解決新途─接訪戰役能否化解信訪洪峰。來源：中國新聞網。2005/06/01。
   網址：http://news.163.com/05/0601/09/1L5CCF090001124T.html。

5. 我國信訪人群調查：漫漫信訪路何處是歸程。來源：人民網。記者：董月玲。
   2004/12/08。網址：http://www.people.com.cn/BIG5/14576/14528/3042824.html。

6. 胡錦濤下令檢討中國現行的上訪制。來源：奇摩新聞。2004/11/24。
   網址：http://tw.news.yahoo.com/041105/43/14rqt.html。

7. 中國信訪制度實行 50 多年，走到制度變遷關口。來源：人民網。作者：趙凌。
   2004/11/04。網址：http://www.people.com.cn/GB/shizheng/1026/2965618.html。

8. 策劃：信訪工作與人大監督結合，解決問題在基層。來源：人民網。2004/08/31。
   網址：http://www.people.com.cn/BIG5/shizheng/1026/2750288.html。

9. 涉法信訪是否挑戰司法權威。來源：法制日報。作者：蔣安杰。2004/08/10。
   網址：http://www.xslx.com/htm/mzfz/fzsz/2004-08-10-17123.htm。

10. 取消？強化？變革？中國信訪制度陷入困境。來源：新華網。2004/06/30。網址：
    http://big5.xinhuanet.com/gate/big5/news.xinhuanet.com/newscenter/2004-06/30/content
    _1553983.htm。

11. 理性求解中國信訪的制度困境。來源：半月談 / 新華網。2004/06/29。網址：
    http://www.chinatopnews.com/MainNews/SinoNews/Mainland/xhw_2004_06_29_01_55
    _17_122.html。

12. 信訪：有中國特色的制度設計。來源：中國廉政報導網。2004/05/14。
    網址：http://www.szmj.gov.cn/newmj/ywcj/ywxw/200408260678.htm。

13. 國家信訪局局長：80%上訪有道理。來源：人民日報。2003/11/20。
    網址：http://www.people.com.cn/BIG5/shizheng/1027/2200877.html。

14. 審視信訪：人治還是法治。來源：南方周末。2003/11/13。
    網址：http://www.nanfangdaily.com.cn/zm/20031113/xw/fz/200311131058.asp。

PERSPECTIVES OF MAINLAND CHINA

★ ★ ★ ★ ★

CH **12** 編著者 曲兆祥、田昭容

中國大陸反腐敗鬥爭與廉政建設

▶ 當前中國大陸腐敗現況
▶ 中共反腐敗的努力與不足
▶ 中紀委與廉政建設

前言
FORWORD

　　中國大陸目前正處於經濟轉型的過程中，由於法治環境的薄弱，民主制度的不健全，助長了一些政府官員腐敗行為的滋生與蔓延。1999 年，曾有 30 位人大代表提交建議制定國家〈反腐敗法〉的議案，此案被列為 1999 年「一號議案」。甚至有學者說：「改革開放以來，我國黨和政府始終堅持一手抓經濟建設，一手抓反腐倡廉…。」又說「當我們回首…黨的和共和國的歷史，不僅僅是…同時也是一部反腐倡廉的鬥爭史。」由此可見，當前的中國大陸，其「腐敗」問題，基本上是個嚴重的政治問題。

　　事實上，近年來中共中央為推進反腐制度創新，做了不少的努力，如 2004 年中共十六屆四中全會首次將「懲防並舉、注重預防」納入反腐戰略方針；2007 年 9 月「國家預防腐敗局」正式成立；2008 年 6 月《建立健全懲治和預防腐敗體系 2008～2012 年工作規劃》提出：「經過今後 5 年的紮實工作，建成懲治和預防腐敗體系基本框架」，更強化了大陸「防腐」制度建設的工作。2009 年則被認為是反腐敗制度建設的攻堅之年，自 2009 年 5 月份以來，中共中央已連續審議通過了《關於實行黨政領導幹部問責的暫行規定》、《中國共產黨巡視工作條例（試行）》、《國有企業領導人員廉潔從業若干規定》等加強反腐敗的文檔。2009 年 9 月召開的第十七屆中央委員會第四次全體會議，把「反腐敗」議題列為焦點內容。另外，中共於 2011 年 1 月召開的「中央紀委監察部機關貫徹落實 2011 年反腐倡廉工作任務分工會議」上，中央紀委副書記何勇指出：「今年是中國共產黨成立 90 周年…，也是全面落實《建立健全懲治和預防腐敗體系 2008～2012 年工作規劃》的關鍵一年。」

　　不只在中國大陸，其實「反腐敗」也是多數國家所關注的重點工作，包括跨國的非政府組織(Non-Governmental Organizations, NGOs)。例如：以推動全球反腐敗運動為己任的「國際透明(Transparency International)」組織，對全球 178 個國家的政府部門進行腐敗情況評估，於 2010 年 10 月 26 日，發布年度「清廉指數(Corruption Perception Index, CPI)」報告，紐西蘭(New Zealand)第三次獲評為「世界最清廉國家」，而中國大陸排行第 78 位。

　　基於「腐敗」，在中國大陸是一個亟待解決的重大問題，而且國際對此議題又非常的關注。因此，本文選擇從探究中國大陸腐敗的成因視角切入這個議題，並認為其成因可歸納為「內生變數 (Endogenous Variables)」與「外生變數(Exogenous Variables)」兩大類，並且圍繞著這兩大類型進行剖析。

第一節　中國大陸腐敗問題及反腐敗的措施

一、中國大陸「腐敗」的問題

(一)「腐敗」的原因和類型

　　宏觀上，「腐敗」是多因造成的，不同的時期、不同的國家甚或不同的個體，其產生腐敗的原因都會有些個別差異。聯合國曾有官員指出：腐敗會如此氾濫，乃因「腐敗低廉的『生產成本』足以讓殖民時代洗劫加勒比海與太平洋地區的強盜們感到嫉妒，因為利用職權進行欺詐的行為，耗盡的成本只占所得『收益』的百分之三，腐敗的成本和風險如此之低，以至讓後來者趨之若鶩。」

　　王良能就杭廷頓「腐敗程度與社會和經濟現代化的發展速度有著相當密切的關聯」的概念，認為「腐敗」的原因為「現代化使社會基本價值觀念發生變化，就會出現根據傳統準則自認可以被接受、自認應屬合法的行為，然而若用現代眼光來審視，這些行為不但不能被接受，還應被列入腐敗違法行動。」「現代化開創了財富和權力的新來源，從而促進了腐敗的產生」及「現代化使政府權力擴大，使政府制約下的活動增多，從而為腐敗的滋生提供了可能性」。

　　就一般人的理解，現代的民主國家，常因人口眾多，分布廣泛等因素而實行代議制；這意味著在國家權力的持有者（有投票權的老百姓）和行使者（行使「公權力」者）之間存在著某種程度的「分離」。照理說，國家權力機關的權力都是人民所賦予的，它一經產生，就具有「公共權力」的性質；但因實行代議制，所以這種權力的表現，很大程度上具有個人的性質。這種「權力」的所有者和行使者「分離」的狀態，導致政治及權力的異化傾向，因而造成腐敗或

專橫等阻礙社會發展的消極力量。因此，陳利軍曾針對這類現象，提出「權力所有者和行使者分離為腐敗提供了條件」、「政治制度化程度不高為政治腐敗提供了機會」及「人的『趨利性』為腐敗提供了基因」等說法，來說明大部分的現代民主國家腐敗的原因。

至於在中國大陸，其產生腐敗的原因，應是：受數千年來封建制度特權思想的影響，加上來自於政治上缺乏有效的監督機制以及新舊體制轉軌原因。此外，又受「文革」所造成的價值觀扭曲及改革開放帶來貧富差距加大等因素所致。有學者對監督機制的缺陷，分別以「國家權力機關的監督」、「黨內監督」、「民主黨派監督」、「媒體輿論監督」及「公眾監督」等面向加以論述。認為各級人大代表多數為兼職，影響監督腐敗的成效，未能發揮監督腐敗的作用。「黨內監督」亦存在諸多矛盾，如「監督客體」與「監督主體」間「強」與「弱」不對等的矛盾；監督機關存在法律上監督的獨立性與實際上的附屬性之間存在著矛盾；監督的主動性和事實上監督的被動狀態存在矛盾…等。其他方面也存在著「忽視對腐敗行為的事前和事中監督」、「缺乏相配套的國家工作人員財產申報制度」、「民主黨派素質有待提高、獨立的政治意識不足且缺乏監督的配套措施」…等問題，而導致防治腐敗的低效率現象。

至於，正值新舊體制轉型期的中國大陸，現今存在著國家的宏觀調控和市場自由配置而對國家經濟產生的「直接管理」和「間接管理」；人治色彩濃厚與法治的不到位；「計畫經濟」與「自由市場經濟」同時並存的現象…等有別於西方民主先進國家的問題，而形成多元複雜的局勢，增加了腐敗的空間。

所以，有些研究總結了大陸腐敗現象的主客觀因素指出，大陸的腐敗現象非常複雜，且誘發腐敗的原因是多種多樣。例如，(1)進入市場經濟的轉型時期，新舊體制的交接不到位，形成交疊現象的社會歷史條件方面的原因；(2)反腐敗制度和程序不完善、不合理及不配套的原因；(3)地方保護和部門保護主義的組織管理方面的原因；(4)經濟文化落後、官本位觀念、特權觀念…等文化修養方面的原因；(5)現代不斷更新的尖端技術支援下的腐敗形式，為廉政建設帶來了前所未有的挑戰的原因。

關於腐敗的類型，因不同國度、不同的時期或不同的視角等因素而形成百家爭鳴的現象，但總結來說，它們彼此間總是呈現意境相似或互補的態勢。以下就李文生、凱頓(G. E. Caiden)及何增科對腐敗類型的分析進行討論。

　　李文生在《腐敗防治論》書中，依不同的角度，提到：(1)可根據腐敗的主、客體是否分屬於公職人員或公共權力而將腐敗分為「非權力腐敗」及「權力腐敗」；(2)根據腐敗的外露程度，可將之分為「隱性」和「顯性」腐敗；(3)可根據構成腐敗主體的參與人數，而將之分為「個體」或「群體」腐敗；(4)可根據作為權力腐敗主體的公職人員是否擔任官方職位，而將之分為「官員」或「非官員」腐敗；(5)根據腐敗的客觀結果，可將之分為「黑色」和「白色」腐敗；(6)可根據腐敗本身對社會的危害程度，將之分為「違紀型」和「犯罪型」及(7)根據腐敗的主體間是否有雙向的不當行為，可將之分為「交互性」和「非交互性」腐敗。

　　G. E. Caiden 曾把腐敗行為分為外國資助、政治醜聞、制度化體制內的不法和行政上不法等四大類型。依據「主要角色」、「腐敗模式」與「背景動機」比較其間的差異，如表 12-1：

▶ 表 12-1　腐敗類型比較表

型態	主要角色	模式	背景
外國資助	· 公務員 · 政治人物 · 捐助者代表或受捐助國家	a. 賄賂及回扣 b. 共謀對大眾施以欺騙	a. 經濟依賴 b. 多元價值系統 c. 多數鬆弛結構的社會
政治醜聞	· 官僚菁英 · 政治人物 · 商人和居間者	a. 大規模的侵占公款和透過公共投標處理公產等不適當的分配 b. 依據特殊利益給予經濟特權 c. 大量政治捐獻與賄賂	a. 國家資本主義。資本稀少性。競奪國內市場與公共資金 b. 官員欠缺愛國心與自我服務 c. 貪汙成為生活方式 d. 無效的官僚主義
制度化的	· 官僚菁英 · 政治人物 · 商人 · 白領階級工作者	a. 在國家利益前提下大規模支付公共財給特殊和特權利益	a. 工業化、資本集中、獨占和國家統治 b. 卑微的中產階級

資料來源：　轉引自李燈燦，〈公務機關貪汙問題與防治策略之研究〉，政治大學公共行政研究所碩士論文，1993 年 6 月，頁 26-27。(原出處：G. E. Caiden ," Toward a General Theory of official Corruption ",in Asian Journal of Public Administration ,VOL.10 ,No.1 ,1998,p.10.)

　　學者何增科曾針對轉型期的中國大陸，將其政治腐敗類型加以劃分及分析，如表 12-2：

▶ 表 12-2　中國大陸腐敗類型比較表

劃分依據	具體類型		
腐敗行為主體的性質和數量	個體腐敗	群體腐敗	
腐敗行為主體的層次分布	基層腐敗	中層腐敗	高層腐敗
腐敗行為的多發領域和部門	經濟領域腐敗	政治和行政腐敗	社會領域腐敗
腐敗行為的動機	因公型腐敗	徇私型腐敗	逐利型腐敗
腐敗行為的制度性成因	傳統型腐敗	過渡型腐敗	現代型腐敗
腐敗交易雙方得利情況	互惠型腐敗	勒索型腐敗	
腐敗行為後果	輕微腐敗	一般腐敗犯罪	重大腐敗犯罪
人們對腐敗行為的寬容程度	白色腐敗	灰色腐敗	黑色腐敗

資料來源：何增科，《中國轉型時期政治腐敗的類型、程度和發展的趨勢》，《北京行政學院學報》，2000 年，第 2 期，頁 6。

（二）中國大陸的「腐敗」問題

　　2010 年，河南省的李九成案；2008 年，上海的陳良宇事件；2005 年，安徽池州的「6．26」事件；四川大竹縣的一家酒店發生群體性事件；2008 年 7 月 19 日，雲南省孟連縣的「7．19」事件；2009 年 6 月，雲南普洱的人民法院相繼公審孟連縣原兩任縣委書記胡文彬、刀立富涉嫌受賄案，孟連縣原財政局長劉宏涉嫌巨額貪汙、挪用公款案，普洱市原財政局副局長朱德興涉嫌巨額貪汙、受賄、濫用職權案等案件；近日的有：前鐵道部部長劉志軍涉嫌嚴重違紀事件及人稱高官「公共情婦」的女富豪李薇事件。從這些腐敗的案例中，我們察覺到中國大陸當今的腐敗問題的多樣、繁雜而且無奇不有。

　　在《老百姓關心的 10 大反腐問題》一書中，提到中國大陸腐敗犯罪的新動向和怪現象主要有：(1)「色情腐敗」現象（很多貪官栽倒在好色上）；(2)「貪官善於做秀和包裝」；(3)「腐而不敗」現象（貪官之所以「腐而不敗」，是由於這些腐敗幹部大都有後台，就算東窗事發，卻總能仗勢而化險為夷，立於不敗之地。）；(4)「臭豆腐」現象（很多人把腐敗現象看成臭豆腐，雖聞起來臭，但吃起來香，因此表面對腐敗分子深惡痛絕，內心卻由衷佩服，甚至競相仿效）；

(5)「笑貧不笑貪」現象,「腐敗案件已從需求型、貪婪型發展到瘋狂攫取型」和(6)「集體腐敗」現象…等。

何增科針對大陸改革開放以來,紀檢監察機關案件查處情況做了一個統計,他發現,從 1982 年到 2007 年 6 月為止,總共的立案數有 2,687,424 件,受黨紀、政紀處分的人數有 2,448,597 名,其中縣級以上的幹部人數有 69,928 名。此外,何增科根據 2007 年最高人民檢察院的年度工作報告,針對檢察機關查處貪汙賄賂等腐敗案件也做了統計,發現從 1978 年到 2007 年間,查處的案件有 1,029,402 件,查處的人為 584,403 人,其中縣處級以上的人數為 41,063 人,所挽回的損失數約為 736.1 億元人民幣。

另外,依據中共中央紀委的對外訊息,得知關於 2010 年紀檢監察機關對外公告的案件查處情況,如表 12-3:

▶ 表 12-3　中國大陸 2010 年紀檢監察機關對外公告的部分專案的案件查處情況

名目	工程建設領域違紀違法	落實中央擴大內需政策	信訪舉報
事件歷時（期間）	2008年以來截至2010年底	2008 年 第 四 季 度 截 至 2010年8月底	2010年1至12月
立案	違紀違法案件15,600件	違紀違法案件314件	139,621件
處分	黨紀政紀處分9,349人,移送司法機關處理5,150人	黨紀政紀處分430人,移送司法機關處理57人	黨 紀 政 紀 處 分 146,517人
挽回經濟損失			89.7 億（人民幣）

資料來源:本文參閱《人民網》及《中國共產黨新聞網》整理繪製。

二、中國大陸「反腐敗」的措施概況

中國大陸學者侯長江的研究指出,近年大陸反腐敗工作的特點有「反腐鬥爭的力度、廣度、深度還在繼續不斷的加大」,被查處的腐敗高官,具有(1)落馬、高官中的「五長」多;(2)受賄案多、案值越來越大;(3)窩案、串案多,集體腐敗特徵明顯的新動向。前文案例中,如:2008 年轟動全中國大陸的陳良宇案件,似乎就可印證他的說法,也讓一般人感受到大陸的中央,加強黨風廉政

建設，堅決懲治腐敗的堅強決心和鮮明態度。此外，大陸學者戴睿家在他的文章中建議中共反腐敗的方向為：推行民主法治；建立完善的市場經濟體制，如：「開放各種生產要素市場…」、「真正實行政企分開…」及「轉換國有企業經營體制…」；加強人民的「守法觀念」；發揮「新聞輿論監督」的功能，以增強防止政府腐敗的力量。事實上，中共從 1993 年開始就推進了「反腐敗鬥爭不是以思想鬥爭或者群眾運動方式，而是向法制化方向發展」。

回顧 1994 年，中國大陸民政部接續 1990 年發布的「關於在全國農村開展村民自治示範活動的通知」，發布《全國農村村民自治示範活動指導綱要》，首次明確地提出要：「建立民主選舉、民主決策、民主管理、民主監督等四項民主制度，使全國的村民自治示範活動開始走向規範化和制度化。」到了 1997 年中國共產黨第十五次全國代表大會報告則在一般民主政治的意義上進行了闡述，從而成為中國共產黨的規範概念延續下來。

這也就是為什麼中共國家主席胡錦濤在美國訪問時，多次提及「沒有民主就沒有現代化」的原因，其涵義深且覆蓋面廣。1947 年 11 月 11 日，吃過民主苦頭的丘吉爾(Winston Churchill)在下議院發表演說時，他說：「有人確實這麼說過，民主是一種除了那些已經不斷被實驗的政府型式之外，最糟糕的一種政府型式。」顯然，此公當年是以反諷的語法來肯定民主政治，或者說民主政府也許免不了有她的缺點，但她能被現代人一再肯定，必然有她的優點。

前曾述及，中國大陸腐敗難以遏制的原因很多，但其中最重要者，本文以為莫過於源自所謂「一把手」的不講民主，亦即「領導」的專權、特權和霸權所致。這或許回應了胡錦濤那句「沒有民主就沒有現代化」的話，因為在諸侯經濟的體制下，地方「一把手」的權力太大了，大到某些地方、領域、部門、單位儼然成了「一把手」的「私家領地」。這也就是為什麼近年來，中國大陸各級的「一把手」因腐敗問題而中箭落馬的人數是「空前」的多。

歸根結底，吾人以為中國大陸要解決腐敗問題還是必須先從制度層面著手，亦即如何克服「行政壟斷」的現象，進而經由審慎而周密的民主制度設計來遏制官員的政治腐敗。換言之，透過民主化的過程，加大體制監督的力量，應該是一條必要的途徑。

第二節　政治腐敗的內生變數分析

　　按照現代政府理論的解釋，政府官員與民眾之間構成一種公共權力的委託－代理關係。民眾是公共權力的主體與委託人，由於多數民眾無法以集體的方式共同行使公共權利，於是通過政治契約的方式讓渡出一定的自然權利，將其整合為具有公共強制力的政治權力，並交由政府官員代為執掌。因此，在與民眾的權力關係上，政府官員只是民眾的受託者，代表民眾的意志行使公共權力。公共權力存在的前提是為了維持社會穩定，提供公共服務，實現社會的公平正義，維護個體民眾的基本權利。由此可見，公共權力的基本特性就是其「公利性」。然而，公共權力的「公利性」並不意味著它始終都是維護民眾公共利益得心應手的工具。它還具有「強制性」，強制性的公共權力若行使不當，非但不能實現公共利益，反而還會造成對公民個人或群體利益的侵害。

　　面對公共權力的雙重性，「理性的民眾」在通過特定的政治制度與程序授予政府官員以公共權力時，必須認清這樣的兩個事實：(1)做為公共權力的受託者，政府官員需要代表民眾的意志以實現社會的公共利益，但是政府官員行政職責的公利性並不能完全掩蓋其實際行政行為的私利性可能。若社會系統存在腐敗的「負向激勵機制」，官員就有可能憑藉掌控的公共權力為其個人或集團謀取私利；(2)民眾與官員在公共權力的「委託－代理關係」中所處的地位是不平等的，他們各自所掌握的資訊也是不對稱的，在官員與民眾之間存在的「資訊不對稱」現象是腐敗產生的直接誘因之一。

　　為防範並遏制政治腐敗，首先就要瞭解腐敗產生的原理，尋找能夠誘發腐敗的相關變數，然後才可能嘗試著找出解決腐敗問題的辦法來。吾人經過研究，歸納出以下導致腐敗現象產生的六點內生變數，以及四點外生變數。以下析論之：

一、尋租空間的存在

　　「尋租」是一種導致政治腐敗的重要內生性變數。根據尋租理論，如果沒有政府干預經濟生活所造成的壟斷的話，就不會產生租金，也就不會有尋求直接的非生產性利潤的活動。

　　一旦政府開始干預市場調節過程，超額利潤下降或消失的趨勢將被抵消，這時超額利潤便轉化為租金；尋租行為的產生正是出自人為障礙的存在，它直接同政府在經濟中的活動領域和活動範圍以及國有生產部門的相對規模相聯繫。也就是說，政府對經濟的干預造成了人為的壟斷，從而導致了社會福利的損失。

　　尋租行為的社會成本或福利損失不僅包括尋租者追求壟斷租金所耗費的私人成本和壟斷本身所造成的直接社會福利淨損失，還包括由於尋租競爭而失去的生產和技術創新的機會及其所能帶來的福利。我們可從以下的事例來理解目前的中國大陸尋租的概況：

　　中國大陸的經濟學家胡和立和萬安培，曾分別對 1987 年、1988 年和 1992 年大陸的「租金」總額進行調查研究，他們發現：數值比土耳其、印度高出很多。在 1980 年代後期和 1990 年代初期，其租金總額占國民生產總值(GDP)比例大約是 20~40%。這意味著全中國大陸的人民，一年生產出來的物質財富中，有三分之一都變成尋租者和貪官的收入。

　　經濟學者王小魯和他的研究團隊，經過實證推算出 2008 年全中國大陸城鄉居民的隱性收入高達 9.26 兆元，占 GDP 的 30%，而其中定義為灰色收入的部分是 5.4 兆元，是隱性收入的 58%。另外，2009 年度審計報告顯示，國家審計署所抽查的 56 個中央部門已報銷的 29,363 張可疑發票中，虛假發票有 5,170 張，列支資金高達 1.42 億元。對此，王小魯指出：「審計署已經查出的 1.42 億元，不過是冰山的小小一角；這透漏著：公共資金正在以可觀的速度和規模，無聲無息地流向與權力有關的人群。」日本公布 2010 年第二季的 GDP 為 12,883 億美元，同期中國大陸的 GDP 為 13,369 億美元，超越了日本，但與此同時，王小魯的《灰色收入與國民收入分配》報告，再次指出：「中國大陸的灰色收入已經高達 5.4 兆元，約占國民總收入的 15%。且這些收入有將近三分之二進入了 10%的最高收入人群裡。」

　　2011 年初，中國青年報社會調查中心在春節期間，透過網路對 2,030 人進行調查，發現：春節前後應酬增多了。「應酬多」排在首位的是「單位領導(82.7%)」，其次是「公務員(59.6%)」…。本次調查顯示，75.2%的人認為應酬是權力「尋租」普遍的表現；67.7%的人則認為應酬是「職場公關」的需要…。我們從以上調研的數據約略可以窺得大陸權力機關「尋租」現象的普遍。

　　中國大陸官方這些嚴重的尋租行為，已導致市場競爭的公平性被破壞，這使得人們對市場機制的合理性和有效性產生了懷疑，於是人們進一步要求政府加大干預力度來改善情況。可是弔詭的是，這樣反而又再提供了更多的尋租機會，一旦政府造成了人為壟斷狀況，產生了更多的不公平競爭，如此形成了惡性循環。因此，「尋租」是導致中國大陸政治腐敗的重要內生性變數。

二、監管制約機制的薄弱

　　一般而言，越是經濟、文化、政治不發達的國家，政治腐敗發生的可能性就越大，這是因為，在經濟－文化－政治落後的國家中，公民社會的發育較為滯後，而且，在公共領域中，從政府官僚到普通民眾還沒有形成對公共權力的正當性觀念。在市場機制較成熟的國家裡，「有限政府(Limited Government)」的理念成為公民社會對政府公共權力進行監控的重要思想利器。從有限政府的觀念出發，西方發達國家在政治實踐層面能夠通過一系列的民主制度與程式設計，來對「本惡」的公共權力進行必要的限制與約束。於是，才有了體制內權力精英的「三權分立」、「權力制衡」的共和架構，體制外民眾的政治投票、政治選舉的參與機制。

　　然而，在後發的經濟轉型國家，公共權力在市場機制建構過程中仍然扮演著積極角色，重要資源的配置仍然取決於公共權力的介入，在此中情況下，掌握公共權力的政府官員發生腐敗的機率相對較大。早在美國建國初期，著名政治家麥迪遜(James Madison, 1751～1836)指出「如果人人都是天使，就不需要任何政府了，如果是天使統治人，就不需要有任何外來和內在的控制了」；「野心必須用野心來對抗」。監管機制的薄弱容易導致政府官員在進行個人「成本－收益」分析時的機會主義傾向。總之，若存在一套系統而完善的對公共權力的防範機制，將會大大降低政治腐敗發生的頻率。

三、腐敗行為較小的機會成本

　　政治腐敗較小的機會成本也會促使一些政府官員鋌而走險進行腐敗交易。從「理性人」的理論假設出發，可以將政府官員視為是能夠對「個人利益」與「公共利益」進行理性權衡的個體。要想有效遏制腐敗，必須要正視這個事

實。政府官員「應該」是民眾利益的守護者與捍衛者，是為民眾服務的公僕，但是，「應該」並不代表「的確如此」。政府官員也是有「個人利益」不斷縈繞的自私的個體，他們不是天使，而是隨時都有可能作惡的「掌權者」。從此判斷出發，可以認為：腐敗對任何一個政治體系而言都是無法根除的，只要政府官員是由本性自私的個體來擔當，在公共權力的運作過程中就有可能發生政治腐敗。那麼為什麼，在一些國家中的腐敗發生的機率較低，而在另一些國家中卻較高呢？

我們可以推導出這樣的結論：腐敗發生的機率與腐敗者所付出的機會成本成反比：即腐敗者進行腐敗所付出的機會成本越大，其進行腐敗的機率就越小；反之，腐敗者進行腐敗所付出的機會成本越小，其進行腐敗的機率就越大。從此種理論預設出發，遏制腐敗就有了一條可行之徑。意即，如果在進行民主制度設計時，能夠盡力提升政府官員進行腐敗的機會成本，那麼，腐敗發生的機率就有可能會被大大降低。

四、政府俘獲的激勵

政府俘獲理論認為，由於立法者和管制機構也追求自身利益的最大化，因而某些特殊的利益集團能夠通過「俘獲(Capture)」立法者和管制者而使政府提供有利於他們的管制。1971 年，斯蒂格(George Stiger)發表《經濟管制論》，首次嘗試運用經濟學方法來分析管制的產生，開創了「政府俘獲(State Capture)」理論。斯蒂格提出了兩個基本假設：(1)政府的基本資源是權力，各利益集團能夠說服政府運用其權力為本集團利益服務；(2)管制者是理性的，選擇使自己利益最大化的行動。在該假設的基礎上得到的結論是：政府管制是為適應利益集團最大化其收益需要的產物，一個特定的利益集團能夠通過說服政府實施有利於自己的管制政策而把社會其他成員的社會福利轉移到自己手裡。

以往在中國大陸，對政府官員政治腐敗成因的分析主要集中於官員個體「成本－收益」衡量的層面之上，而政府俘獲理論提供了對政治腐敗分析的新的視角，即將政治腐敗視為是利益集團與政府之間的一種非制度交易，此種交易是以「社會公共利益」為代價而實現的政府官員與利益集團利益的雙重滿足。政府俘獲理論認為政治腐敗的產生有其深層的集團利益動機，政府官員作

為一個掌控公共權力的既得利益集團，在運作公共權力的過程中，極易成為少數利益集團窺視、拉攏、利誘的對象，政府俘獲現象之所以會成為集團性政治腐敗的誘因，有其存在的特定制度背景。而政府俘獲與政府管制的收放程度有著緊密聯繫，要想遏制由政府俘獲所導致的政治腐敗，必先把握「強化政府管制」與「放鬆政府管制」之間的動態平衡。

五、政府官員正向激勵機制的缺失

政府官員是「個人私利」與「公共利益」矛盾性結合的統一體，在任何一種政治架構之中，都無法保證政府官員的「個人私利」能夠與其所代表的「公共利益」保持完全的一致；相反，政府官員的個體私利經常會與公共利益發生衝突。在政治實踐領域，若完全寄希望於政府官員在運作公共權力過程中的個人道德自律來防範政治腐敗是極不現實的。遏制政治腐敗的發生，必須首先要設定這樣一種對政府官員的正向激勵機制：使政府官員能夠受到一種導向廉潔行政的誘因的正向影響，從而在個人政治動機層面封堵政治腐敗的企圖；「高薪養廉」就是基於此種考慮的制度設計。但是，在法治環境薄弱、規則意識淡漠、市場機制不健全的國度，若僅僅通過實施「高薪養廉」的策略來遏制政治腐敗是遠遠不夠的；因為，遏制政治腐敗對任何一個政治體系而言都是一個系統性的政治工程。

六、腐敗行為負向激勵機制的干擾

若從政府官員的角度審視，政治腐敗的發生可以視為是由一種負向激勵機制的干擾所致。政治腐敗行為的本質是政府官員以其公共權力為工具謀求個體或集團的私利。在滿足公共利益的同時，官員對個體私利的追逐本無可厚非，但若在某一政治系統之中，官員的政治腐敗現象非常普遍，這就要引發人們的深度思考了；究竟是什麼在引導政府官員進行腐敗交易？官員個人的「成本－收益」分析僅僅提供了一種研究政治腐敗的經濟學視角，但引導政府官員進行政治腐敗的卻又絕非是一種對個人私利的簡單考慮。

誘發政治腐敗的內生性變數有多種，「負向激勵機制的干擾」是較為重要的一種內生性變數。所謂負向激勵機制，是指社會中存在的一種能夠激發起官員

利用公共權力謀求個人私利的誘導因，這種誘導因可以使官員在進行政治腐敗之時，形成一種「僥倖的預期」。這種「僥倖的預期」，主要體現在政府官員在進行政治腐敗時可以以最小的「風險」換來最大的收益，因此遏制政治腐敗就需要降低負向激勵機制對政府官員的干擾。

◎ 第三節　行政壟斷與政治腐敗

根據上文所分析的政治腐敗產生的一系列內生變數，最終都是由一個外生變數所誘發，這一外生變數就是「行政壟斷」，以下就「行政壟斷」加以論述。

行政壟斷的成因有兩個層面：第一個層面是行政權力的濫用，這是最表面、最直觀的一個層面，它是行政壟斷的直接緣由，亦是眾所周知的，已無討論的必要；第二個層面則是第一個層面背後的較深層次的緣由，是行政權力濫用滋生的土壤，它是產生行政壟斷的根本性原因。表現為如下方面：

一、政府干預主義

政府干預有「惡性」和「良性」之分。就良性干預而言，它是政府的法定職能。政府作為行政權的行使主體，其在社會生活中的作用主要表現為對各種複雜的社會關係進行調整，使之呈現出一種良性的狀態，在這層意義上，政府干預等同於常態的行政管理。顯然，本文所指政府干預是另一種類型，是變態的行政管理狀況，也就是政府行政機關「管了很多不該管、管不好、管不了的事」。政府干預主義的意識在中國大陸由來已久，根源於傳統的計畫經濟體制。1950 年代中期以後，私營經濟在中國大陸基本上是消失的，國有經濟幾乎長期控制著除農業以外的所有產業、部門，社會經濟運行完全排斥價值規律和市場機制而以指令性計畫調節為主。隨之而來的是政府行政部門組成龐大的部門領導機構，包攬大量經濟事務，取代諸多經濟組織的職能，把各種經濟組織變成國家行政機關的附屬物，經濟組織的許多生產經營環節完全處於行政主體管束之下，如生產資料由行政部門統一調撥；價格由行政部門統一規定；財政統收統支，獎金統一分配等。

在此「集權型經濟模式」基礎上產生的政府行政意識是「大政府小社會」，「大政府小服務」。即：一方面突出行政機關的嚴格控制職能和干預手法，政府既可以從宏觀方面對經濟組織進行干預亦可以從微觀方面干預，使得諸多企業組織作為法人而不能享受法人資格，更談不上進行獨立的生產經營活動和其他市場活動；另一方面則強調社會團體、企事業組織、公民個人等相對一方的服從意識。行政干預在行政執法中往往以行政權威形式而不是以服務形式表現出來，因而相對方必須服從。現實中，中國大陸的「地方保護主義」、「行業保護主義」、「行業不正之風」等行政壟斷都是行政干預的表現。

二、利益配置不合理的社會經濟基礎

利益配置不合理是指經濟利益不均衡的狀況，它是市場機制不完善的產物，也是近年來行政壟斷產生的原因之一。在這裡應區別於因自然條件、歷史因素等的不同而形成的地區與地區之間，民族與民族之間的經濟、文化領域的差異，後者屬自然現象，而前者往往是社會干預或分配規則不力或不當所致。激烈的競爭是市場經濟的顯著特徵，競爭的最大優點是各社會主體與其相對一方當事人在機會上是均等的，但隨之而來的問題是由於先天條件、心理因素、智慧條件和外在環境的差異會導致社會關係的不協調性甚至尖銳的對立，某些競爭者在競爭中失利而處於危難境地。還有因為中國大陸整體經濟、文化水準還沒有發展到發達國家的成熟程度，人們的法治觀念和對諸多社會事物的認識水準亦存在缺陷，在自由的市場環境中容易造成利益所得極為懸殊的狀態。有的行業收入過高，有的行業收入卻又太低，「各階層由於各自利益的分歧…這些不同的利益會把國家變得腐敗，使它經常發生…濫用職權等對社會極其有害的現象。」

三、執法分散主義的法治基礎

市場經濟是多樣型、競爭型、多元型的經濟形態，但不能因此形成錯誤認識而否認行政權的體系性和統一性。經濟形態和對之起到規約保障作用的行政形態、法治形態是完全不同的兩個事物；經濟上的分散並不等於法治也必須分散，經濟上的多元化絕不必然導致行政管理的多元化。行政管理主體作為競賽

規則的制定者和裁判者應保持一種穩定狀態，不可瞬息萬變，否則競爭參與者會失去約束或限制的相應標準。近年來，中國大陸不斷滋生和蔓延的各種形式的行政壟斷事實，充分說明行政法制體系、行政執法的分散化、鬆散化已達到相當程度。

四、權利義務不對等的法權基礎

　　行政壟斷是從計畫經濟向市場經濟轉型之後，舊體制遺留下來的問題。改革開放之前，中國大陸實行的是計畫經濟體制，計畫經濟的一個基本特徵就是行政壟斷。在幾乎所有的行業，從市場准入，到原材料的提供、價格的制定、產量的多寡，都由政府直接規定。1979 年之後，政府放鬆或放棄了對大多數行業的直接管制，競爭的局面逐漸形成，社會主義市場經濟體制逐步確立，但是在一些具有特殊性的行業（如網路產業），政府仍然處於壟斷地位，常常以行業管理和維護市場秩序為名，通過法令、政策、行政法規等手段從事各種管制作為。

　　另外，改革開放以後，中國大陸在財政體制上實行了財政分權和行政分權，擴大了地方和行業的行政權力，本地區、本部門企業經營的好壞，也直接影響到地方財政收入的高低。當本地區的企業競爭乏力，經濟效益下降，政府和部門往往不是用市場的手段來增強企業的競爭力，而是用行政命令，排斥、限制、阻礙外地或者部門外企業的進入，這種地方部門利益強化帶來的追求本地、本部門利益的欲望，是產生行政壟斷，特別是地方保護主義的重要動力。

　　在中國大陸，行業壟斷所造成的租金可以分為兩個部分，一項是在壟斷價格中體現出來的社會福利損失；另一項就是行業壟斷部門巧立名目非法收取的各項費用，將自身低效運營的成本和發展的投資強加給廣大消費者。改革開放以後，壟斷行業的改革一直是市場化改革的邊緣地帶，除了鐵路部門之外，壟斷行業的高速發展延緩了對這些計畫經濟強大堡壘的實質性改革，直到近年來反應社會公眾特別是消費者利益的新聞媒體公開報導和批評這些行業壟斷的危害，形成強烈的社會輿論壓力，才開始反應到中央決策層，出現了新的改革動力，在這些行業打破壟斷，引入競爭成為社會共識，也促進了政治決策。

　　到目前為止，中國大陸在改革行政壟斷方面取得了部分的進展，如：電力和鐵路行業廠網分離的局面逐步形成；電信行業經過兩次拆分、重組，已經基本形成了競爭的局面；民航業的重組雖然不太理想，但也在走向競爭方面取得了一定的進展。這些改革帶來的直接結果就是壟斷行業產品和服務價格的下降、服務的普及化、服務品質的改善，以及對非法收費進行規範，並就產品和服務價格召開聽證會等；同時，地方保護主義的詬病也越來越得到重視，中國大陸行政壟斷正在逐步被打破，隨著經濟體制改革不斷深化，壟斷租金也將隨之消散。前文中的表 12-3 提到：何增科的研究發現，根據 2007 年最高人民檢察院的年度工作報告，查處貪汙賄賂等腐敗案件挽回的損失數約為 736.1 億元人民幣，其中很大的一部分來自「行政壟斷」的弊端。

　　行政壟斷既然是產生政治腐敗的決定性要素，反腐敗的前提便集中在如何通過制度設計阻止行政壟斷的產生及蔓延。所以中國大陸若想要徹底根絕腐敗現象，勢必要增加民主監督的機制，改善行政壟斷現象。本研究發現，中國大陸最大的腐敗因素即為行政壟斷，而行政壟斷的關鍵即在於「管一切」的行政意識，好像不管天下就會丟掉一樣。這種不符合現代管理科學的觀念造成了許多的陷阱，誘使官員們積極尋租，終至幾乎是「無官不貪」的現狀。

◎ 第四節　結論與建議

　　防範權力腐敗，除了從強化道德理想教育外，也必須從制度面的改造著手。因為，以權力的本質而言，若權力離開有效的法律約束和民主監督，必然會走向絕對權力，也就難免導致絕對的腐化。而民主制度設計對政治腐敗的遏制作用，主要表現在以下兩個方面：

　　一方面，民主制度設計將有利於達成民眾與政治精英進行政治博弈時的均勢。行政壟斷之所以能夠成為政治腐敗的外生性變數，主要是因為它將從根本上消解民眾一些重要的政治功能。而現代政治是民眾與政治精英互動式交流與合作的政治，民主制度將會為大眾與精英的互動式溝通提供一個穩定的平台，在此民眾可以有效的監控政治菁英，從而可以從制度上遏制政治腐敗的發生。

民主制度就是一種防範機制，隨時對政府的行為進行制度內的監督。當然，政治腐敗是任何一種政治制度都將面臨的嚴重挑戰，民主國家也不例外。亦即，民主制度一樣會發生政治腐敗現象。然而，民主制度完善的國家可以減低腐敗的發生機率而且可以透過政治、社會的監督和司法來制裁腐敗行為。相對的，威權體制之下因為除了體制內的監督機制外，缺乏外在的監督。一旦體制內監督機制失靈，腐敗現象就難以被察覺，及時予以遏止。等到問題積重難返時，就已經無從處理了。而中國大陸目前的腐敗現象已經出現這種難以遏止的勢頭。中共當局除了抓一些重大案例來殺雞儆猴外，似乎也拿不出更具體的辦法來。因此，如何制訂一種行之有效的民主制度與程式，將其與中國的政治文化傳統相結合，更加有效的從社會－政治－文化領域入手，以遏制政治腐敗的惡化。

另一方面，民主制度將會為政治系統提供一種糾錯機制。民主國家或許可以允許政治精英與民眾犯錯，但卻絕對不允許政治精英與民眾不去更正這些錯誤。民主制度的優越性就體現在它的糾錯能力上，政治腐敗可以通過民主制度有效、及時的糾正錯誤。政治腐敗在本質上是政治系統運作過程中的障礙，這種障礙必須遏止，民主制度中的糾錯機制就是為了應對這種系統性障礙而設計的。所以，當面臨政治腐敗現象時，尤其是在所謂的後發現代化國家，民眾與政治精英需要做的不是去抱怨與指責，而應該是在政治系統中建構起一種民主糾錯機制，使政治腐敗的發生頻率以及其對政治體系所造成的危害能夠被降低到最小的限度。

📑 參考書目 References

1. 毛宏升主編（2003 年）。**當代中國監督學**。北京：中國人民公安大學。

2. 李文生（2004 年）。**腐敗防治論**。北京：中國檢察。

3. 李成言與劉莊振主編（2004 年）。**廉政發展**。北京：北京大學。

4. 周益揚主編（2009 年）。**反腐敗研究（第八集）**。杭州：浙江大學。

5. 胡鞍康（2004 年）。**中國：挑戰腐敗**。杭州：浙江人民。

6. 喬德福（2007 年）。**舉報與反腐敗**。北京：中國社會。

7. 楊曉光、張建明（2004 年）。**涉黑腐敗的預防和懲治**。杭州：浙江人民。

8. 楊宇冠主編（2007 年）。**我國反腐敗機制完善與聯合國反腐敗措施**。北京：中國人民公安大學。

9. 劉秀芬主編（2003 年）。**德政實現論**。北京：紅旗出版社。

10. 魏煥倫與柯夫主編（2004 年）。**老百姓關心的 10 大反腐問題**。北京：中國戲劇。

11. 王志成（2002 年）。全球化腐敗。**《讀者》雜誌**，第 6 期，頁 24。

12. 田炳坤（2004 年）。中國共產黨的反腐敗與法制化。**展望與探索**，第 2 卷，第 8 期，頁 101。

13. 伍雄（2008 年）。中國腐敗問題探究。**現代經濟資訊**，第 6 期，頁 223。

14. 肖仲思、羅比與李壯暉（2008 年）。差序格局中廉政制度創新路徑的理論思考。**廣州大學學報（社會科學版）**，第 7 卷，第 10 期，頁 8-12。

15. 周德海（2010 年）。對腐敗現象的哲學思考。**哈爾濱市委黨校學報**，第 1 期（總第 67 期），頁 10-12。

16. 寇紀元與李森（2009 年）。反腐敗案件中紀檢監察證據「轉換」理論及困境。**中國經貿**，第 20 期，頁 115-116。

17. 趙星與安然（2009 年）。貪官外逃現象分析及其社會司法應對－以防控國家和民眾被害為視角。**河北法學**，第 27 卷，第 5 期，頁 123-126。

18. 魏尚進（2001 年）。經濟中的賄賂：是潤滑劑還是沙子？。**經濟社會體制比較**，第 1 期。

19. 曾台偉（1997 年）。**從反腐鬥爭看中共廉政監督機制－以中共紀檢、監察機關與人民檢察院為例**。淡江大學中國大陸研究所碩士學位論文。

20. 陳志賢（1996 年）。**中共反腐鬥爭之研究**。國立政治大學東亞研究所碩士學位論文。

21. 謝基財（2006 年）。**從國際反腐觀點探討中國大陸腐敗狀況**。國立中興大學政治研究所碩士學位論文。

22. 戴睿家（2006 年）。**現階段中國大陸反腐敗建設**。淡江大學中國大陸研究所碩士論文。

23. 人民政協網。兩會話題數以百計－民調聚焦醫改－反腐和住房。**中國青年報**。http://www.rmzxb.com.cn/lh/07lh/rdgz/t20070319_127499.htm，刊載日：2010 年 8 月 16 日，下載日期：2011 年 3 月 11 日。

24. 人民網。2010 年工程建設領域 5150 人移交司法機關處理。**北京晨報**。http://politics.people.com.cn/GB/13680900.html，刊登日期：2011 年 1 月 8 日，下載日期：2011 年 3 月 11 日。

25. 人民網，中紀委：430 人因落實促內需政策違紀受處分。**中國青年報**。http://leaders.people.com.cn/GB/13653033.html，刊登日期：2011 年 1 月 5 日，下載日期：2011 年 3 月 11 日。

26. 大陸新聞中心。陸 15 高官的「公共情婦」李薇獲釋。**今日新聞網**。http://www.nownews.com/2011/02/15/91-2688985.htm，刊登日期：2011 年 2 月 15 日，下載日期：2011 年 3 月 12 日。

27. 大軍網。**轉軌時期的尋租及租金量**。北京大軍經濟觀察研究中心。http://www.dajunzk.com/zujin.htm，刊登日期：2003 年 1 月 2 日，下載日期：2011 年 3 月 2 日。

28. 中國評論新聞網。**劉志軍「落馬」高鐵設備供貨商同時被查**。http://www.chinareviewnews.com/doc/1015/9/6/8/101596890.html?coluid=7&kindid=0&docid=101596890，刊登日期：2011 年 2 月 13 日，下載日期：2011 年 3 月 12 日。

29. 中國共產黨新聞網。全國紀檢監察機關去年立案近 14 萬件以反腐新成果取信於民。**人民網**。http://fanfu.people.com.cn/GB/13672677.html，刊登日期：2011 年 1 月 7 日，下載日期：2011 年 3 月 11 日。

30. 中青在線網。調查顯示 75.2%的人認為應酬多是權力尋租的表現。**中國青年報**。http://zqb.cyol.com/html/2011-02/10/nw.D110000zgqnb_20110210_2-07.htm，刊登日期：2011 年 2 月 10 日，下載日期：2011 年 3 月 2 日。

31. 中國共產黨新聞網。何勇：增強責任感緊迫感取得黨風廉政建設和反腐敗鬥爭新成效。**中國紀檢監察報**。http://cpc.people.com.cn/GB/64093/64094/13822627.html，刊登日期：2011 年 01 月 26 日，下載日期：2011 年 3 月 11 日。

32. 百度百科網。「**國際透明**」組織公布 **2010 年度全球腐敗指數報告；丹麥、紐西蘭和新加坡三國並列第一，中國大陸名列 78**。http://baike.baidu.com/view/4590843.htm，刊登日期：2010 年 10 月 26 日，下載日期：2011 年 2 月 26 日。

33. 豆丁網，胡鞍鋼、過勇。公務員腐敗成本－收益的經濟學分析。**經濟社會體制比較**。http://www.docin.com/p-116175208.html，2002 年第 4 期，頁 33-41，刊登日期：2011 年 1 月 9 日，下載日期：2011 年 3 月 11 日。

34. 杜曉。中央黨校學者解讀十七屆四中全會公報反腐論述。**法制日報**。http://news.xinhuanet.com/politics/2009-09/21/content_12088643.htm，下載日期：2011 年 3 月 11 日。

35. 肖立輝。改革開放以來村民自治的歷程。**百年潮**。http://www.chinaelections.org/NewsInfo.asp?NewsID=142368，2008 年第 8 期，刊登日期：2009 年 1 月 31 日，下載日期：2011 年 2 月 25 日。

36. 邵道生。沒有民主反腐敗就不會徹底。**光明網**。http://news.xinhuanet.com/theory/2007-01/22/content_5626523.htm，刊登日期：2007 年 1 月 22 日，下載日期：2011 年 2 月 26 日。

37. 和訊理財網。中國特色灰色錢道：哪有權力尋租，哪就有灰色收入。**時代週報**。http://money.hexun.com/2010-08-26/124717657.html，刊登日期：2010 年 8 月 26 日，下載日期：2011 年 3 月 2 日。

38. 林偉。絕對權力導致絕對腐敗的又一例證。**荊楚網**。http://focus.cnhubei.com/original/201009/t1444755.shtml，刊登日期：2010 年 9 月 19 日，下載日期：2011 年 3 月 11 日。

39. 陶衛華。打擊官商勾結扳倒副省長何閩旭。**民主法制網**。http://www.mzyfz.com/news/times/d/20071013/163111.shtml，刊登日期：2007 年 10 月 13 日，下載日期：2011 年 3 月 11 日。

40. 雲南網。雲南孟連「7．19 事件」最新報告。**中國青年報**。http://special.yunnan.cn/legal/content/2008-09/18/content_86927_3.htm，刊登日期：2008 年 9 月 18 日，下載日期：2011 年 3 月 12 日。

41. 新浪新聞中心。四川大竹奸殺案引發的群體性事件平息。**四川新聞網**。http://news.sina.com.cn/c/l/2007-01-18/140112073030.shtml，刊登日期：2007 年 01 月 18 日，下載日期：2011 年 3 月 12 日。

42. 劉德安。雲南：普洱兩前縣委書記兩前財政局長貪汙受賄案開審。**中國正義反腐網**。http://www.cnzyff.com/article/show.asp?id=5213，刊登日期：2009 年 6 月 15 日，下載日期：2011 年 3 月 12 日。

43. 劉曙光。權力為什麼會導致腐敗？－－阿克頓定律的現代解讀。**中國戰略與管理研究會**。http://www.cssm.gov.cn/view.php?id=6440，刊登日期：2005 年 4 月 13 日，下載日期：2011 年 3 月 11 日。

44. 騰訊評論。馬滌明：丹麥「沒有腐敗傳統」是如何形成的。**新華網**。http://view.news.qq.com/a/20101213/000032.htm，刊登日期：2010 年 12 月 13 日，下載日期：2011 年 2 月 28 日。

45. muronglongxiang。**試論腐敗的原因及其對策**。刊登日期：2006 年 3 月 4 日，http://muronglongxiang.blog.hexun.com/2635798_d.html，下載日期：2011 年 3 月 11 日。

46. Samuel P. Huntington (1969). *Political Order in Changing Societies*. p.59. Yale University Press.

47. Shawn X. Ni and Van H. Pham (2006). High corruption Income in Ming and Qing China. *Journal of Development Economics*, Vol. 81, pp.316-336.

48. Junguo Liu and Hong Yang. China Fights Against Statistical Corruption. *Science*, Vol. 325 (Aug. 7 TN.5941), pp.675-676.

49. Kenneth J DeWoskin and Ian J Stones (2006). Facing the China Corruption Challenge. *Far Eastern Economic Review*, Vol. 169(7), p.37.

50. Humphry Hung (2008). Normalized Collective Corruption in a Transitional Economy: Small Treasuries in Large Chinese Enterprises. *Journal of Business Ethics*, Vol. 79(1/2), pp.69-83.

51. David Da-hua Yang (2005). Corruption by monopoly: Bribery in Chinese enterprise licensing as a repeated bargaining game. *China economic review*, Vol. 16(2), pp.171-188.

52. Huang L. J., & Snell R. S. (2003). Turnaround, Corruption and Mediocrity: Leadership and Governance in Three State Owned Enterprises in Mainland China. *Journal of Business Ethics*, Vol. 43(1/2), pp.111-124.

CH **13** 編著者　李景華

中國大陸的社會問題與社會控制

▶ 認識中國大陸伴隨改革開放產生的主要社會問題

▶ 理解中共當局對社會問題的應對政策

▶ 思考社會問題對中國未來發展的影響

中國大陸改革開放三十年來的社會變化，是有史以來最快速、最複雜的。大量的事情無時無刻迅速的發生、改變著中國，但正因為變化來得太快、幅度太大，社會本身顯得無法承受，產生了許多問題。中國大陸的發展失衡，不僅是在城市與鄉村、沿海與內陸，更嚴重的是社會分化與民生問題。本章前半將簡介中國大陸目前主要的社會問題與矛盾，後半則討論「社會控制」，亦即中國大陸的相關政策不完全是為了解決社會問題，更包含了強化統治的手段，筆者認為這兩者有必要一起加以認識。

2006 年 10 月，中共在第十六屆六中全會正式提出〈中共中央關於構建社會主義和諧社會若干重大問題的決定〉，承認了「人民日益增長的物質文化需要同落後的社會生產之間的矛盾仍然是我國社會的主要矛盾，統籌兼顧各方面利益任務艱巨而繁重。」但是仍強調「物質增長與黨的領導是社會和諧的先決條件」。[1]反思之，正因為社會發展落後於經濟，缺乏「和諧」，才需要構建「和諧社會」。

事實上，中國大陸目前的社會分化相當嚴重，一般民眾心目中經常含有焦慮感，這種焦慮來自兩個現象：第一個現象是社會成員的利益結構和社會位置正處在大規模重新洗牌的過程，可能一夜之間致富，也可能一夕之間下崗。第二個現象是中國社會開始面臨著現代社會所必然出現的大量風險。兩種現象使社會成員對未來有著不確定與不安。[2]

中國當前社會結構的特點，許多學者有不同的看法

楊繼繩歸納為四點，一是 80% 以上的工農大眾處於社會中下層(68%)和社會下層(14%)；二是中間階層比例太小，社會階層呈金字塔結構，三是上等階層中的不少人財富和權力的獲得渠道不透明，四是階層之間在財富、聲望、權力有錯位現象。[3]

---

[1] 該決定全文請參閱中國共產黨新聞，2006 年 10 月 18 日，
http://cpc.people.com.cn/GB/64093/64094/4932424.html。
[2] 吳忠民主編，中國改革進程中的重大社會矛盾問題（北京：中共中央黨校出版社，2011 年），頁 2。
[3] 楊繼繩，中國當代社會階層分析（南昌：江西高校出版社，2011 年），頁 353-355。

　　中國大陸社會學者關於社會結構變遷的主要理論模式，可概括為如下四種：第一種，是孫立平提出的「斷裂社會」觀點，認為目前的分化已走向兩極分化。第二種是陸學藝等人提出的「中產化現代社會」，認定趨向於中產化的現代化社會結構正在出現。第三種是李路路的「結構化」論點，認為邊界日益分明的階級階層結構已然形成。第四種是李強、李培林的「碎片化」觀點，強調分化的多元特徵而階級階層結構難以形成。但這四種理論模式涉及的實際上是不同層面的問題。「結構化」和「碎片化」涉及的是結構是否定型以及定型下來的結構是否是完整的階級或階層問題，「中產化現代社會」及的是社會結構的整體特徵問題，而「斷社會」及的則是不同階級或階層之間關係的問題。[4]

中國大陸隨處可見關於「和諧」的標語。來源：作者攝於北京、廈門

　　本章擬介紹當前中國大陸社會面臨的幾個重大問題，包含戶籍制度與農民工、上訪現象與對政府的不信任、傳媒與網路的開放問題、假冒偽劣與道德誠信危機、炫富與仇官仇富現象。

---

[4] 關於這幾種模式的討論，整理自李春玲，斷裂與碎片：當代中國社會階層分化實證分析（北京：社會科學文獻出版社，2005 年）。

🎯 第一節　流動人口、農民工與戶籍制度

　　中共建國以來，採取城市、鄉村二元分立的戶籍制度，在此禁錮之下，兩種不同的身分是一條無法逾越的界線。1980 年代初期隨著改革開放與經濟發展，產業結構從公有制轉為包產到戶，快速的變遷帶來對大量勞動力的需求，也使得農村人口向城市流動，撐起了這座「世界工廠」。1990 年代中後期，中共又推行國有企業改革，使傳統的單位制和鐵飯碗不復存在，大量國企員工下崗與民工同時大量進城謀生，但是在住房、教育、醫療上得到的待遇與城市居民有很大的落差，形成所謂的「隱形人」或「蟻族」現象。[5]國家享受的是民工血汗堆積的經濟果實，但對於民工身為國民所需要的福利待遇卻吝於負擔。

春運—中國的流動人口數以億計。

來源：新華網 http://news.xinhuanet.com/photo/2012-02/16/c_122710170_20.htm

　　2015 年開始，流動人口規模從此前的持續上升轉為緩慢下降，2015 年全國流動人口總量為 2.47 億人，比 2014 年下降了約 600 萬人；2016 年全國流動人口規模比 2015 年分減少了 171 萬人，2017 年繼續減少了 82 萬人。2017 年中國流動人口總量為 2.44 億人，其中 1980 年以後出生的新生代流動人口所占比重為 65.1%。[6]這些流動人口跨越了界定其身分的邊界，到一個陌生的地方過著冒險的

5　「蟻族」的正式名稱為「大學畢業生低收入聚居群體」是指大學畢業生未回家鄉，留在求學的城市打工，收入每月在一千元人民幣左右，只能聚居在生活品質較差的郊區。
6　統計數字來源：國家衛生健康委員會《中國流動人口發展報告 2018》。

生活。儘管這些外來的暫居者對城市經濟發展的貢獻不可否認，但他們同時也衍生許多問題，造成城市管理的負擔。人口的流動不僅是地域的流動，也象徵在社會階層的流動，藉由到另一個地域工作、求學改變自己的社會地位。

　　從流動人口的概念可知，「階社會層」這個概念在中國社會研究中的意義，是取決於出生在城市和農村，與生俱來就有不平等。清華大學教授孫立平認為階層觀念是：第一，階層之間的邊界開始形成。最顯而易見的是不同居住區域的分離。由居住分區形成的階層邊界是可見的，由生活方式和文化形成的階層邊界則是無形的。第二，內部認同的形成。階層內部認同的形成是與階層之間的邊界聯繫在一起的。人們正是從這種邊界中萌發「我們」與「他們」的概念和意識的。第三，階層之間的流動開始減少。在 1980 年代，包括在 1990 年代初期，階層之間的流動是相當頻繁的。但到了 90 年代中後期，情況發生了明顯的變化。表現之一是社會中門檻的加高。第四，社會階層的再生產：過去人們常說的農之子恆為農、商之子恆為商的現象開始出現了。這個定型化的過程，對社會生活乃至正在進行的體制變革過程有著重要的影響。[7]

中國大陸流動人口規模：1982-2017。

來源： 中華人民共和國國家衛生健康委員會編，中國流動人口發展報告 2018（北京：中國人口出版社，2019 年）。

---

[7] 孫立平，「中國社會結構的變遷及其分析模式的轉換」，南京社會科學（2009 年第 5 期），頁 93-94。

　　中共在計畫經濟的框架下，發展重工業的資本靠農業積累，為了讓農業的基礎不動搖，必須把農民固定在土地上，戶籍制度成了必要的手段，而這種城鄉分立的戶籍制度，築起了一道高牆。[8]戶口是公民權最基本的象徵，它代表政府承認該居民是城市的一分子。但人民先天上既無法選擇父母（的戶籍），除了少數人可以藉由考上大學、結婚的方式獲得城市戶口，但大多數人尤其是農民工，是無法藉由後天的努力來爭取的。戶籍制度這個問題長久以來並非無人重視，但是都無法提出有效的改善方法。

　　對目前正值青壯年的 80 後、90 後勞工而言，進城打工時便不再有回鄉務農的意願，在身分認同上，他們既非農民也工人，他們會把農村的落後與城市的進步當成強烈的對比，認為擠進城市工作才是上進、有出息的行為。但是只能盲目的出賣勞動力，沒有辦法學習到一技之長，在黃金的勞動年齡過後，只剩下為數不多的積蓄（甚至不能稱為積蓄）和職業造成的傷病相伴。無法與新填補上的年輕人競爭，便只好繼續徘徊或回到農村，但是在被掏空的基礎上，亦不能再從事農業生產。GDP 的成長，很大一部分其實是建立在犧牲民工權益的基礎上。對城市而言，民工只是過客，有工打就待，沒工打時就自己轉移到下一個城市。城市當局不會想把民工當成久居人口，剝奪了原本應該提供給他們在城市居住所應該享有的教育、福利、住房等方面的成本。

　　1992 年，中共就成立戶籍制度改革文件起草小組，並在 1993 年 6 月草擬出戶籍制度改革總體方案，提出了包括「取消農業、非農業二元戶口性質，統一城鄉戶口登記制度；實行居住地登記戶口原則，以具有合法固定住所、穩定職業或生活來源等主要生活基礎為基本落戶條件，調整戶口遷移政策」的改革目標，但無法應全國不同的發展步調，發揮的效果相當有限。

　　其實，中共對於流動民工的管理並沒有一個適用於全國的規範。目前較具體的改革方向是「以房管人」和「以業管人」取代「以證管人」。[9]透過對實質上的生活行為和具體需求代替僵化的身分證來管理外來民工。而法規（如《勞動合同法》）的完善與工資的提高，並不能增進民工對工作地的認同。要解決流動

---

[8]　楊繼繩，中國社會各階層分析(香港：三聯書店，2000 年)，頁 19。

[9]　張潔平，「救救中國二等公民：兩會探索民工戶籍變革」，亞洲週刊（香港），第 11 期（2010 年 3 月 21 日），頁 20。

民工與其相伴而生的社會問題，必須從身為人的基本生存權著手，讓民工享有「尊嚴」，才能擺脫「二等公民」的標籤。

　　戶籍制度的改革，可以視為政府還權於社會、還權於民的過程，政府從包攬一切經濟與社會事務的「全能」政府向承擔必要的社會公共事務職能的「有限」政府轉變。在這一過程中，「公域」與「私域」開始分化，多元利益群體自主性的增強和其通過自治性的管理來實現利益需求的願望，是推動社區公民參與社區事務的根本動力，社區民眾參與意識和民主意識的逐步增強，是推動社區建設與發展的主要力量。無論如何，政府要做為公共利益的代表已經不再是那麼理直氣壯。

　　此外，戶籍制度改革對於大、中、小城市及縣城應實行不同的政策。應設立一種兼顧經濟、人口素質和社會規範三個導向的政策，讓具有在城市投資能力的、文化程度較高、具有從事非農產業經驗的農民優先進城。允許有固定職業、在城市工作一定年限者取得城市戶口，調節農民進城的流量和流速。在顧及公平、效率的原則下，讓人口能自由流動，但不能一股腦全部湧向城市，對於平衡城鄉發展，要能提出配套措施。

　　戶籍制度的改革會對不論是城市居民或是外來謀生者的身分認同產生決定性的影響，亦會對市民社會的形成與民主化的深入起必然的作用。這也可能是執政者對戶籍制度改革裹足不前或有所顧慮的原因。

　　通過放開戶籍限制，幫助新生代農民工以及老一代農民工中的精英群體率先實現「市民化」。新生代農民工這一群體面臨能力與期望的失衡，在整個社會結構體系中，難以準確定位，這是在解決農村剩餘勞動力向城鎮轉移問題上必須面對的新課題。通過戶籍制度改革率先實現新生代農民工「市民化」，給予其在戶口、住房、教育、就業等方面與城鎮居民同等的待遇，使其與城鎮居民公平競爭，有利於防止貧困的「代際轉移」。

　　然而，在陸續推行城鎮化與戶籍制度改革的同時，2017 年 11 月，北京大興區的外來民工租住公寓發生火災，市政當局遂以排查安全隱患為由，驅離「低端人口」，在強制拆除與切斷水電的壓力下，大量民工被迫遷離北京。此舉被視為蔑視人權與違反人道，如果是為了控制北京人口數量和維護公共安全，應有更好的做法。

北京清除「低端人口」標語。來源：擷取自網路

◎ 第二節　信訪與上訪：政府的信任危機

　　「上訪」與「信訪」是指當地基層政府無法解決有關人民權益的問題時，人民越級向上一層政府，乃至於到北京向中央機關「告御狀」以反映問題的現象。一般常看到「上訪」、「信訪」兩個詞交錯使用，但以中共的法規細加區分，「信訪」是正式的詞彙：「指公民、法人或者其他組織採用書信、電子郵件、傳真、電話、走訪等形式，向各級人民政府、縣級以上人民政府工作部門反映情況，提出建議、意見或者投訴請求，依法由有關行政機關處理的活動。」[10] 而「上訪」屬於「信訪」中的「走訪」。國務院亦設有「國家信訪局」，專門處理全國各地來信，接待走訪群眾，並轉達相關部門處理。

　　事實上，中共自建國以來即設有相關單位處理信訪工作，但各時期信訪的職能作用不同，政治運動狂熱的時期，信訪一度成為揭發階級成分的鬥爭工具，改革開放初期則成為平反冤假錯案的申訴管道。本文所指主要的是市場化之後，政府在處理官民衝突的一種機制，研究者將其視為一種「政治溝通」甚至是與政府「討價還價」的行為。

---

[10] 〈信訪條例〉第二條，見國家信訪局網頁 http://www.gjxfj.gov.cn/2005-01/18/content_3583093.htm。

　　中共一方面長期保持所謂民眾與中央直接溝通的渠道，畢竟在缺乏成熟的代議制度和利益疏導的非民主體制下，上訪這種行為必然會存在；但另一方面對於上訪卻又有所忌憚，乃是因為上訪常伴隨著其他違法或失序的行為，處理稍有不慎，便會形成大規模群眾衝突事件。對地方政府而言，亦不希望民眾越級反映，以免授上級以柄，遭到掣肘。

　　一般而言，上訪行動有幾個主要特色，第一是上訪者都不挑戰中央的權威，其基本立場是「中央的政策是好的，但到了下層執行卻走了樣。」第二是上訪者都屬於強烈的據理力爭，因法律和政策前後出現矛盾或模糊地帶使其權益受損。而上訪越來越具有組織性和主動性，通常與土地、稅收、都更等問題相關。1992 到 2001 年農民抗爭維權的主要目標是「稅費爭議」，2002 年以後的爭議是「土地糾紛」。[11]

　　北京有個上訪村：「東莊」位於北京南站和永定門長途汽車站南部，北面是最高人民法院人民來訪接待室，與「兩辦」人民來訪接待室和全國人大常委會信訪局相近，步行十分鐘即到。全國各地的來京上訪者聚居於此，甚至形成了一個村落。後來「上訪村」被拆遷，但上訪者卻沒有減少，轉移到附近散居，但許多人只能露宿街頭、橋洞。

　　駐京辦與截訪辦：1990 年代起隨著稅費改革，中央與地方關係發生變化，各級政府機關、企業及事業單位紛紛前往北京設立據點，以便就近與中央交涉事務。各種駐京辦總數究竟有多少並無公開數據，研究者估計都在上萬。隨著上訪事件增加，駐京辦的職能也增加了「截訪」，較為人道者將上訪者遣返原籍，依情節處分。而亦有駐京辦利用買通保安公司將上訪者關入精神病院或黑監獄的方式截訪。[12]2010 年 1 月，國務院發布〈國務院辦公廳關於加強和規範各地政府駐京辦的意見〉保留省、自治區、直轄市、計畫單列市、副省級市，經濟特區政府的駐京辦，其餘裁撤。[13]

---

[11] 于建嶸，「九十年代以來的農民維權抗爭」，**二十一世紀**（香港），第 86 期（2004 年 12 月），頁 56。

[12] 龍志，「安元鼎：北京截訪『黑監獄』調查」，**南方都市報**（廣州），2010 年 9 月 24 日，http://nf.nfdaily.cn/nfdsb/content/2010-09/24/content_16149093.htm。

[13] 該意見全文請參閱中華人民共和國中央人民政府網站，http://www.gov.cn/zwgk/2010-01/29/content_1522398.htm

中國農村警告上訪者的標語。來源：擷取自網路

　　從制度層面來講，上訪原本因是現有的法律、政策規範存在空白或灰色地帶，當出現特殊情況使政府與民眾關於權益的認知出現落差，無法按照法定程序解決下，所提供的一種「體制外」解決問題的管道。但往往也成為地方政府著眼利益，使人民權益受損。而隨著信訪增加，民眾也將信訪視為無所不能，動輒訴諸信訪，認為「把事情鬧大」才有辦法解決。[14]謝岳認為，制度環境給信訪帶來的問題集中在幾個方面：一是權力集中的政治制度導致信訪不斷向上傳遞，直至中央；二是權力集中的政治制度表現為個人權力集中，這導致了上訪者訴求權力菁英而不是機構；三是行政與司法制度與其他溝通管道的低效導致公民傾向於以信訪的方式解決問題。[15]

　　上訪現象也反映出中國大陸人民與政府間的幾個問題；首先是在龐雜的政府體系下，缺乏有效的溝通機制。黨政重疊的系統，使傳統的「官官相護」現象仍然存在，除非到了沒有再上一級的中央政府才不會徇私包庇。[16]其次是人民對政府的不信任，認為政府也是為了其本身而不是為了人民的利益施政。

　　當上訪與溝通無法解決問題時，會造成大規模的群體性事件：2011 年 9 月 21 日，廣東陸豐市烏坎村民近三千人抗議村委會勾結開發商私賣土地，補助款流向不明、基層選舉不公。由於兩年來多次上訪未能解決，在 9 月 22 日引發了

---

[14] 應星，大河移民上訪的故事（北京：生活·讀書·新知三聯書店，2001 年），頁 319。
[15] 謝岳，當代中國政治溝通（上海：人民出版社，2006 年），頁 185。
[16] 趙曉力，「信訪的制度邏輯」，二十一世紀（香港），第 89 期（2005 年 6 月），頁 86。

大規模的警民衝突，對峙長達三個月，中共一度禁止媒體報導相關消息，烏崁村被包圍封鎖，切斷水電、糧食，但在之前已有記者潛入，消息才慢慢傳開。其間村民自發組成臨時代表理事會與政府談判，但 12 月 9 日，薛錦波等五名代表被拘留，薛在被關押三天後死亡，官方與民眾對其死因存在爭議，認為薛是遭到報復被打死使矛盾進一步激化。引起中央重視後，才由廣東省委副書記朱明國代表政府與村民談判，釋放被押代表。2012 年 2 月起，村民組織改選村委會，3 月 3 日、4 日選舉出新任村委會後，事件才暫告一段落。

　　中國大陸如何處理幹群關係是一個嚴肅的課題，其中信訪只是溝通，並不是根本解決問題的辦法。若是單方面強調不惜成本的「維穩」，卻同時使人民信任度流失，勢必無法加強其「執政能力」。而政府若與民爭利，亦對其欲構建的「和諧社會」帶來負面效果。

◎ 第三節　新聞自由與輿論控制

　　中國大陸的新聞自由在各人權組織中的調查報告中經常敬陪末座，只比伊朗、敘利亞、北韓等國家稍高。在經濟成長與社會轉型下，中國大陸傳播媒體的角色充滿矛盾：一方面仍須扮演「黨的喉舌」，無法擺脫工具形象，新聞媒體仍然受到政治控制。但另一方面，傳媒業隨著技術的發展與市場化的需求提高，為了滿足觀眾的胃口，媒體必須變出更多花樣吸引觀眾與讀者，政府欲加以控制的成本也提高。傳媒在國家（符合規範）、市場（滿足觀眾需求）與社會（提供翔實資訊）三者間難以平衡，只能更向國家傾斜。

　　2003 年起，主管意識型態與宣傳的政治局常委李長春對宣傳工作提出了「貼近實際、貼近生活、貼近群眾」的「三貼近」方針，並經常在公開場合重申。然 2004 年 9 月，中共十六屆四中全會通過的〈中共中央關於加強黨的執政能力建設的決定〉中稱：「牢牢把握輿論導向，正確引導社會輿論。堅持黨管媒體的原則，增強引導輿論的本領，掌握輿論工作的主動權。」[17]將「黨管媒

---

[17] 該決議全文見人民網 http://www.people.com.cn/GB/40531/40746/2994977.html。

體」、「引導輿論」視為加強執政能力的一項工作，與「三貼近」顯然有所扞格。

　　中國大陸對於言論自由仍有極大的顧忌與限制，關於重大災害的訊息經常延誤，或是經過官方的統一口徑後才能發布；而領導人物的醜聞、貪腐案件等政治敏感度較高的內容，也必須層層過濾、修改後才能發布。2003 年，SARS 疫情的訊息即是受到控制，除了中共官方的數字，外界無法得知確定感染人數。

　　對於敏感的台灣、西藏、新疆可能涉及「分裂祖國」的議題，也不能主動採訪。但是不可忽視的是，媒體比政府更貼近社會，影響力正在成長使得政府更必須加以控制。2007 年山西黑磚窯、2010 年富士康連環跳樓案，都有記者深入「臥底」，才揭露了拐賣勞力、不人道管理的血汗工廠。

　　中國大陸主要媒體幾乎為黨和國家機關所控制，但隨著經濟發展也使得傳媒業的不斷商業化，其政治色彩也在不斷淡化。許多重要的傳播管道依然處於黨的宣傳部門的多種直接控制下，報導內容需要經過審核。總之一手抓槍桿子、一手抓筆桿子仍是中共一直以來的策略，「黨管媒體」已經不是威權體制下的特殊情況，而是普遍受到承認的事實。

　　2016 年 2 月 19 日，習近平在「黨的新聞輿論工作座談會」上的談話指出「必須把政治方向擺在第一位，牢牢堅持黨性原則」、「最根本的是堅持黨對新聞輿論工作的領導。黨和政府主辦的媒體是黨和政府的宣傳陣地，必須姓黨。黨的新聞輿論媒體的所有工作，都要體現黨的意志、反映黨的主張，維護黨中央權威、維護黨的團結，做到愛黨、護黨、為黨」，也提出了「四十八字使命」。[18]習並接連參訪了人民日報、新華社和中央電視台三大媒體，其中央視以「央視姓黨、絕對忠誠、請您檢閱」。

　　有趣的是，媒體人不見得都願意姓黨，在習近平訪視完的隔天，《南方都市報》深圳特別版在「媒體姓黨」的標題下放的照片是紀念袁庚逝世將其骨灰灑

---

[18] 杜尚澤，〈習近平在黨的新聞輿論工作座談會上強調：堅持正確方向創新方法手段 提高新聞輿論傳播力引導力〉，人民日報，2016 年 2 月 20 日，第一版。另所謂「四十八字」使命為「高舉旗幟、引領導向，圍繞中心、服務大局，團結人民、鼓舞士氣，成風化人、凝心聚力，澄清謬誤、明辨是非，聯接中外、溝通世界。」

入大海，並下標題「魂歸大海」，被解讀為是「媒體」而非「袁庚」魂歸大海，由於時機敏感，正好在習宣布完新聞需符合黨性原則後，加上中共即將於三月召開該年度的兩會，該報編輯與相關人員即遭懲處。[19]

中國大陸由中國共產黨支配媒體（央視 2016 年迎接習近平視察時的標語）。

引起爭議的南方都市報（2016 年 2 月 20 日）。

[19] 狄雨霏，〈《南方都市報》頭版疑現「藏頭詩」引發風波〉，《紐約時報中文網》，2016 年 3 月 3 日，http://cn.nytimes.com/china/20160303/c03chinapaper/zh-hant/。

當然除了限制媒體的自由度之外，中共也試圖利用媒體塑造自身犧牲奉獻，執政為民的正面形象。2016 年 2 月的猴年春節聯歡晚會，被批評為充滿歌功頌德的主旋律，春晚的功能應該是在民俗節慶上提供娛樂，但向來被譏為「代表黨教育人民，代表人民感激黨」，2016 年春晚內容更被諷為充滿政治教化，並缺乏創新，得到的負面評價頗高。[20]2016 年 7 月，在慶祝中國共產黨建黨九十五週年時，中共推出了有史以來第一支電視廣告。在這部廣告中有教師、清潔工人、醫生、交警等不同職業在崗位上為社會付出的畫面，想要將中共建立成一種「社會改革者」的形象，例如：「我是離開最晚的那一個」、「我是想到自己最少的那一個」，但播出後亦產生負面評價，而遭到網路監管者的刪除。[21]

除了黨管國內媒體，2016 年 3 月 10 日起施行「網絡出版服務管理規定」(同時亦廢止了 2002 年版《互聯網出版管理規定》)。新的規定裡，「網絡出版服務單位與境內中外合資經營、中外合作經營、外資經營企業或境外組織及個人進行網絡出版服務業務的項目合作，應當事前報國家新聞出版廣電總局審批」。[22]亦即國家機器掌握絕對主導權，外商亦需配合監管方能取得出版許可。

一、網路監管

網際網路（internet，中國大陸稱「因特網」）的進步對中國大陸的影響，2009 年，中國的網路普及率已達到 22.6%，超過全球平均 21.9%。根據中國互聯網落信息中心 2018 年 2 月發布的〈第 43 次中國互聯網絡發展狀況統計報告〉截至 2011 年底，中國大陸使用網路的人口（即「網民」）已達 8.28 億，網絡普及率達 59.6%。[23]各級政府網站都設可與首長反映問題的專區，反映政府也願意透過網路公開訊息，與民眾溝通。

---

[20] 喬木，〈觀點：教育與感恩的中國春晚〉，《BBC 中文網》，2016 年 2 月 8 日，http://www.bbc.com/zhongwen/trad/china/2016/02/160208_2016_chunwan。
[21] 儲百亮，〈中共推宣傳廣告《我是誰》，網友評價兩極化〉，紐約時報中文網，2016 年 7 月 29 日，http://cn.nytimes.com/china/20160729/china-communist-party-propaganda/zh-hant/。
[22] 該規定全文參閱工業和資訊化部網頁，http://www.miit.gov.cn/n1146290/n4388791/c4638978/content.html。
[23] 該報告自 1998 年起每年一月、七月發布一次，本文引用的〈第 43 次中國互聯網絡發展狀況統計報告〉全文見中國互聯網絡信息中心網站 http://www.cac.gov.cn/2019-02/28/c_1124175677.htm l。

網民規模和互聯網普及率

單位：萬人

中國網民規模與普及率。

來源：第 43 次《中國互聯網路發展狀況統計報告》（2019 年 2 月），頁 17

　　但在中國大陸上網蒐集資訊，最特別一點是對於網路內容的限制及內容審查相當嚴格，只要有涉及敏感的詞彙均無法檢索，許多境外網頁內容被屏蔽，無法將網路上的訊息一覽無遺，除非通過「翻牆」軟體使用代理伺服器。但隨著中國大陸網民數量攀升，以及新式網路媒介特別是微博等社群網站的興起已無法完全遏制民眾利用網路串連，掩蓋不住的真相透過網路迅速延燒：2003 年「孫志剛事件」、2007 年重慶「最牛釘子戶」、2011 年 7 月的溫州動車追尾事件及本章後文討論的甕安事件、石首事件、李剛、郭美美等案例，即透過網民自發串連動員，對社會造成壓力，並對政府的善後措施加以監督。

　　鑑於網路對社會產生強大的動員效果，中共也動用相當大的政府力度加以限制：2009 年 7 月，新疆烏魯木齊發生漢族與維吾爾族大規模暴力衝突後，互聯網、國際電話和手機短信等服務曾被關閉數月。而新疆、西藏等地區當地民族與漢人的衝突事件也經常被政府壓制，不得報導，這已是中共維穩慣用的方式，但特別的是這些控制正在逐漸擴大，中共當局對各種社交媒體及網路言論的控制不斷收緊例如也要求國內軟體發展商讓用戶實名註冊所有手機軟體，這

種實名制的大幅推廣，已不同於手機號與火車票是為了防範犯罪或維護購票的公平性。亦即控制網路和資訊是為了防止民眾知道真相，而非為了保護民眾安全。

中共利用擴大政府職權及立法的方式，對網路進行嚴密的審查監控，已經不是新聞，在網路社群興起。值得注意的是，近年在中國大陸網站發表與時事相關的帖子，常會引出大量支持政府為官方護航的言論（有時甚至令人感到強詞奪理），此現象源自中國政府雇請了「網絡評論員」。由於盛傳幫政府發帖或回帖的報酬為每帖五毛錢人民幣，因為這種在網路發表、回應有利政府言論的人士被稱為「五毛黨」。

2014 年 10 月 23 日，中共十八屆四中全會審議通過了《中共中央關於全面推進依法治國若干重大問題的決定》，延伸出了「依法治網」的概念，這包含了三重含義：依法辦網、依法上網、依法管網。[24]

2015 年 2 月 13 日，共青團中央發布標題為《共青團中央關於廣泛組建青年網絡文明志願者隊伍、深入推進青年網絡文明志願者行動的通知》的文件。該檔要求組成「志願者」，在網絡上為中共倡導輿論，並要駁斥甚至舉報「錯誤言論」，以「弘揚正能量、抵制負能量」。並規定在全國各省共需組成 1050 萬人「青年網絡文明志願者」，其中來自高校的志願者占 400 萬人，央企、鐵路、民航、金融機構也需分配名額。各省指標以山東最多，需 78 萬人；其次是河南 67 萬人；廣東 63 萬人，其中廣東省內的各高校甚至直接要求志願者人數指標。此舉被視為公開招募免費的「五毛黨」。[25]

2015 年 6 月 1 日起，首批 50 個省市公安機關統一標識為「網警巡查執法」的微博、微信和百度貼吧帳號上線，被稱為「網警從幕後走向台前」。網路員警有四項主要任務，其中第二項為「依法震懾制止網路違法犯罪和網上不良言

---

[24] 李鶴，〈依法辦網依法管網依法上網　用法治撐起網絡的藍天〉，《人民網》，2014 年 10 月 28 日，http://media.people.com.cn/BIG5/n/2014/1028/c14677-25921474.html。

[25] 林偉聰、韓耀庭、梁禦和，〈共青團招攬千萬網絡大軍中大浸大須交人九百〉，《蘋果日報》（香港），2015 年 4 月 7 日，http://hk.apple.nextmedia.com/news/first/20150407/19103663。

行」。而公安部也指出，網路員警主要的功能是防制犯罪，更重要的是「提供服務」。[26]

在黨的組織中，2013 年底十八屆三中全會後，將原「國家信息化領導小組」改組為「中共中央網絡安全和資訊化領導小組」，在政府層級則設有「國家互聯網信息辦公室」(簡稱「網信辦」)，兩個辦公室則為一套人馬，原本擔任主任的魯煒在 2016 年 6 月底突然傳出去職，由徐麟接任主任及中央宣傳部副部長。魯煒 2013 年 4 月調任網信辦主任兼任中央外宣辦、國新辦副主任，2014 年 4 月再任中宣部副部長、網安領導小組辦公室主任。因致力於網路審查言論控制被稱為網路沙皇，其去職後並未有消息將赴任新職，此人事調動被認為與徐麟與習近平較為合拍，同時徐將更進一步貫徹習的意志，強化網路監管。[27]

2014 年 8 月 7 日，網信辦發布實施《即時通信工具公眾資訊服務發展管理暫行規定》(俗稱「微信十條」)、2015 年 3 月實施《互聯網用戶帳號名稱管理規定》(俗稱「帳號十條」)、4 月 28 日實施《互聯網新聞資訊服務單位約談工作規定》(俗稱「約談十條」)，但官方下達諸多對於網路言論的相關規定，不被認為是保障言論自由與維護網民隱私權益，反而是強化監管的成分多些。

2015 年 7 月 6 日，中共全國人大公布了《網路安全法(草案)》，2016 年 5 月 4 日並公布的該法的《草案二次審議稿》。立法過程中，也特別開放徵詢各界意見。在此法案中除了對於網域經營、資訊流通、犯罪防制等進行規範，並規定「不得利用網路從事危害國家安全，煽動顛覆國家政權和推翻社會主義制度，宣揚恐怖主義和極端主義，宣揚民族仇恨和民族歧視，傳播暴力、淫穢色情資訊，編造、傳播虛假資訊擾亂經濟秩序和社會秩序，以及侵害他人名譽、隱私、智慧財產權和其他合法權益等活動。」[28]、「因維護國家安全和社會公共秩

---

[26] 公安部公布的網警巡查執法內容包括：一是通過 24 小時巡查，及時發現網路各種違法犯罪資訊和有害資訊；二是依法震懾制止網路違法犯罪和網上不良言行，對情節輕微的網民進行教育警示，對涉嫌違法犯罪的，依法追究相應法律責任；三是發布典型網路犯罪案例和警示防範資訊，協助網民提升網上安全防範意識和防範能力；四是接受網民舉報網上違法犯罪線索，開展網上法制宣傳教育。參閱〈50 省市網警首次集體亮相，媒體揭秘網警管什麼〉，中華人民共和國公安部網站，2015 年 6 月 2 日，http://www.mps.gov.cn/n2255079/n4876594/n4974590/n4974592/n5116794/n5116909/c5127510/content.html。
[27] 孟寶勒，〈互聯網掌門人魯煒去職〉，《紐約時報中文網》，2016 年 6 月 30 日，http://cn.nytimes.com/business/20160630/china-internet-lu-wei/zh-hant/。
[28] 此項規定參閱《草案》第 9 條及《草案二次審議稿》第 12 條。

序，處置重大突發社會安全事件的需要，經國務院決定或者批准，可以在特定
區域對網路通信採取限制等臨時措施。」[29]

　　和 2000 年國務院曾頒發的《互聯網資訊服務管理辦法》相較，《網路安全
法》除了提升層級為正式法律，更將處罰的範圍與金額更明確規定，亦即將在
網路上提出對政府批評、異議之言論視為與犯罪相同之授權政府必要時可以斷
網。而此法的最高主管機構為前述之國家互聯網資訊辦公室，而非公安、員警
部門。

　　2016 年 1 月 5 日在北京召開的「全國網路宣傳工作會議」上，習近平的講
話中，回顧近三年來的成效，他說「十八大以來，全國網信系統下大力氣，著
力扭轉這種亂象，黨和政府聲音始終成為網上主旋律，圍繞中國夢、社會主義
核心價值觀」，而「初步建立了中央、省、市三級的全國網路應急指揮體系」除
了指揮救災，也可以解讀為防止受災詳情外傳。[30]

　　根據《中國青年報》報導，「網信辦」在 2015 年全年共依法約談違法違規
網站 820 多家、1000 多次，依法取消違法違規網站許可或備案、依法關閉嚴重
違法違規網站 4977 家，有關網站依法關閉各類違法違規帳號 226 萬多個。網信
辦、工業和資訊化部與公安強化對淫穢色情、賭博欺詐、虛假廣告等違法不良
資訊的巡查監看，全年累計受理處置公眾舉報 2822.8 萬多件次，要求相關網站
依法清理違法違規有害資訊近 10 億條、關閉相關違法違規網路帳號 90 多萬
個，約談有關違法違規網站 20 多家，依法關閉違法違規網站 1200 多家。[31]

　　2016 年 4 月 19 日，習近平主持召開的網路安全和資訊化工作座談會上強
調，維護網路安全「要樹立正確的網路安全觀」。在這段講話中，習指出「網路
主權或網路空間主權是國家主權在網路空間的自然延伸和體現。對內而言，網
路主權指的是國家獨立自主地發展、管理、監督本國互聯網事務，不受外部干
涉。」

---

[29] 此項規定參閱《草案》第 50 條及《草案二次審議稿》第 56 條。
[30] 〈中國網絡宣傳這三年：十個方面取得新進展新成效〉，人民網，2016 年 1 月 6 日，
http://politics.people.com.cn/n1/2016/0106/c1001-28020755.html。
[31] 何春中，〈全國網信系統執法『亮劍』〉，《中國青年報》，2016 年 2 月 26 日，第 4 版。

🎯 第四節 假冒偽劣商品與道德誠信危機

經常可以在看到媒體報導，中國大陸商人的「創意」如何層出不窮，從侵權疑慮到見怪不怪的山寨文化，到為了降低成本提高獲利，使用來路不明的過期、低價原料製作黑心商品販售，如「毒奶粉」、「地溝油」、「彩色饅頭」、「甲醇酒」、「頭髮醬油」、「瘦肉精」等怵目驚心的畫面。或是偷工減料的「豆腐渣」工程，倒塌造成傷亡。這一系列問題象徵著當前中國社會普遍存在的投機取巧和貪小便宜心態，長期累積下來，就是道德與誠信的危機。

山寨文化：主要指中國大陸模仿名牌的電子產品，廣義指稱也延伸到服飾，或小牌藝人模仿大牌藝人的藝名或風格。電子產品（主要是手機）通常是做得與名牌相似，但略有不同，把品牌名稱中的一個字母換掉或是把商標圖案稍做修改。山寨產品的特點便是「打擦邊球」，在模仿中帶有獨創，遊走於智慧財產（大陸稱「知識產權」）法規的邊緣。山寨產品原本因廠商來源不明，技術良莠不齊，經常發生事故。但隨著技術改良與市場需求，逐漸占有一席之地，使消費者可用較低的價錢享有與名牌電子產品相近的功能。山寨產品的出現，滿足了一些買不起名牌卻又愛面子的消費者的虛榮心。

豆腐渣工程與「樓歪歪」：1998 年時擔任總理的朱鎔基在視察長江水患時，對於脆弱的公共工程品質，憤而說出了「豆腐渣」一詞，此後成為偷工減料危險工程的通稱，不僅是安全疑慮，在「豆腐渣」工程的背後也反映了諸多問題：政府官員貪圖政績盲目建設、官商勾結舞弊、草率驗收忽視安全等。2008年四川汶川地震倒塌的校舍，亦有不少屬於此類。除了公共建設，房市也出現建商趕著售樓收款卻忽視工程品質的「樓歪歪」現象，更離譜的是許多建案在住戶尚未遷入使用前即已出現傾斜、倒塌的情形，網民取了許多戲謔的名詞如樓歪歪、樓晃晃、樓脆脆等，調侃建商的良心也傾斜、破碎了。

毒奶粉事件：2004 年，安徽阜陽已出現劣質奶粉事件，造成 13 人死亡及數十名「大頭娃娃」；2005 年，山東查獲以摻入報廢皮革（皮鞋、皮包等）以增加水解蛋白的「皮革奶」。影響最大的則是 2008 年，河北石家莊三鹿公司在其生產的奶粉中摻雜三聚氰胺，造成食用該廠牌奶粉的幼兒出現腎結石，累計近四

萬人就醫。三鹿公司起初聲稱是在生產過程中「遭到三聚氰胺汙染」造成，但經查證，是該公司與部分上游酪農為了降低成本、提高蛋白含量而特意加入。除三鹿公司相關人員被起訴、判刑，也使河北省及石家莊市多位黨政官員被撤職，形成一波「問責風暴」。但三鹿乳製品已行銷至多個國家，其中不乏台灣、香港知名品牌，對「中國製造」的形象帶來巨大的負面衝擊，連大陸民眾對食品亦大失信心，一度出現到港、澳搶購奶粉的風潮。

地溝油：2010 年，中國大陸陸續傳出不肖商人將餐廳丟棄的廚餘打撈蒐集，並過濾、提煉再製後以低價賣給餐廳業者，重新回到餐桌上。因常在下水道、溝渠中收集「原料」，故稱為地溝油，當中含有重金屬等有害物質。雖然經常有查緝破獲地溝油工廠的報導，但仍然屢禁不止。事實上，地溝油若善加利用，可以用來製作肥皂及生物燃料，但在巨大利益的誘惑下，仍被拿來再製作食用油販賣。

2011 年 2 月，溫家寶在答詢網友的一則談話中說：「現在影響我們整個社會進步的，我以為最大的是兩個方面。一是社會的誠信，一是政府的公信力。」[32]4 月，溫家寶另一則談話中指稱，一連串食品安全事件足以表明：「誠信的缺失、道德的滑坡已經到了何等嚴重的地步。」[33]

此外，值得思考的是，層出不窮的黑心產品之所以能大行其道，也與中國質量審查的缺乏規範有關，中共設有「中華人民共和國國家品質監督檢驗檢疫總局」（簡稱質檢總局），負責各項商品的檢查與品質把關工作，後於 2009 年出台「食品安全法」，2010 年國務院成立「食品安全委員會」做為監管的輔助機制。但是國家行政的效率，往往趕不上黑心商人動腦筋的速度，食品安全事故仍時有所聞。主要原因在於每次發生食品安全事故，受到判刑、整頓、罰款的都是生產商，而監督不到位的官員至多受到調職、停職處分。

以上「山寨」與「黑心」等假冒偽劣產品反映的是，社會上追求利益不擇手段的現象，損人利己。消費者儘管對於食品衛生充滿疑慮，但在政府管制鬆

---

[32] 溫家寶總理與網友在線交流，中國政府網，2011 年 2 月 27 日，
http://www.gov.cn/zlft2011/content_1811708.htm。
[33] 溫家寶同國務院參事和中央文史研究館館員座談講話，新華網，2011 年 4 月 17 日，
http://news.xinhuanet.com/politics/2011-04/17/c_121314799_3.htm。

散下，還是經常不知不覺吃下肚。而企業責任的淪喪，使商家為了個人有限的利益而使消費者的健康遭受損失，都反映出中國社會面臨的誠信危機。

政府本身的腐敗問題也反映著政治上的誠信危機，如 2006 年上海市委書記陳良宇、2011 年鐵道部長劉志軍等高官都涉及貪瀆弊案撤職查辦。政府本身若不能作為表率，社會就沒有參照的依據，道德誠信的缺失難以彌補，造成了社會成本增加，民眾之間陷入一種冷漠疏離的困境。2006 年喧騰南京的「彭宇案」，反映的正是如此：路人彭宇將跌倒的老太太送醫，反被傷者家屬控告撞人，對社會產生了負面影響，此後救死扶傷前必須考慮再三，最好還能找人作證才能行動。

◎ 第五節　炫富、仇官仇富與官民衝突

中國改革在累積可觀的物質成就的同時，也激化了社會的多層面緊張與衝突，這種時刻緊繃的「道德緊張感」，尤其突出地表現為官與民的衝突、富與貧的敵意上。經濟社會地位較高者形成強勢的一方造成「炫富」、相對弱勢的一方容易被點燃義憤情緒，產生「仇富」與「社會洩憤事件」，近年攀升的這三種現象顯示中國大陸社會分化已經相當嚴重。

「炫富」是指炫耀金錢的行為，錢與權是相伴相生的，富人有了錢，自然會有權；黨政幹部有了權，也容易積累財富。但是當財富累積到一定程度，卻沒有相對養成倫理與社會責任，隨之而來的反而是炫耀其權力與財富，以名車豪宅炫耀排場，甚至擺架子欺壓平民。在仍有多數人連溫飽都成問題的情況下，格外顯得諷刺。

「仇富」是指一般人對於有錢人，尤其是前述炫富者的仇視。包含對富二代的財產靠繼承得來，並不是努力工作獲得的反感，以及對「暴發戶」的致富手段、是否誠實納稅的質疑。這種對金錢權力汲汲營營不擇手段的仇視，使靠正當手段獲得社會地位者也容易被貼上標籤，形成貧、富階層的對立。

相近於「仇富」，另一種情節是「仇官」，容易演變為「社會洩憤事件」。和上訪產生的群體性事件不同的事，大多數參與者與事件本身並沒有直接利益關

係，主要是表達對社會的不滿，從圍觀到加入事件破壞發洩為主的一種衝突。這種洩憤事件的主要特徵是由偶然事件引起，通常沒有明確的組織者，但透過網絡、手機的迅速傳布，會迅速升級為官民衝突。近年重要的案例有 2008 年貴州甕安事件、2009 年湖北石首事件、2010 年安徽馬鞍山事件與李剛事件：

2008 年 6 月 21 日，貴州甕安縣一名李姓女學生溺水死亡被驗為自殺，家屬與群眾不滿對死因認定過於草率，因得不到進一步處理。6 月 28 日與公安發生爭執，最後包圍公安局及縣政府大樓及若干局處被民眾「打砸搶燒」。貴州省委書記石宗源事後指出，「甕安縣在礦產資源開發、移民安置、建築拆遷等工作中，侵犯群眾利益的事情屢屢發生。」顯示女學生死因糾紛是導火線，官民衝突背後有更深層複雜的原因，但大陸媒體後來均強調「有黑幫組織煽動群眾」所致。

2009 年 6 月 17 日，湖北石首永隆大酒店涂姓廚師墜樓死亡，警方判定是自殺，但死者多處外傷使家屬質疑，酒店並欲花錢收買使家屬承認自殺結案。引起家屬現場「護屍」80 小時，吸引群眾圍觀並設置路障，一度多達七萬人。在真相一直不明下，6 月 20 日不滿的群眾縱火將永隆大酒店焚燬。次日在省委書記羅清泉、省長李鴻忠親赴現場承諾慎重處理重新驗屍後，群眾才逐漸散去。

2010 年 6 月，安徽馬鞍山市花山區旅遊局長汪某，開車時與一中學生的自行車擦撞，汪某下車打了該中學生，並表明其領導的身分，此舉隨即引起路人圍堵，圍觀者一直增加至上千人，欲載走汪某的警車亦被群眾攔住，憤怒的群眾並開始砸車。數小時後由馬鞍山市委書記到場與群眾溝通，並當場宣布免去汪某旅遊局長的職務，警車才將汪某帶離現場，但群眾仍未散去，隨後市政府出動防暴警察，與群眾再度爆發衝突，並使用催淚瓦斯才驅散群眾。這個案例反映部分幹部本身由於掌握權力與資源，形成了傲慢與高高在上的心態，與民眾發生摩擦即引發嚴重後果。

除了矛盾被偶發事件引爆，也出現官二代（高幹子女）與富二代（資本家子女）人格扭曲下炫耀地位與家產的情況：

2010 年 10 月，酒醉駕車的男子李啟銘在河北大學校園撞倒兩名女學生，造成一死一重傷，當肇事車輛被攔下時，李啟銘表示「要告去告，我爸是李剛」。此話一出，傳遍全國成為名言，李剛成為矚目話題人物，並在網路上遭到「人

肉搜索」。李剛是河北省保定市公安局北市區分局副局長，並不是很大的官，但其子傲慢的權貴心態引起社會強烈反感。整起事件中養子不教的李剛反而比肇事的兒子更「吸引眼球」，網民對於李剛的資產、關係網絡產生發出許多質疑與謠言，但在政治勢力介入下，媒體無法再深究，最後李啟銘被判六年徒刑並賠償被害人。此事件除了官民間的矛盾，也反映生長在改革開放後，生活富裕的 80 後、90 後，生活寬裕，對社會上其他群眾顯得不尊重，認為金錢可以衡量一切，肇事除了無悔意，還以錢砸人，認為靠關係擺平是正當的。雖然沒有演變成大規模群眾衝突，但透過網路，對社會引起極大影響。

2011 年 6 月「微博炫富」事件：一名 20 歲的女子郭美美在其微博上公開炫耀其住豪宅開名車的奢華生活，由於其在身分認證欄自稱是「紅十字會商業總經理」，網民懷疑與中國紅十字會副會長郭長江有親戚關係，以及對紅十字會的捐款流向。但查證後表示「紅十字商會」與「紅十字協會」無關，郭美美與郭長江亦非親屬。最後郭美美承認身分為杜撰，炫富是為了進入演藝圈而炒作知名度。但此事件對於紅十字會等慈善機構的形象也帶來許多負面影響，捐款明顯下降。

相對於平步青雲的「官二代」與「富二代」，許多出身農村或中下階層的青年成為「貧二代」，教育是促使向上流動的管道，但許多貧二代連學費都未能負擔而放棄。即使努力完成大學學業，在求職上仍然比不上出身社會經濟條件較好家庭的同齡者，有更多的關係和資源可動員，因此「拼爹」也成為一種特殊現象。而沒有教育背景與社會關係的農民工，只能一代一代延續貧窮。

炫富與仇富反映當今中國大陸貧富差距擴大與社會價值觀扭曲的問題，富人炫富的行為表示他們不尊重社會群體，因此也不能獲得社會尊重，但已成為既得利益者，並不需在意社會觀感，也更加跋扈。鄧小平曾主張「讓一部分人先富起來」，為中國走入市場經濟提供合理化的基礎。然而他無法預料的是，這一部分先富起來的人會帶來社會分化，而其他沒有富起來的人，是否還有機會翻身？

◎ 第六節　宗教控制

在前述《統戰條例》中，中共規定「共產黨員應當團結信教群眾，但不得信仰宗教」(第二十三條)及「黨委和政府應當有領導幹部分管宗教工作，並明確專人負責」(第二十四條)，看來與其強調的「堅持政教分離」(第二十二條)有所矛盾：政治可以凌駕於宗教，但宗教不得影響政治。

在《國家安全法》第 29 條中，亦規定「防範、制止和依法懲治利用宗教名義進行危害國家安全的違法犯罪活動，反對境外勢力干涉境內宗教事務」、「國家依法取締邪教組織，防範、制止和依法懲治邪教違法犯罪活動。」

除了打壓政治立場不同的法輪功、因防範藏獨、疆獨而限制藏傳佛教、伊斯蘭教之外，值得注意的是自 2013 年起，以各種方式限制基督教的傳布。禁絕法輪功是因政治持上異議，限制藏傳佛教、伊斯蘭教則涉及地域族群問題與文化差異。相對而言，這三種宗教的信仰者同質性較高，同時法輪功則因被中共定調為邪教，境內不得傳布，信徒只能在海外活動發聲。

中共對大陸境內基督教態度轉趨嚴厲，可能的考量是：根據非正式的推估，基督徒人數早已超越中共黨員人數，且超越美國成為世界最多基督徒的國家。如果無法有效掌握基督徒的數量與活動，將影響民眾對黨和國家的認同。

自建立政權以來，中共要求中國大陸的各種教會必須遵守「自治、自養、自傳」的「三自」原則，不受境外勢力管轄及干預。但基督教信眾分散全國各地，涵括不同民族、社會階層，廣泛接觸國外資訊，要像前述三種宗教一樣控管，困難度則高許多。例如中國大陸究竟有多少人口信仰基督教？並沒有確切數字。國家宗教事務局僅公布「中國現有基督徒約 2305 萬人，教牧傳道人員 3.7 萬餘人，教堂 2.5 萬餘座，簡易活動場所（聚會點）3 萬餘處」。[34]另根據《人民日報》報導，僅指出中國大陸基督徒人數約「在 2300 萬至 4000 萬之間」，[35]這個數字相當含糊，可能僅來自需受到各級政府註冊、管制的合法教

---

[34] 但此官方數字沒有說明是哪一年獲得。參閱〈中國宗教概況〉，中華人民共和國國家宗教事務局，http://www.sara.gov.cn/zwgk/17839.htm。

[35] 〈中國基督教信徒人數在 2300 萬至 4000 萬之間〉，人民網，2014 年 8 月 6 日，http://politics.people.com.cn/n/2014/0806/c1001-25409597.html。

會，但實際上有諸多未登記、未受到政府控制的宗教組織。據推測，在中國大陸的基督徒人數可能有七千萬至八千萬，已經接近中共黨員人數。[36]

　　同時基督教不涉及煽動藏獨、疆獨、反共等敏感議題或涉及犯罪，沒有直接取締的理由。因此拐個彎來限制教堂建築、十字架等，成為近年在各地引起爭議的現象。2013 年起，浙江省民族宗教事務委員會公布了《浙江省宗教建築規範》，其中最具爭議的規定是「十字架一般應整體貼附在宗教主體建築的正立面上」，而非傳統教堂是將十字架豎立在建物頂端，亦即將十字架由立體改為平面。這也表示，原來合乎舊規定建造的教堂十字架都將在這份《浙江省宗教建築規範》生效後被視為違規。引起宗教界人士不同反應，除了向當局發表公開信抨擊對教堂建築的限制已違反《物權法》，也已經對宗教內涵及信仰自由造成負面影響。[37]

　　除了信徒眾多難以掌控的基督教，對於信仰人數較少，但具特色或知名度之宗教，也傳出遭到限制情事。河南省開封市有一群約一千人的猶太教徒，據媒體報導，猶太教在北宋傳入中國後一直有信奉者，因此這股信眾部分擁有猶太血統，一些文物也可說明猶太教在中國的悠久歷史，但近年來禁止信眾在節慶時聚會等公開活動。[38]

　　習近平執政後提出，要實現中華民族偉大復興的「中國夢」。習近平意識到，經濟發展和實力只是其中一部分，要實現「中國夢」還需要文化、價值觀和信念的支撐。2013 年 11 月習近平赴曲阜，參觀考察孔府和孔子研究院，同時對佛教亦強調其中國化，因此不是任何宗教都加以限制。美國國際宗教自由委員會(United States Commission on International Religious Freedom, USCIRF)，則是自 1999 年起，將中國大陸訂為「特別關注國」，並紀錄其對境內宗教的打壓。

---

[36] 高毅，〈透視中國：習近平該如何面對中國基督徒？〉，BBC 中文網，2014 年 8 月 13 日，http://www.bbc.com/zhongwen/trad/china_watch/2014/08/140813_column_china_christianity_xi。

[37] 郭寶勝，〈干犯眾怒的《浙江省宗教建築規範》〉，《對華援助新聞網》，2015 年 5 月 26 日，http://www.chinaaid.net/2015/05/blog-post_70.html。

[38] 儲百亮，〈「夭折」的復興：中國打壓開封猶太教社群〉，《紐約時報中文網》，2016 年 9 月 26 日，http://cn.nytimes.com/china/20160926/china-kaifeng-jews/zh-hant/。

　　2016 年 4 月 22 至 23 日在北京召開的全國宗教工作會議上，習近平在談話中表示「處理我國宗教關係，必須牢牢把握堅持黨的領導、鞏固黨的執政地位、強化黨的執政基礎這個根本，必須堅持政教分離，堅持宗教不得干預行政、司法、教育等國家職能實施，堅持政府依法對涉及國家利益和社會公共利益的宗教事務進行管理。」在此會議中，全國政協主席俞正聲也呼應習，指出「深刻理解提高宗教工作法治化水準，依法正確處理宗教領域各種矛盾和問題。」[39]

　　2005 年中共曾制訂頒布《宗教事務條例》，至 2016 年 9 月 7 日，國務院發布了國家宗教局提送的《宗教事務條例修訂草案(送審稿)》（簡稱《修訂草案》），並以一個月為期徵求各界意見。原實行的條例共 7 章 48 條，修訂後增加為 9 章 74 條，改動的幅度相當大。在《修訂草案》中幾項重要內容值得分析：在第一章〈總則〉中新規定「各級人民政府應當加強對宗教工作的領導，建立健全宗教工作機制，保障宗教工作力量和必要的工作條件」、「村民委員會、居民委員會協助人民政府以及有關部門管理宗教事務」（第 6 條）。而第三章〈宗教院校〉和第六章〈宗教活動〉全是新增的內容，其中也規定「從事互聯網宗教資訊服務，應當經省級以上人民政府宗教事務部門審核同意」(第 47 條)、「宗教團體、院校及活動場所需向縣級以上人民政府宗教事務部門報告財務收支情況和接受、使用捐贈情況，接受其監督管理，並以適當方式向信教公民公布。…政府亦可進行財務、資產檢查和審計」(第 58 條)。[40]《修訂草案》被視為合法化國家對宗教行為的控制。

　　在有關宗教的新法規出台之前，民政部也對於 1998 年起實施的《社會團體登記管理條例》提出修訂，同樣加強了對民間社會團體的財務審查，也嚴格限制它們與境外組織的聯繫，與宗教上均強調「加強監督管理力度」。在宗教上加強控制的作法，也被解讀為「政府認可的教堂是國家的工具」，因為這些教堂審

[39] 習近平，〈全面提高新形勢下宗教工作水準〉《新華網》，2016 年 4 月 23 日，http://news.xinhuanet.com/politics/2016-04/23/c_1118716540.htm。

[40] 原《宗教事務條例》條文請參閱中華人民共和國國家宗教事務局網站，http://www.sara.gov.cn/zcfg/xzfg/531.htm。《宗教事務條例修訂草案(送審稿)》內容請參閱〈國務院法制辦公室發布《宗教事務條例修訂草案（送審稿）》公開徵求意見〉，《騰訊網》，2016 年 9 月 9 日，http://rufodao.qq.com/a/20160909/020526.htm。

查布道稿，可避免涉及有爭議的政治和社會問題，而重要教堂的神職人員由共產黨任命，而不由教堂會眾任命。[41]

◎ 第七節　結　　論

　　中國大陸社會轉型的脈絡，依孫立平的看法可概括為：1990 年代中期之前，主要是在正在形成中的利益關係和利益格局的基礎上萌生出新的社會結構因素，利益關係和利益格局處在一種主動的位置上；而 1990 年代中期之後，社會結構開始定型化，社會結構開始左右利益關係和利益格局的變動，這時利益關係和利益格局的變化，往往是在開始定型的社會結構框定的架構內進行。這當中最重要的就是社會結構定型化的過程，也就是貧富分化和社會結構的關係。1980 年代中國開始出現比較明顯的貧富差距，但是誰窮誰富總是在變化，今天的情況是社會的門檻提高，人們改變自己地位的機會就少了。與 1980 年代或 1990 年代初不同，現在的貧富差距已經不是單純的收入差距，而是已經開始定型為社會結構。

　　社會變革總會牽涉體制的變革和社會力量構成的變化。但在社會變革的不同階段上，兩個過程的關係是不一樣的。而這種關係的變化又反過來會對變革的過程產生重要的影響。整體而言，1980 年代的改革過程中，是體制的變革推動著社會結構的轉型，即新的社會力量的形成以及構成新的組合關係。而在 1990 年代，在體制變革仍在繼續進行的同時，新形成的社會力量及其組合關係已經開始逐步開始定型下來，雖然定型的過程還沒有結束，但也已出現雛形。[42]

　　第四代領導人留下了「科學發展」和「和諧社會」兩大政策方針，但十年間也累積、加深了許多社會問題，第五代領導人是否能妥善處理，將是中共政權穩定的關鍵。在習近平接班之前，胡、溫主政時期的社會治理主要以「和諧」及「維穩」為主要方針。但在胡、溫交棒前，中國大陸內部的「維穩」開

---

[41] 張彥，〈信仰復興之後，中國收緊宗教政策〉，《紐約時報中文網》，2016 年 10 月 9 日，http://cn.nytimes.com/china/20161009/china-religion-regulations/zh-hant/。

[42] 孫立平，「利益關係形成與社會結構變遷」，社會（上海），第 28 卷第 3 期（2008 年 5 月），頁 9-11。

銷甚至已超過軍事。　相較於胡錦濤式的分權治國，政治局常委各自管理不同領域，習則顯得較為強勢，將各種權力朝黨中央收攏，這種收攏也可以從對宗教、媒體、學術等領域觀察，但以壓制的方式處理，亦可能產生其他社會問題，不可不慎。

參考書目 References

1. 于建嶸，**抗爭性政治：中國政治社會學基本問題**（北京：人民出版社，2010 年）。

2. 中華人民共和國國家衛生健康委員會編，**中國流動人口發展報告 2018**（北京：中國人口出版社，2019 年）。

3. 中國互聯網絡信息中心，**第 43 次中國互聯網絡發展狀況統計報告**，2018 年 2 月 28 日，http://www.cac.gov.cn/2019-02/28/c_1124175677.htm。

4. 王紹光，**怯魅與超越：反思民主、自由、平等、公民社會**（北京：中信出版社，2010 年）。

5. 何清漣，**紅色滲透：中國媒體全球擴張的真相**（台北：八旗文化，2019 年）。

6. 吳忠民主編，**中國改革進程中的重大社會矛盾問題**（北京：中共中央黨校出版社，2011 年）。

7. 李松，**中國社會誠信危機調查**（北京：中國商業出版社，2011 年）。

8. 胡泳，**眾聲喧嘩：網絡時代的個人表達與公共討論**（桂林：廣西師範大學出版社，2008 年）。

9. 胡泳，中國政府對互聯網的管制，**新聞學研究**，第 103 期（2010 年 4 月），頁 261-287。

10. 派屈克‧聖保羅(Patrick Saint-Paul)著，陳文瑤譯，**低端人口：中國，是地下這幫鼠族撐起來的**（台北：聯經，2018 年）。

11. 孫立平，**守衛底線─轉型社會生活的基礎秩序**（北京：社會科學文獻出版社，2007 年）。

12. 孫立平，**重建社會─轉型社會的秩序再造**（北京：社會科學文獻出版社，2009 年）。

13. 區龍宇，**強國危機：中國官僚資本主義的興衰**（台北：群學，2017 年）。

14. 張彥(Ian Johnson)著，廖彥博譯，**中國的靈魂 後毛澤東時代的宗教復興**（台北：八旗文化，2019 年）。

15. 張煒，公民權力表達及其機制建構（北京：人民出版社，2009 年）。

16. 梁曉聲，中國社會各階層分析（北京：文化藝術出版社，2011 年）。

17. 陸益龍，戶籍制度─控制與社會差別（北京：商務印書館，2004 年）。

18. 陸益龍，**超越戶口─解讀中國戶籍制度**（北京：中國社會科學出版社，2004 年）。

19. 楊繼繩，**中國社會各階層分析**（香港：三聯書店，2000 年）。

20. 楊繼繩，**中國當代社會階層分析**（南昌：江西高校出版社，2011 年）。

21. 趙鼎新，**合法性的政治：當代中國的國家與社會關係**（台北：國立臺灣大學出版中心，2018 年）。

22. 鄭永年，**中國模式：經驗與困局**（杭州：浙江人民出版社，2010 年）。

23. 應星，**大河移民上訪的故事**（北京：生活・讀書・新知三聯書店。2001 年）。

24. 謝岳，**當代中國政治溝通**（上海：人民出版社，2006 年）。

25. 謝岳，**抗議政治學**（上海：上海教育出版社，2010 年）。

CH **14** 編著者 吳建忠

「一國兩制」的港澳實踐經驗

▶ 認識「一國兩制」的制度設計與歷史起源
▶ 理解中共當局對「一國兩制」的應對政策
▶ 思考反送中效應：今日香港明日台灣的民主防衛機制

前言 FORWORD

香港自 1997 年回歸中國大陸以來，在政治、經濟、社會、文化與媒體等方面都有明顯而廣泛的分歧與衝突。2003 年香港 50 萬人大遊行；23 條立法受挫；2005 年政改受挫原地踏步。2014 年 9 月所爆發的占中運動可視為長期積累的社會矛盾與衝突之集大成，以致醞釀為香港歷史上最大型的公民抗命運動。「占中」亦是香港回歸以來規模最大與歷時最長的一次社會運動，數十萬港人上街遊行、示威、靜坐與抗命，從中環擴散至金鐘、銅鑼灣與旺角等幾條主要街道皆被占領。透過探討「占中運動」的發生，其背後的因素為何？並討論泛民派、本土派與建制派三方勢力在「占中運動」期間與其後之關係，以便分析該社會運動對香港近年來的政局發展與影響。

縱觀而言，無論是運動發展的緣起、歷程、發展方式、行動手段，占中和太陽花學運的分析結果有著高度相似，然而太陽花學運發生在前，因此影響了發生在後的占中運動，也影響了香港的公民意識和民主發展。

◎ 第一節　一國兩制變了嗎？

一、何謂一國兩制？

2019 年蔡總統的元旦文告喊出了「四個必須」，以及因應中國介入台灣政治與社會發展的「三道防護網」，然後是習近平發表的告台灣同胞書，強調九二共識內涵是「海峽兩岸同屬一個中國，共同努力謀求國家統一」，要積極尋求「和平統一、一國兩制」的台灣方案。而蔡總統則明確地回應台灣拒絕一國兩制方案，並提出三項理由：中國民主體制的欠缺與不足，人權紀錄不佳，以及，中國從未放棄武力犯台。蔡總統聲稱，拒絕一國兩制是台灣共識。何謂一國兩制？

一國兩制是鄧小平所提出的兩岸問題解決方案。1981 年，時任中共全國人大委員長的葉劍英在《葉九條》當中提到：

「統一後的台灣可保留軍隊，作為特別行政區，享有特別自治權；台灣社會、經濟制度、生活方式與同其他外國的經濟、文化關係不變；私人財產、房屋、土地、企業所有權、合法繼承權和外國投資不受侵犯；台灣政界領袖可擔任全國性政治機構領導，參與國家管理；台灣地方財政有困難時，可由中央政府酌予補助」。

時任總統的蔣經國拒絕了這樣的提議，主要原因之一是中共不可能信守承諾。從性質上來看，一國兩制其實就是一種給予某地高度「自治權」的方案，而其最早的例子是西藏。北京政權與達賴喇嘛領導的西藏政府於 1951 年簽訂了《和平解放西藏十七條協定》，由中央政府主導外交與國防，然後由達賴政府管理西藏內部事務，這樣的案例被鄧小平拿來和英國推銷與談判要用在香港的一國兩制。不過，簽完協定後，1959 年解放軍全面接管西藏，達賴流亡印度至今。

後來，一國兩制被用在香港和澳門。1984 年時，中共與英國共同簽署了《中英聯合聲明》，重申兩地回歸後將會實施一國兩制原則，讓港澳保留資本主義的經濟和社會政治制度、金融體系、法律體系，同時也立法保證「香港不實行社會主義制度和政策，保持原有的資本主義制度和生活方式，五十年不變。」不過，在 2014 年，也就是香港回歸的 17 週年時，中共提出了《一國兩制在香港特別行政區的實踐》白皮書，裡面提到：

「香港特別行政區享有的高度自治權不是完全自治，也不是分權，而是中央授予的地方事務管理權。高度自治權的限度在於中央授予多少權力，香港特別行政區就享有多少權力」。

換句話說，所有的最終決定權都在中共的手中，這和聯邦制當中，聯邦政府和州政府的平等關係、以及一切以憲法為依歸是完全不一樣的。2017 年 6 月 30 日，英國將香港主權移交給中國 20 週年的前夕，中國外交部發言人陸慷宣稱《中英聯合聲明》只是一份歷史文件，不具有任何現實意義。事實上，這個聲明是經由中國與英國雙方簽署以及批准，同時也向聯合國登記在案，它是一個標準的「國際條約」。

值得注意的是，現有的「九二共識」，可是連白紙黑字都沒有的，無怪乎在鄧小平提出一國兩制做為統一方案的時候，當時的中華民國政府就以中國不可能守信用為由，拒絕了一國兩制的提議。

二、「占領中環」運動

香港「占領中環」（Occupy Central）全稱為「讓愛與和平占領中環」，簡稱「占中」或「和平占中」，運動的目標是爭取二〇一七年「真正」普選香港行政長官。國外部分媒體也把此次示威行動稱為「雨傘革命」（umbrella revolution），關於這個名稱的來由，各家說法皆圍繞在港人拿雨傘抵擋警方的驅離。

事情的導火線源自 2014 年 7 月 15 日港府提交給大陸全國人大常委會的政改諮詢報告中，被認為沒有向北京當局清楚反映香港市民要求「真普選、無篩選」的意見，在立法會和社會上引起爭議，大律師公會批評濫用法治，學生組織揚言將發起公民抗命行動。

然而，對於人民的不滿，香港基本法委員會主任的大陸全國人大常委會副秘書長李飛在普選政改的座談會中，強烈表態稱「占領中環威脅香港繁榮穩定，若受威脅而屈服，香港將永無寧日」。儘管市民已強力表達不滿，陸全國人大常委會 8 月 30 日通過「關於香港特別行政區行政長官普選問題和二〇一六年立法會產生辦法的決定」，明確香港特首須具備「愛國愛港」條件，而特首候選人須由「提名委員會」提名，香港泛民主派要求的「真普選」確定無望。

最早提出香港政治制度改革方案的是英國駐港總督楊慕琦(Sir Mark Aitchison Young)。他在 1946 年提出這個方案時，希望香港市民有更多責任去管理自己的事務。方案包括建立市議會，三分之二議員為民選，三分之一則是委任。這個方案被稱為「楊慕琦計畫」(the Young Plan)。

英國政府在 1950 到 1960 年代，允許當時的殖民地新加坡、馬來西亞等地實行自治，最後新加坡和馬來西亞走向了獨立。中國政府擔心，香港也會步他們的後塵。時間快進到 1980 年代。英國和中國兩國政府決定在 1997 年將香港主權移交給中國。香港特區《基本法》承諾，普選將是「最終目標」，但對出台時間含糊其辭，使北京可以決定其進展速度。末代港督彭定康雖然試圖進行一些選舉制度上的改革，但是由於中國（中共）政府的反對，新選出的立法會沒有過渡到 1997 年主權移交之後。

中共同意將普選寫進香港《基本法》的目的之一是做給台灣看，為以「一國兩制」的方式統一台灣做準備。如今普選遙遙無期，香港陷入動盪不安，給台灣做出了非常負面的示範。2019 年習近平在《告台灣同胞書》40 周年紀念會中講話中提出「習五點」，正式提出「探索『兩制』台灣方案」的說法，倡議兩岸各政黨各界別推舉代表開展民主協商，就兩制「台灣方案」達成制度性安排。這是習執政以來最完整地闡述對台政策，「習五條」將成為今後中共對台工作最重要的綱領性文件。

其實，香港的民主改革計畫在 1940 年代就提出過，但是半個多世紀以來一直沒有實現真普選。是誰在阻擋港人的真正自治呢？

表 14-1　香港政改簡要大世紀

時間	紀要
2007 年 12 月	中國人大常委會會於 2007 年 12 月否決了香港在 2012 年普選行政長官及立法會全體議員，不過提出了香港推行普選的時間表。 2017 年第五任行政長官的選舉可以實行由普選產生的辦法；在行政長官由普選產生後，立法會可以實行全部議員由普選產生的辦法，這次決定被視為北京當局首次承諾為香港普選行政長官設下實行時間。
2013 年 12 月 4 日	香港政務司司長林鄭月娥宣布展開政改方案前的公眾諮詢，為期五個月，與律政司司長袁國強及政制及內地事務局局長譚志源合組「政改三人組」處理政改事宜。政改首輪諮詢以「有商有量，實現普選」為主題。
2014 年 3 月 3 日	政務司司長林鄭月娥在諮詢期間發表署名文章「讓普選行政長官討論回歸《基本法》」，表示如果各方不願回歸到《基本法》的法律基礎及不接受政治現實，2017 年普選行政長官這目標恐怕只變成「鏡中花、水中月」。
2014 年 4 月	首輪諮詢期間，由香港立法會安排全體議員訪問上海，並安排與主理政改的中央官員會面，有 43 位建制派及 14 位泛民議員參加；其中綽號長毛的梁國雄攜帶「六四事件」相關物品入境，梁國雄未有入境折返香港。 首輪諮詢後，由「和平占中」委託港大民意調查機構就三個含有「公民提名」元素的方案在 2014 年 6 月下旬發起全港投票行動，結果有近 80 萬人參與了投票。

表 14-1 香港政改簡要大世紀（續）

時間	紀要
2014 年 7 月 1 日	七一遊行亦以爭取真普選及公民提名為主題，之後有學界代表發起「預演占中」，在中環鬧市遮打道道宵靜坐留守，警方清場並拘捕 511 人。
2014 年 7 月	由「幫港出聲」召集人周融發起的「保普選、反占中大聯盟」，舉行為期一個月的「反占中」簽名運動。
2014 年 7 月 15 日	政府公布首輪諮詢報告，並同時啟動政改首部曲，向北京政府提交報告。報告建議特首人選要愛國愛港、提名委員會應參照選委會四大界別比例組成、提委會產生辦法沿用現時選委會產生辦法等為「主流意見」。
2014 年 8 月 31 日	中國全國人大常委會北京舉行會議，其中一項議程審議香港政改報告，並公布簡稱「831」決定。明確規定提名委員會人數須按照現時選舉委員會四大界別同等比例，維持 1200 人組成，提名門坎是提委會「過半數」支持，特首候選人數目定於二至三人，如特首普選未獲法定程序通過，2017 年特首選舉會繼續沿用 2012 年特首選舉產生辦法。
2014 年 9 月	香港學界發起大專及中學生罷課，及後有集會人士闖入香港政府總部內，學民思潮召集人黃之鋒等人被捕，引來大批市民前赴政府總部外聲援，「和平占中」發起人之一戴耀廷形容對話之路已經走盡，正式啟動「占領中環」及一系列抗命行動。 集會占領了香港多區主要道路，警方一度出動催淚彈驅散示威者，促成參與者稱這次抗爭為「雨傘革命」。占領行動持續 79 日後結束。

資料來源：作者整理

三、831 決定

　　中國全國人大常委會於 2014 年 8 月 31 日表決通過了有關 2017 年香港特首普選問題的決定，總共有五點，其中四點與香港特首選舉有關，另外一點與香港立法會選舉有關。

　　首先，人大常委會決定在第一點明確表明，「從 2017 年開始，香港特別行政區行政長官選舉可以實行由普選產生的辦法」。這意味著，如果有關辦法獲得通過的話，不只適用於 2017 年的下一屆香港特首選舉，而是可以沿用此後的特首選舉。

　　第二點主要是有關香港特首普選產生的辦法。在這一點中，人大明確表示香港特首候選人必須由一個「有廣泛代表性的」提名委員會產生。這也就意味著，此前有人建議的公民提名、政黨提名和機構提名等提名香港特首候選人的方式都被排除在外了。

　　而且人大常委會的決定也指出，「提名委員會的人數、構成和委員產生辦法按照第四任香港行政長官選舉委員會的人數、構成和委員產生辦法而規定。」這意味著，提名委員會成員人數維持在原有的 1,200 人，而且其成員構成也繼續來自 4 大界別及 38 個分類界別，包括 300 人來自工商、金融界，300 人來自專業界，300 人來自勞工、社會服務及宗教等社會界，其餘 300 人則來自政界，包括所有立法會議員、港區人大代表、政協委員等。上述各個分類界別成員，除了 96 名政界成員是當然成員外，其餘成員由所屬界別投票人投票選出，也就是通過所謂的「功能組別」選舉產生，這也被香港民主派人士指為是「小圈子選舉」，因為 300 多萬香港選民中的絕大多數人根本無權參與投票。

　　有關決定還明確了特首候選人人數的上下限，提名委員會提名產生的特首候選人只能在兩至三個之間，不能多，也不能少。每名候選人均須獲得提名委員會全體 1,200 名委員半數以上的支持。

　　此外，人大常委會的決定也再次重申了，「行政長官普選的具體辦法須向香港特別行政區立法會提出，經立法會全體議員三分之二多數通過，行政長官同意，報全國人民代表大會常務委員會批准。」目前香港立法會共有 70 名成員，其中 27 人為民主派議員，如果所有民主派議員像預料的那樣，在香港立法會表決通過香港特首普選辦法時全部投反對票的話，有關辦法將不可能獲得三分之二的票數通過。

　　第四點也有提到，就是如行政長官普選的具體辦法未能經法定程序獲得通過，行政長官的選舉繼續適用上一任行政長官的產生辦法。換言之，如果特首

普選辦法不能獲得香港會通過的話，2017 年的香港特首選舉將仍會沿用現有的由 1,200 人選舉委員會產生的方式。

而人大常委會在其決定的第五點則談到了香港立法會的產生辦法，並明確了 2016 年的香港立法會選舉仍採用上一屆立法會選舉的方式，也就是還不能採用全面普選的方式進行。不過，人大常委會同時表示，「在行政長官由普選產生以後，香港特別行政區立法會的選舉可以實行全部議員由普選產生的辦法」。換言之，如果 2017 年香港特首選舉的普選實現的話，2020 年的香港立法會選舉才可實現普選方式舉行，否則最快也要等到如果 2022 年香港特首普選產生後，才有可能在 2024 年的立法會選舉實現普選。

◎ 第二節 香港邁向普選的博奕

香港基本法，香港特區行政長官（特首）除年齡及國籍規定外，只有 47 條規定的「廉潔奉公，盡忠職守」，所謂「愛國愛港」並不在其中。根據「鄧小平文選」，鄧小平對普選曾談到：「對香港來說，普選就一定有利？我不相信。……管理香港事務的人應該是愛祖國、愛香港的香港人，普選就一定能選出這樣的人來嗎？」一國兩制推動的特首直選，都應歸納為「政權建設」而非「社會自治」的範疇，原因在於中共黨政體系始終主導港府改革與日常運作。

一、人大 831 決定與香港「占中」

香港特首可普選，但「港人治港」確定破滅。中國人大常委會表決通過《香港未來特首普選問題及 2016 年立法會產生辦法》決議案，訂 2017 起開放普選，但人選由提名委員會提名，排除公民參選，且須是「愛國愛港」人士。人大常委會副秘書長李飛在會後記者會上表示，部分香港人士提倡以「國際標準」辦普選，其實卻是「個人標準」，這已使香港社會浪費大量時間，討論不切實際的主張。

　　人大香港政改方案有四點意義。第一，人大明確宣告，香港可由 2017 年起舉辦特首普選；第二，特首候選人須由「有廣泛代表性」的提名委員會產生，代表否決此前港人建議的公民、政黨或機構提名，提委會組成則維持工商、專業、社會、政治 4 大界別 1,200 人，一般民眾等於無權投票，而且需要獲得過半數的支持。第三，特首普選辦法須向立法會提出，經全體 3 分之 2 議員多數通過，但考量實質情況，只要民主派議員集體杯葛，就能阻擋辦法通過；第四點因此而生，若辦法未經程序通過，即沿用前任選舉的辦法。這表示若立法會未通過特首普選辦法，2017 的普選將與目前制度相同，由 1200 人的選委會選出特首。

二、中共與港人對人民權利認知差距

　　大陸國務院港澳事務辦公室前常務副主任、陳佐洱接受專訪時形容，「占中」是「港版的街頭政治、顏色革命，企圖推翻政權，下場只會是頭破血流」。陳佐洱以過去幾年發生在利比亞和烏克蘭的事件作比喻，指「占中」和有關活動都是由「西方國家推動」，有人利用受過訓練的民眾，進行公民抗命。

　　大陸外交部港澳台司說，有些人無視香港的發展和長遠利益，無視基本法的規定，「勾結外部勢力」，干擾香港特別行政區政府施政，不僅破壞香港的穩定與發展，還妄圖使香港成為對大陸進行顛覆、滲透的橋頭堡。

三、香港民眾對去過往北京指派的香港特首不滿意的原因

　　一般香港市民並非政治人，但往往遭當權者逼出來面對社會議題，當一般市民連最根本的生活方式都受管制，唯有站出來說不。梁振英從開展扶貧，推行「長者生活津貼」，幫助社會最底層的民眾，到推出「梁十招」遏抑樓價，再到緩解國教抗爭，以及推行新界東北發展計畫，還有處理撞船突發事件，都看出施政困境。

（一）國教抗爭

　　梁特首新政伊始，就被反對國民教育的抗爭纏住了。推行國教，是前朝政府決定的政策。當朝本可順水推舟，沒想到遭遇香港市民的強烈抵制，抗爭越

演越烈，有可能讓現任者纏身，動彈不得。梁特首不得不宣布取消三年限期、改由學校自行決定是否開辦，平息了政府總部前的集會、絕食抗爭。

（二）撞船事故的處理

中共十一國慶之夜，南丫島海面不幸發生撞船事故，造成 39 人死亡、101 人受傷。南丫島撞船事故為 1971 年佛山號翻沉事故後，香港最嚴重的海上事故；以死亡人數計算，則是繼 1996 年嘉利大廈大火後，遇難人數最多的單一災難事故，也是至香港回歸以來，死亡人數最多的一次災難事故。

（三）新界東北發展

港府早在 90 年代起就研究新界東北的發展潛力。梁振英政府將新界東北發展計畫正式立項，展開首階段公眾諮詢。在第三階段公眾諮詢中，爆發了反對和贊成截然相反的民眾對立，甚至發生肢體衝突。

反對者認為，該項發展是為深港融合鋪路，是「富豪雙非教育城」。計畫以 400 億收購相關地產商囤積的土地，是利益輸送，有官商勾結之嫌。環保人士認為政府應保留農地，鼓勵有機農業的發展。現有的土地使用者、居住者包括很多新界非原居民因改變了現狀，反對這項發展計畫。贊成者認為，新界東北的發展是香港經濟社會發展的重要部分，是增加土地供應，舒緩樓價，增加就業、改善民生的重要舉措。這一計畫得到新界原居民、鄉議局的支持。

（四）港人厭倦媚共電視台

香港原先有兩個免費電視台。一是無線電視（TVB），另一為亞洲電視（aTV）。2009 年香港政府宣布接受新的經營者申請免費電視廣播執照。四年來有三家申請，分別是香港電視網路、奇妙電視、香港電視娛樂。2013 年 10 月 15 號，香港政府記者會宣布奇妙電視和香港電視娛樂獲得政府發出的免費電視執照，唯香港電視網路申請失敗，王維基反共色彩受矚目。

四、「愛國愛港」導致香港分裂

公民提名究竟是市民的「開價方案」、「談判方案」、還是「最終底線方案」？公民提名本身就是提名委員會的反面。 提委會的提名程序越開放，市民便越不覺得需要公民提名來抗衡提委會的篩選。提委會越保守，市民對公民提名的要求便越強烈。《基本法》雖然可從法律角度否定公民提名，但從民心和政治的角度，中央絕不能完全否定和扼殺公民提名。公民提名將是中央揮之不去的夢魘。中共常埋怨「人心未回歸」。究其原因是中央和特區政府所提的政策「未回歸人心」。

◎ 第三節　香港未來的思考

「民主回歸論」即設想中國大陸在經濟改革後，會逐步走上政治開明之路，加上陸港之間的良性互動，最終將可以實現民主回歸夢——由於近年北京以強硬路線治港，早已變得脫離政治現實，2014 年更被 831 人大決定完全壓碎。

當「天朝中國」全面介入香港事務後，一方面令「民主回歸論」變成遙不可及，另一方面亦激起一種強調抵抗北京干預、捍衛香港原有制度及核心價值的本土保衛意識。在這個大趨勢下，拙於論述的泛民政黨，日漸顯得兩面不是人。既無法再以舊論述帶領群眾，又被高呼本土的「獨立建國派」迫得喘不過氣。擺在眼前的現實是，如果「泛民主派」再不更新論述，以回應民主回歸失落和本土意識抬頭的雙重挑戰，香港民主運動必將走向四分五裂。

傘後論斷成敗或許尚早，卻是檢討經驗的時機。一場歷時 79 天的大型社會運動，值得端詳反思的地方不勝枚舉，各界亦陸續開展不同方向的檢討，從運動策略、溝通機制、應否退場、和平還是勇武抗爭，到占領者與市民關係、警民關係、公民社會的後續發展等等。

獨裁者同步在進化，獨裁者不只在策略上進化，更重要的是在戰略上進化。從行動策略入手，可以為占中運動的變化，但是，如何對應北京的戰略部

署？從一國兩制白皮書到 831 鳥籠普選定音，一路到假普選政改方案被否決，直至近日的「去殖民地論」，北京有一套貫徹的戰略與話術，如何突破？激進本土派提出的（民族主義），在短期內仍無法成為「大眾情感」，似仍遙不可及（但並非不值得提出）。那麼，社運派與自由左翼提出的解答是什麼？香港運動領域瀰漫一股低迷氛圍，湧現自責與究責的報導。

如果有關殖民意涵的關鍵詞，是支配、從屬，那麼九七後的香港，其實更接近於殖民地狀態；有些學者認為香港在九七之後自動處於「後殖」時代。按內蒙作者楊海英在《沒有墓碑的草原》的說法，中國早已在內蒙古建立了「社會主義殖民地體制」、曾企圖製造「沒有蒙古人的內蒙古」。這都是中國治下的香港、經常聽到「權在中央」一類說法的政治背景。香港人今天需要的，不是什麼「去殖民」，而是抵抗天朝中國的「再殖民」。香港殖民地在二戰後已有相當程度自治，財政獨立，而八十年代起草基本法時，是確認當時已有的自治權，並希望將英治行政主導體制及公共財政管理原則延續至九七之後。要真正去殖，其實只需要真心貫徹港人治港、高度自治，由殖民地順民變成當家作主就是了。

然而，對於不少追求民主的香港百姓來說，政改否決，不過意味著又一次重新開始。接下來，大家不得不思考的是：假若泛民堅持了三十年的「民主回歸」路線已證明失敗，那麼今後香港民主發展，應該何去何從？過程中，我們又該如何看待那龐大的中國因素？在香港民主運動置身十字路口的當下，社會相繼出現不同論述，試圖為以上問題提出解答。退出公民黨的湯家驊自組智庫「民主思路」，聲言要「開拓出一條新路線，在『放棄真普選』與『全面對抗』這二元對立之外，為香港民主發展另覓出路」；學者方志恒牽頭，與二十多位年青學者、政團中人出版《香港革新論》，提出「革新保港」、「民主自治」、「永續自治」三大綱領，「為香港前途而戰」；再加上一直主張的「城邦自治」，甚或「港獨」的本土派。對於香港民主的路向與目標，人言人殊，眾說紛紜。

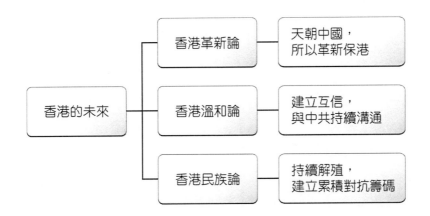

　　這三條路線差別只在於，大家打算採用什麼方法，以達至這些目標。如何面對天朝中國的威脅。有部分論者認為，香港應繼續盡量與大陸民主運動連結，向大陸輸出香港的核心價值和制度，從而影響甚至改變大陸（如周保松的《思考香港前路四篇》和朱凱迪的《中國「回到革命」，香港呢？》）。他們認為只有這樣才能增強香港對中央的議價能力，增加民主運動的成功機會，這種觀點值得商榷。

　　首先，這種「中國有民主、香港就有民主」的思維對「民主中國」有不設實際的美好幻想，沒有好好處理民主政制與地方自治的關係。我相信大部分香港人爭取民主政制的目的，除了希望改善管治外，還希望民主成為保障「一國兩制」和「高度自治」的有力工具。但一個民主中國，就必定會尊重和保障香港的高度自治嗎？

　　與大陸民主運動連結，向大陸輸出香港的價值和制度，亦未見得可以增加對中央政府的議價能力。因為支援中國的反抗運動，就表示把香港定位為「反共基地」，直接挑戰中共在大陸的統治。這樣反而會增加中共對香港的戒心，使它更不願意給予香港民主。相反，如果香港的民主運動能專注本地的民主化而不染指大陸，降低對中共政權的直接威脅，當中共自身因經濟衰退等原因出現危機時，或許會有更大讓步空間，容許香港實行民主自治。

　　香港自由左翼（包括社運派）遭遇的一個大難題：你願意培力中國大陸，香港願意與內地分享社運經驗、相互提攜，但北京政權卻把你當成「顏色革命」的先鋒，那你下一步怎麼走？

◉ 第四節　港府修訂「逃犯條例」引發議論

　　2018 年初，一名香港籍男子與其 20 歲的香港女友一起到台灣旅遊，結果兩人發生爭執，這名港籍男子在台灣將其懷孕女友殺害並棄屍後逃回香港，用女友的提款卡領錢後被發現逮補並揭發命案。2018 年 12 月 3 日，台灣士林地檢署正式對其發布通緝，時效長達 37 年 6 個月；但由於港台之間沒有司法引渡協議，所以台灣無法要求香港引渡陳男回台接受調查審理，讓此案陷入膠著，2019 年 2 月，香港政府以此案為由，宣布將修改《逃犯條例》。

　　香港目前和 20 國簽有「逃犯移交」協議，但相關法律不適用於中國、澳門和台灣。香港政府提議，刪除此限制，希望與沒有簽定引渡安排的地方以都能個案方式處理，且不限於台灣，還包括中國和澳門等地，並把審議是否移交逃犯的權力由立法會轉為行政長官，也就是只要特首及法庭同意，不需經過代議制度的審查，就可以逃犯移交至中國。背後主因都是不信任中國司法，擔心此例一開，將成為北京當局要求港府引渡政治犯的藉口，讓中國藉機抓捕對中共政權不滿的港人或在香港外國人，削弱香港國際地位。台灣民眾言行若觸犯中國法律，因旅遊而過境香港或轉機，都可能被中國主張為罪犯，而要求引渡到中國受審。

▌一、雨傘運動後最大規模抗議

　　港府於 2019 年 2 月 12 日提議修訂「刑事事宜相互法律協助條例」及「逃犯條例」，俾與未簽訂引渡協議之司法管轄區進行個案合作，並將原本「行政長官啟動、立法會審核、法庭審訊」三重程序，改為「行政長官啟動、法庭審理」兩重機制等。前揭條例修正草案於 2019 年 3 月 29 日刊憲，除上述修訂方向外，並將可移交罪行由現行的 46 項縮減為 37 項（剔除 9 項經濟相關罪行：破產、公司法律罪行、證券及期貨、智財及商標、環境汙染、課稅及關稅、虛假商品說明、非法使用電腦、貨物資金進出口），以及必須是可判監 3 年以上之罪行、放寬證據的可接納性等。港府修例引發香港各界疑慮。

相關意見認為，基於中國大陸司法不可信，以及中共對香港干預日深，一旦修例通過，北京將有藉口要求港府引渡政治犯，屆時不滿中共政權的港人或在港外國人，均可能遭羅織罪名、構陷入罪；該條例將進一步限縮香港言論、新聞等自由，不利人身安全，亦將影響國際對香港法治、投資的信心。除香港民間團體相繼發表聯合聲明，泛民主派、香港大律師公會、記者協會及各大學學生會等亦表擔憂；2019 年 3 月 31 日約 1.2 萬港人參與抗議遊行，為雨傘運動後最具規模之抗議。另方面，因適用引渡的罪行原包含多項商業相關犯罪，及重婚、非法終止懷孕、賄賂等罪名，修例亦引發向來親中的建制派及商界人士憂心。港府提出之草案剔除 9 項商業罪行後，部分人士立場雖略有鬆動，惟自由黨指中小企業仍有疑慮，要求港府再剔除部分罪行及不設追溯期。此外，香港富商劉鑾雄（2014 年因賄賂澳門前運輸工務司長及洗黑錢，遭澳門判處 5 年 3 個月徒刑；港澳之間現無引渡協議，修例通過後其可能被引渡至澳門服刑）向香港高等法院申請司法覆核，要求法庭裁定修例不具追溯力，及限制行政長官相關決定權。

美國駐港總領事唐偉康（Kurt Tong）稱關注條例修改細節及運作情形；美國國會及行政當局中國委員會強調港人及居港外國人應受保護，免受中國大陸刑事司法影響。美國商會對港府草案剔除 9 項商業罪行表示歡迎，惟對修訂方案仍感憂慮，希港府考慮以其他方式處理緊急引渡問題。歐盟駐港澳辦事處則認為，該敏感議題應進行更長時間、更深入的公眾諮詢，包括與跟香港有引渡安排的國家協商。另英國駐港總領事賀恩德（Andrew Heyn）提出修例可能影響在港營商信心，希望港府進行更全面及廣泛的諮詢。

■ 二、今日香港明日台灣

每一個執政者，都是在社會壓力下，民眾動起來後，才來想要怎麼改善與民眾溝通的管道與機制。從台灣 318 後，到法國全國大「辯論」，到現在香港的建立與民眾溝通對話平台。特首林鄭月娥管治無能，眾叛親離，以為可樹立軍權，借助警隊打壓市民，惜太縱容警力，警隊如今徹底失控，與港人為敵，行為活像黑社會，徹底破壞香港安寧。港人反送中行動持續延燒，特首林鄭月娥譴責示威民眾闖占立法會是「目無法紀」，將追究到底。2019 年 7 月 9 日她向媒體坦承，《逃犯條例》修訂工作已「壽終正寢」。

　　香港的特首早就是中共的應聲蟲。這樣的修法，不只威脅到港人的自由與安全，也形同架空香港基本法所規定的「終審權」，引起香港人極大的反彈。因此，2019 年 6 月 9 日，香港舉辦「反送中」大遊行，有超過百萬人參與。香港人口約 740 萬，等於每 100 人就有 13 人參與遊行。若以台灣人口比例換算，等同在台灣超過 300 萬人參與的大遊行！面對反對聲浪，港府為了護航修法，近日香港不斷傳出警察暴力攻擊民眾、胡椒噴霧、催淚彈、布袋彈、地鐵停駛、任意搜身、限制人身自由等情形。

　　為什麼台灣人這麼關心這件事呢？因為台灣人每年入境香港超過百萬人次。若加上「轉機」的旅客，可能上看數百萬人次。送中條例的範圍，不只適用香港人，也適用訪港旅客，甚至轉機未入境旅客。若送中條例通過，任何過境香港的台灣人，只要中共編造符合送中條例的罪名，就能在特首同意之下，不經法院審判就直接把人送往中國受審。關心送中條例，就是關注你自己和親朋好友的人身安全和自由。

參考書目 References

1. 方志恒編（2011 年）。**寸土必爭：香港民主運動的政治論述**。香港：上書局。

2. 方志恒編（2015 年）。**香港革新論：革新保港，民主自治，永續自治**。香港：漫遊者文化出版。

3. 本土論述編輯委員會（2011 年）。**本土論述 2010：香港新階級鬥爭**。台北：漫遊者文化。

4. 田飛龍（2015 年）。**香港政改觀察：從民主與法治的視角**。香港：商務印書館。

5. 呂大樂（2015 年）。**香港模式──從現在式到過去式**。香港：中華書局。

6. 呂大樂（1997 年）。香港故事──「香港意識」的歷史發展。高承恕、陳介玄主編。**香港：文明的延續與斷裂？**。台北：聯經出版社。p1-16。

7. 董立文（2019 年）。中共的「兩制」台灣方案芻議與特徵，展望與探索，17 卷 5 期，p1-7。

8. 李怡（2013 年）。**香港思潮──本土意識的興起與爭議**。香港：升出版有限公司。

9. 李後（1997 年）。**百年屈辱史的終結──香港問題始末**。北京：中央文獻出版社。

10.徐承恩（2017 年）。**香港，鬱躁的家邦：本土觀點的香港源流史**。新北市：左岸文化出版。

11.袁求實（2015 年）。**香港回歸大事記 1979-1997**。香港：三聯書店。

12.馬嶽（2012 年）。**香港 80 年代民主運動口述歷史**。香港：香港城市大學出版社。

13.馬嶽（2013 年）。**港式法團主義　功能界別 25 年**。香港：香港城市大學出版社。

14.馬嶽（2016 年）。**民主十問**。香港：香港城市大學。

15.陳雲（2010 年）。政改三十年，民運無了期。本土論述編輯委員會、新力量網絡主編。**本土論述 2010：香港新階級鬥爭**。

16.陳雲（2011 年）。**香港城邦論**。香港：天窗出版社。

17.葉健民（2018 年）。政治衝突、國家壓制與香港自主：雨傘運動與六七暴動的異同。鄭煒、袁瑋熙（編）。**社運年代：香港抗爭政治的軌跡**。香港：香港中文大學。

18.劉兆佳（2004 年）。香港人的社經不滿情緒與政治態度。劉兆佳等編。**香港社會政治的延續與變遷**。香港：香港中文大學。

19.吳介民（2012 年）。**第三種中國想像**。新北市：左岸文化事業有限公司。

MEMO

國家圖書館出版品預行編目資料

中國大陸研究 / 張五岳等編著. -- 第六版. --
新北市：新文京開發, 2019.09
面；　公分

ISBN　978-986-430-541-4（平裝）

1. 中國大陸研究　2. 文集

574.107　　　　　　　　　　　108013418

中國大陸研究（第六版）　　　　　（書號：ST002e6）

主　　　編	張五岳				
執行編輯	吳建忠				
編 著 者	張五岳	吳建忠	曲兆祥	彭思舟	謝銘元
	張仕賢	林威志	桂宏誠	曹義修	張玉漢
	田昭容	李景華	孫佳玲		
出 版 者	新文京開發出版股份有限公司				
地　　　址	新北市中和區中山路二段 362 號 9 樓				
電　　　話	(02) 2244-8188（代表號）				
Ｆ Ａ Ｘ	(02) 2244-8189				
郵　　　撥	1958730-2				
初　　　版	西元 2005 年 08 月 20 日				
二　　　版	西元 2007 年 07 月 20 日				
三　　　版	西元 2012 年 09 月 10 日				
四　　　版	西元 2014 年 02 月 28 日				
五　　　版	西元 2016 年 09 月 10 日				
六　　　版	西元 2019 年 09 月 01 日				

New Wun Ching Developmental Publishing Co., Ltd.

New Age · New Choice · The Best Selected Educational Publications — NEW WCDP

新文京開發出版股份有限公司
NEW
WCDP　新世紀‧新視野‧新文京 — 精選教科書‧考試用書‧專業參考書